中國歷代思想家【十九】

主編者：中華文化復興運動總會
王壽南

嚴復・康有爲
譚嗣同・吳敬恆

臺灣商務印書館 發行

嚴復

郭正昭　著

目次

一、引言……005
二、少年生涯……007
三、留學英倫……012
四、獻身海軍教育……018
五、四篇警世論文……023
六、嚴復譯赫胥黎《天演論》……032
七、亞當斯密的《原富》……045
八、斯賓塞的《羣學肄言》……053
九、穆勒的《羣己權界論》……061
十、孟德斯鳩的《法意》……066
十一、甄克思的《社會通詮》……071
十二、《穆勒名學》……076
十三、評點老莊與晚年處境……081

十四、「達爾文主義」輸入中國的途徑與背景……090
十五、嚴復型危機哲學的意理結構……097
十六、結語……107
參考書目……109

嚴 復

一、引言

在中國近代思想史上，嚴復無疑是一位偉大的宗師。他在清末譯介了十九世紀西洋的重要名著，開啓了那個時代國人對西學，尤其是西洋倫理、民主與科學思潮的基本認識，對民國以後中國社會文化的變遷和發展，產生了極其深遠的影響。

嚴復生平橫跨了十九世紀下半葉及二十世紀初葉，身當中國文化大傳統面臨極嚴重的挑戰，而西學開始大量東漸之際。他舊學根底既深厚，又富有探取新知，追求富強的強烈志趣和高遠的智謀。這樣一位在新舊中西相互激蕩的錯綜複雜處境中奮鬥了一生的智者，內心所潛存的矛盾與痛苦，彷彿遠超越了那些有形的譯述和注解的精細的學術工作所能涵蓋或代表的界域。

關於這位哲人的傳記，直到目前爲止，已出版而比較完整且深刻的著作，首推周振甫的《嚴復思想述評》，王栻的《嚴復傳》及史華滋（Benjamin Schwartz）的《尋求富強——嚴復與西方》（*In Search of Wealth and Power – Yen Fu and the West*）。其中史氏就西方社會文化的思想背景，深刻地、精密地探析了嚴復的思想本質，尤爲最成功的經典之作。這三本傳記的作者各代表一種世代，一種角度，一種極限。如今在臺灣成長的新世代，是否也應該根據前人的著述，更重要的是根據這半個世紀以上的動亂歲月的歷史所孕育的經驗和心靈感觸，來寫一篇，甚或一部更完整而賦有歷史新生命的《嚴復傳》，使新生一代能從容而親切地重溫上一代智者的言行，不致重蹈挫折的軌跡，未來中國的希望，或許就寄託於此了。

二、少年生涯

嚴復，初名體乾，入馬江船政學堂，易名宗光，字又陵，又字幾道，登仕始改嚴復。晚號：瘉壄老人，別署：天演宗哲學家，又別號尊疑尺盦。一八五四年一月八日（清咸豐三年十二月初十日），生於福建侯官（今閩侯縣）。中華民國十年（西元一九二一年）九月二十七日病歿於閩侯（參見吳相湘《天演宗哲學家——嚴復》，《民國百人傳》第一冊，傳記文學社出版）。

福建省閩侯縣的陽崎鄉，靠著一條大江。左右迴抱著玉屏山、李家山、楞嚴山等許多高地，中部都是平坦的田野，因此有一條河道自然地把這塊地方劃分作兩部分，叫做上崎、下崎。在上崎的河邊上，一面是蒼翠的森林，一面是錯綜的田野，中間居住了許多人家，那裏的人家只有「嚴」、「陳」兩族（見《石遺室詩話》卷五。燕京大學《社會學界》，林耀華〈嚴復社會思想〉。周振甫《嚴復思想評述》頁一）。嚴復自幼便在這樣的一個環境中成長起來。

嚴復的家庭是世代讀書的，所以他七歲時就上學，到了十一歲，他的父親嚴志範（振先）特地請了一位同鄉黃少岩到家裏來教讀。少岩是福建省裏一位有名的學者，他研究學問，對於當時所推重的考據的漢學，以及所輕視的研究哲理的宋學，都同樣著重。他的教學又很認真。那時嚴家與人合租一屋，他們住在樓上，每逢夜間樓下演戲，黃少岩便要命嚴復去睡覺，等到演好了，再叫起來讀書。在這樣嚴格的督促之下，嚴復對於中國的經書便樹立了相當深厚的根基了，懂得所謂家學，對每一部經書各有不同的解釋。課餘之暇，黃少岩喜歡給他講宋、元、明三朝學者的學問行誼，使一個十二、三歲的小孩子，能夠耳熟能詳（見陳寶琛〈清故資政大夫海軍協都統嚴君墓志銘〉。林耀華〈嚴復社會思想〉）。

到了同治五年（一八六六年）時，他只有十四歲，父親就死了，於是他所受的啓蒙的中國學術教育暫時告一段落。這年（一八六七年，同治六年）冬天，嚴復的同鄉沈葆楨巡撫正在創辦福州造船廠，附設了一個海軍學校——求是堂藝局（即後來的福州船政學堂），已開始招考「少年聰穎子弟」，閩廣一帶不少孩子都去投考。自然，這班孩子都不是達官貴人家的闊少爺，因爲當時的闊少爺都要走科舉「正路」，要從秀才、舉人、進士、翰林，平步而至公卿的。只有家道比較貧困的人家，才送子弟上這種學校。這雖非正途出身，但能解決一些經濟問題。因爲，根據學堂的章程：凡錄取的學生，伙食費全免，另外還每月給銀四兩，貼補家庭費用；三個月考試一次，成績列一等的，可領賞銀十元，五年畢業後還可優給薪水錄用，「照外國監工船主辛工銀發給」（見《船政奏議彙編》卷二〈左宗棠詳議創設船政章程摺〉，又見王栻《嚴復傳》頁一）。

嚴復的父親嚴志範，原是鄉里間的一位儒匠，母親是一個「布衣」的女兒，家道本不寬裕，父親去世後，家裏剩下母親，兩個妹妹，和他自己，一共四個人，一家生計，就祇能依靠母親作女紅勉強維持了。嚴復就是在這樣困苦的情況下，去投考這個海軍學堂的。當時考試的題目是一篇作文：「大孝終身慕父母論」，由沈葆楨親自命題閱卷。那時嚴復正逢家道中落，又遭喪父之痛，境況非常淒苦，有感於懷，以他的國學造詣，發為文辭，自然文情並茂了。沈葆楨深識其才，把他取列第一。那時他的名字，已從「體乾」，改為「宗光」，字「又陵」了（見《大公報》王栻、張蔭麟〈嚴復〉）。嚴復在後來題〈周養庵篝燈紡績圖詩〉裏，曾描述當時的境況：

我生十四齡，阿父即見背。
家貧賸荚券，賻錢不充債。
陟岡兄則無，同谷歌有妹。
慈母於此時，十指作耕耒。
上掩先人骼，下撫兒女大。
富貴生死間，飽閱親知態。
門戶支已難，往往遭無賴。
五更寡婦哭，聞者驚心肺。

福州船廠是一八六六年（同治五年）由閩浙總督左宗棠創辦的。但沒有幾個月，清政府又調他到陝甘去鎮壓回民之亂，船廠的工作，就交給了洋務派的另一個著名人物沈葆楨。這個造船廠的主要目的，固然是在製造兵輪，但另有一個目的，就是要培養人才。所以船廠之中，又附設船政學堂（原名「求是堂藝局」）。所要培養的人才分兩種：第一種是「造船」的，希望他們作「良工」；第二種是「馭船的」，希望他們作「良將」。據說，當時造船的學問，以法蘭西爲最好，所以學造船的，必讀法文及法文書中的造船學問；「駁船」的學問，則以英國爲最好，所以學駁船的，必須讀英文及英文書中的駁船學問。法文班稱爲「前學堂」，英文班稱爲「後學堂」。嚴復進的是「後學堂」——學習英文與駁船術。

一八六七年春初，嚴復到了福州城南的一所古老的定光寺——藝局的臨時校舍——和百多個少年一同開始學習西學了。校中功課，除了英文外，有算術、幾何、代數、解析幾何、割錐、平三角、弧三角、代積微、動靜重學、水重學、電磁學、光學、音學、熱學、化學、地質學、天文學、航海學等（嚴璩《侯官嚴先生年譜》），都是用英文教的，教員也都是外國人，其他還有策論、《孝經》和《聖諭廣訓》。但主要的還是接受新式的海軍知識和訓練。這與當時一般讀書人所承受的教育完全兩樣，與嚴復自己過去所受邑中宿儒的四書五經，也全不相同。他十四歲時又結了婚（嚴璩《侯官嚴先生年譜》）。我們可以想見，一個傳統式老成持重的少年，進入一個嶄新的西化的學習環境，結果將孕育出什麼樣中西合璧的傑出人才。

嚴復在福州船政學堂苦學五年，於十九歲時畢業（據當時上海《字林西報》刊載，事實上，一八六七年入學時，計有一〇五名學生，其後死六人，六十人因故退學。一八七三年底只有三十九人在籍，且僅有十四人完成堂課船課，嚴復又居此十四人中之前茅，主修駕駛管輪，其難能可貴如此）。關於嚴復這五年的學生生活，我們找不到別的材料，我們只找到他自己五十年後的一段簡短的回憶：

不佞年十有五，則應募為海軍生，當是時，馬江船局司空草創未就，借城南定光寺為學舍，同學僅百人，學旁行書算，其中晨夜伊毗之聲，與梵唄相答，……回首前塵，塔影山光，時猶呈現於吾夢寐間也，已而移居馬江之后學堂。（池仲祐《海軍大事記》中嚴復所作弁言）

這樣讀了五年，十九歲畢業於船政學堂，以最優等畢業，遂被派到軍艦上實習。起先在建威號船上，曾南至星加坡、檳榔嶼等地，北至直隸灣、遼東灣等地。第二年，福州船廠自己製造揚武等五兵船，嚴復又改派在揚武艦上，「巡歷黃海及日本各地」。這個時候，「日本亦始創海軍，揚武至長崎、橫濱各地，聚觀者至數萬人。」過了兩年，即一八七四年，日本陰圖侵略臺灣，嚴復曾隨沈葆楨到臺灣，「測量臺東各海口，並調查當時軍事情形，計月餘日而竣事。」（見池仲祐《海軍大事記》及嚴璩《侯官嚴先生年譜》）

揚武號船長德勒塞服務了三年要辭職回去時，臨別贈言給嚴復，說道：「君今日於海軍學術，已卒業矣。不佞即將西歸，彼此相處積年，臨別惘然，不能無一言爲贈。蓋學問一事，並不以卒業爲終點；學子雖已入世治事，此後自行求學之日方長。君如不自足自封，則新知無盡，望諸君共勉之，此不特海軍一業爲然也。」嚴復聽了這幾句話，非常感動（《嚴幾道年譜》）。

一八七三年秋天，船政大臣沈葆楨奏請派遣船政學堂優良畢業生赴歐洲深造。總理衙門援據派送幼童赴美前例議准。但因經費沒有著落，而不久日本又構釁臺灣番社，此事便延緩了三年才實現。嚴復在軍艦上實習和工作了五年，就被遣派到英國留學去了。

三、留學英倫

清政府曾於一八七二年（同治十一年），開始派遣一批學生到美國留學，每年三十名，四年中共派去一百二十名。這批學生中，後來有成爲著名工程師的，如詹天佑；也有成爲著名官僚的，如梁敦彥，唐紹儀，伍廷芳。至於嚴復，則是清政府所派遣的第二批留學生。這一批學生都是福州船政學堂出來的，他們不到美國而到歐洲；回國以後，他們也都在海軍方面工作。甲午戰爭中幾艘主要軍艦的管帶（艦長），如劉步蟾、林泰曾、方伯謙、林永升、葉祖珪、薩鎮冰等，都是這次與嚴復同批出國留學的。

船政學堂本不預備選送學生到外國去留學，後來李鴻章、沈葆楨等覺得洋員都將期滿回國，而中國的工匠還不能替代洋員支持這個局面，認爲他們只能「就已成之緒而熟之，斷不能拓未竟之緒而積之」，所以李鴻章、沈葆楨等主張將從前已經畢業的學生，選送到外國去深造。他們向清廷奏議說：

臣竊以為，欲日起而有功，在循序而漸進。將窺其精微之奧，宜置之莊嶽之間。前學堂習法國語言文字者也，當選其學生之天資穎異，學有根底者，仍赴法國，深究其造船之方，及其推陳出新之理；後學堂習英國語言文字者也，當選其學生天資穎異，學有根底者，仍赴英國，深究其馭船之方，及其練兵制勝之理。速則三年，遲則五年，必事半而功倍，蓋已升堂者求其入室，異于不得其門者矣。（見《船政奏議彙編》卷九，同治十二年十月十八日沈葆楨〈船工將竣謹籌善後事宜摺〉）

一八七七年三月（光緒三年二月）嚴復等三十餘人，搭乘官輪「濟安」號離開福州前往香港。四月五日又登輪離開香港，分別前往英國和法國。（《船政奏議彙編》卷九，同治十二年十月十八日沈葆楨〈船工將竣謹籌善後事宜摺〉中載有這三十多人的詳細名單。摺中說：「華監督道員李鳳苞，暨洋督日意格（法人），於二月十七日帶同隨員馬建忠，文案陳季同，翻譯羅豐祿，製造學生鄭清廉、羅臻祿、李壽田、吳德章、梁炳年、陳林璋、池員銓、楊廉臣、林日章、張金生、林怡游、林慶昇，藝徒裘國安、陳可會、郭瑞珪、劉懋勳，駕駛學生劉步蟾、林泰曾、蔣超英、方伯謙、嚴宗光（即嚴復）、何心川、林永升、葉祖珪、薩鎮冰、黃建勳、江懋祉、林穎啓等，乘坐本廠濟安輪船開赴香港」。）

一八七七年三月嚴復赴歐後，先被派到朴資茅斯（Portsmouth）大學院肄業，後來又轉入格林威治（Greenwich）海軍大學（Royal Naval College），其間曾赴法國遊歷。在該校進修的主要課程有：數理、高等算學、氣象、化學、物理、駕駛、海軍戰術、海戰公法、鎔鍊槍砲和營壘等。在這段留學期間有兩件事特別值得注意。其一：嚴復的成績表現，雖然「考課屢列優等」，但比較其他同學，並不傑出。（見《船政奏議彙編》卷十八，光緒六年十二月十八日黎兆棠摺；又見嚴璩《侯官嚴先生年譜》，及陳寶琛〈清故資政大夫海軍協都統嚴君墓志銘〉。在船政學堂求學時，據《船政奏議彙編》對各人的評語說：「其駕駛心細膽大者，則爲粵童張成、呂瀚爲之冠，其精於算法量天尺之學者，則閩童劉步蟾、林泰曾、蔣超英爲之冠。」留歐時期，則劉步蟾、林泰曾二人成績特著，而蔣英超「所造獨深」。嚴復雖然也有「考課屢列優等」之語，但同時出去的藝徒如郭瑞珪、劉懋勳、裘國安等也均列優等，「浦削合考」，鄭清廉且得第一名，故一般人說嚴復在英國時，考試常列第一，陳寶琛〈清故資政大夫海軍協都統嚴君墓誌銘〉也說：「是時日本亦始遣人留學西洋，君試輒最」恐怕是沒有根據的。）另一點是，與嚴復一同到英國學海軍駕馭術，預備他日做「良將」的十二名留學生中，都曾在軍艦上實習，唯獨嚴復一人例外，從來沒有到軍艦實習過。綜合上述兩點，至少顯示了嚴復當時所懷抱的志趣，已經不爲「良將」的人生境界自限了。他的思想顯然已超越了洋務運動所標榜的練兵自強的說法，進一步努力摸索，研究可使中國復興的根本道路了（王蘧常著《嚴幾道年譜》於其留英情形非常簡略。此據包遵彭《清季海軍教育史》頁六二、六三。包書指出：「後學堂駕駛管輪學生在英國進修情形，一如前學堂學生，一般書籍記載甚少，海軍部舊檔存有梁同懌所著《馬江海軍學校》抄稿，爲惟一記載較詳而具系統者。」又參見 Knight Biggerstaff. : *The Earliest Modern Government Schools in China,* pp. 233 - 4 ）。吳相湘在其〈天演宗哲學家——嚴復〉一文評論此事說：「歷來論者均以嚴留英回國後未展所長，不知最初之因材施教計畫，嚴實用得其所。譯述西洋名著，對國家之貢獻，更出意想之外。而同時留學歸來之劉步蟾、林泰曾、方伯謙等，於甲午戰爭時身敗名裂。薩鎮冰較幸運且長壽，民國時任海軍總司令，然其成就貢獻比較嚴復實不可同日而語。」又說：「嚴復在第一屆留英海軍學生中之被如此特別安排，顯示當局針對嚴之個性特長學識，因材施教，使其注重理論。乃有計畫地培植，使其成爲教育後進之領導人才。嚴復後來對國家服務方向即決定於此。而其對國家之貢獻，實遠超過最初計畫。」均爲公允卓闢的史論（見《民國百人傳》第一冊，頁三三七、三五三）。

嚴復在留英期間，不斤斤於學業課程之間，而居倫敦者且二稔，於英國法度，尤加意廣泛深刻地觀察，留意西方的社會組織與政治制度。例如：他曾到過英國法庭，「觀其聽獄，歸邸數日，如有所失」，認爲這就是「英國與諸歐之所以富強」的原因（見孟德斯鳩《法意》卷十一，《嚴譯名著叢刊》五，頁八）。因爲他們不僅「司法析獄之有術」，還有「辯護之律師，有公聽之助理，抵暇蹈隙，曲證旁搜，蓋數聽之餘，其獄之情，靡不得者。」又如他看到英國城市，治理得井井有條，認爲「莫不極治繕葺完，一言以蔽之，無往非精神之所貫注」；這兩件事都是民治活動的功勞，因爲有「議院代表之制，地方自治之規」，所以能「和同爲治」，「合億兆之私以爲公」了。而反觀中國當時的貧困與積弱，推其原因，是由於專制政治不許人民參加政治，「謀國者，以鈐制其民之私便，必使之無所得爲于其間，乃轉授權於莫知誰何，視此如傳舍之人，使主其地」，這樣的社會自然公理不申，上下乖離了。他認爲中國人民都是「苦力」，而西洋人民都是「愛國者」，「夫率苦力以與愛國者戰，斷斷無勝理也」（見《嚴幾道文鈔》頁八四）。他甚至以生理學的眼光，比較英法人民身材的長短，以及在學時不婚娶等事實，認爲「東方婚嫁太早之俗，乃不可以不更，男子三十，女子二十，實至當之禮法，誠當以今復之，不獨有以救弊，亦稍已過庶之禍」。可以想見他觀察之精細與關切層面之廣了。

從時代背景看，嚴復的感觸自非偶然的，嚴復留學英倫那段時期，正是十九世紀七十年代，維多利亞王朝聲名文物鼎盛，恰與腐敗清廷的落伍局面，成了一個很強烈的對照。嚴復身歷其境，漸漸感受到這種社會組織與政治制度的背後，自有其文化思想的基礎，因此，他乃更進而研讀了當時流行於西方的許多哲理性著作。我們可以想像到，嚴復所最傾心的，以後又在他的著作中常常提到，或親自翻譯他們著作的，如亞丹斯密、孟德斯鳩、盧梭、邊沁、穆勒、達爾文、赫胥黎、斯賓塞等人，嚴復大概都已開始評閱他們的著作了。但是對嚴復及其同時代中國人來説，特別值得注意的思想界大師是生物學家達爾文。當嚴復留學英倫時，正是達爾文的《物種原始論》出版了二十年之後。這種生物演化的科學原理，經「社會達爾文主義」學派的始祖斯賓塞推衍爲一種極富籠罩力的社會決定論。這一思潮不僅震撼著當時歐洲的學術界，且更進而支配了二十世紀初年中國社會文化運動達三十年之久。這是本文另一章所要側重描述和分析的。

嚴復對當時西方政治社會的深銳的觀感，以及他研讀自然科學與社會科學名著的一些哲理性見解，曾坦誠向一位開明的長者剖析了他的看法，而博得了這位長者的驚奇與賞識。這位開明的長者便是清政府第一任駐英公使郭嵩燾。郭嵩燾是一向自命爲最了解世界大勢的洋務派進步人物，但對於嚴復才華識見卻很折服，引爲忘年交。每逢假日或公餘之暇，嚴復常到使館與他「論析中西學術政制之異同，往往日夜不休」。他們之間的對話是極其直率坦誠的，嚴復曾就旁觀英國法庭審判訟案的感想告訴郭嵩燾說：「英國與諸歐之所以富強，公理日伸，其端在此一事。」（《法意》十一卷案語）後來，郭嵩燾還寫信給他的朋友說：「出使茲邦，惟嚴君能勝其任，如某者，不識西文，不知世界大勢，何足以當此。」（《嚴幾道年譜》頁七，並陳墓誌）長者對他的鼓舞和推崇，也許對嚴復後來寫政論的動機，有很深刻的啓迪和影響。《嚴幾道年譜》根據陳墓誌，有一段錯誤的記載，爲後人廣泛附會，故特予此稍加澄清。年譜「光緒三年……先生二十五歲」一條：「是時日本亦始遣人留學西洋。伊藤博文、大隈重信之倫皆其選，君試輒最……。」據此歷來論者多以嚴復與伊藤博文同學於英國云云，實大錯誤。吳相湘曾在〈天演宗哲學家——嚴復〉一文中，考訂此事。查伊藤初次遊學英國在一八六三年九月二十三日至一八六四年三月。嚴復留英則爲一八七七年至一八七九年。兩人留英時間差距約十四年。又按光緒二十二年（一八九七年）三月，船政大臣邊寶泉奏疏有云：「日本現在執政大臣，多與我第一屆出洋學生同堂肄業。豈中國學生資質盡在人下哉？蓋用之則奮發有爲，人人有自請自獻之思，不用則日就頹落，人人有自暴自棄之境。」其時嚴復擔任天津水師堂總辦已有十餘年，正以政議時評震動朝野，是邊寶泉應別有所指，且其所謂「多與」更顯非指特定之一人。此文要可謂有關傳說之最早淵源。而嚴逝世後，林紓撰誄辭有「彼東人之所謂元勳者，君實與此輩同學」。陳寶琛撰〈墓誌銘〉，又有「是時日本亦將派人留學西洋，（嚴）君每試皆最，同學嘆服。……而日本同學歸者皆用事」。亦均未指明伊藤，而好事之徒竟揉合「執政大臣」、「元勳」等普通名辭，爲伊藤一人專屬名詞，歷史傳說經層層堆積而訛傳，此爲一好例。

四、獻身海軍教育

西元一八七九年六月（光緒五年五月）嚴復自英倫學成歸國（據年譜有一段傳聞記載，嚴復「歸國途中，風雨夜至，波浪滔天，船將壞，逼近一島，遂與數人躍入海浮沉，久之，始達於島。島固無人，恐爲鳥獸所襲，發手槍以警之，適有他船過聞鎗聲，知有人在，移舟救之，始免於難。」見《近五十年見聞錄》）。當時船政大臣吳贊誠即聘他爲馬江船政學堂教習。第二年，即一八八〇年（光緒六年），李鴻章在天津另外創辦了一個海軍學校——北洋水師學堂，調任嚴復爲總教習（教務長）。自此，嚴復就在這裏任事達二十年之久，直到一九〇〇年（光緒二十六年）義和團運動發生，他才脫離了這個學校，也才正式結束了獻身海軍教育的生涯。在這漫長的二十年間，嚴復的心路歷程經過了不少波折。

初任北洋水師學堂總教習的頭幾年，彷彿對西洋的學術尚抱持著濃厚的興趣，用功很勤。一八八一年（光緒七年）他讀了英人斯賓塞（Herbert Spencer）的《羣學肄言》（*Study of Sociology*），對社會達爾文主義學派的精義，有進一步的了解，後來在《羣學肄言》譯餘贅語中，他寫下了一段深刻的感言：

「不佞讀此在光緒七、八之交，輒歎得未曾有。嘗言生平獨往偏至之論，及此始悟其非，以為其書實兼《大學》《中庸》精義而出之以翔實，以格致誠正為治平根本矣。每持一義，又必使之無過不及之差，於近世新舊兩家學者，尤為對病之藥，雖引喻發揮，繁富弔詭，顧按脈尋流，其義未嘗晦也。其〈繕性〉（Discipline）以下三篇，真西學正法眼藏，智育之業，舍此莫由。斯賓塞氏此書，正不僅為羣學導先路也。」又在《天演論》導言十三案語中說：「其後譯斯賓塞《羣誼篇》、柏捷特（Bagehot Walter）《格致治平相關論》（*Physics and Politics*）兩書，以饗學者，闡發人道始羣之理。」

就私人關係論，在洋務派的領導人物中，嚴復與沈葆楨的關係應該最密切。因為福州船廠是左宗棠、沈葆楨所創辦的；也因為沈葆楨的激賞，嚴復才成為船政學堂第一屆的第一名錄取生；也因為沈葆楨和李鴻章的會奏，嚴復這一批人才能到歐洲留學。光緒初年，沈葆楨的政治勢力很大，他憑藉兩江總督的地位，努力擴充南洋的海軍，儼然與李鴻章的北洋海軍分庭抗衡。就這個形勢發展下去，嚴復及一部分傑出的船政學堂的留歐學生，是會網羅在沈葆楨的勢力之下，而有很好的政治前途與發展的。但是機遇湊巧，嚴復剛回國不到幾個月，即一八七九年（光緒五年）冬天，沈葆楨就去世了（見《清史稿．列傳》卷二〇〇〈沈葆楨傳〉）。全部海軍勢力就逐漸集中在北洋大臣李鴻章的掌握中。嚴復也就在這種形勢轉變之下，與李鴻章發生了長期的主屬關係。

北洋水師學堂與福州船政學堂的性質，略有不同。。福州船政學堂是造船與駕駛兩科并重的，也就是工科與海軍的混合學校，而北洋水師學堂則專重駕駛，是一個較純粹的海軍學校。北洋水師學堂設在天津城東八里，機器製造局的旁邊，校舍甚具規模，「堂室宏敞整齊，不下一百餘椽。樓臺掩映，花木參差，藏修游息之所，無一不備。另有觀星臺一座，以備學習天文者登高測望。」（見張燾《津門雜記》中卷，光緒十年刊本，頁一九）這是李鴻章培養北洋系海軍人才的地方。

嚴復在北洋水師學堂的職位是總教習（教務長），但事實上他卻擔負了總辦（校長）的責任。因爲總辦按照慣例，由候補道等級的官僚充任，而嚴復當時的資格僅是武職的都司，所以擔任總辦的是吳仲翔而不是嚴復。一方面，又受了派閥的影響，不爲李鴻章所器重，遂想借科舉的老路博取功名，參與政治。因此他曾兩應福建鄉試（光緒十一年和十九年），兩應順天鄉試（光緒十四年和十五年），但都失敗了，可以想見他當時心境的苦悶與失望（見嚴譜和陳墓誌）。後來他有答鄭孝胥的〈解嘲詩〉，生動地描寫當時對科考的心情說：

少日賤又賤，身世隨所遇。與官充水手，自審非其腳。
不祥固金性，時時冶中躍。每逢高軒過，氣欲偃溟渤。
慴然為之下，肩聳足自躩。竊問客何操，洒爾勢旁魄？
咸云「科目人，轉瞬即臺閣；不者亦清流，師友動寥廓。」
忽爾大動心，男兒宜此若。私擕媿皇墳，背人事鑽灼。
更買國子生，秋場期有穫。誰知不量分，鉛刀無一割。

至一八八九年，他才報捐同知，以知府選用，而升任爲北洋水師學堂的會辦（副校長）。第二年升任總辦（校長）。再過兩年，因海軍保案，他又從選用知府升到選用道員。（見嚴璩

《侯官嚴先生年譜》）這個四品官銜，是嚴復終其一生，在傳統中國官僚階層中，所升遷的最高地位了。

但是嚴復對他自己的處境和地位，並不覺得滿意。一方面，他對李鴻章的拔擢缺乏知遇之情，時有「不預機要，奉職而已」的感慨。另一方面，他不相信李鴻章所舉辦的這些洋務事業可以救中國，可以使中國復興。海軍的建設，就是一個最明顯的例子。有一次，當時海關總稅務司英人赫德曾有一席批評的話，嚴復便深違其言。赫德說：「海軍之于人國，譬猶樹之有花。必其根幹枝條，堅實繁茂，而與風月水土有相得之宜，而後花現焉。因花而實，樹之年壽，亦以彌長。今之貴國海軍，其不滿于吾子之意者眾矣，然必當於根本處求之，徒苛責於海軍無益也。」（見池仲祐《海軍大事記》中嚴復所作〈弁言〉）

嚴復深知赫德之言背後所隱藏的道理。他一心希望中國獨立富強。他看到當時的所謂洋務，只是充滿了官場的腐朽習氣，而東方島國的日本，自明治維新以來，卻日益強盛，且進侵臺灣，吞滅琉球。他就常常痛心地宣揚，如果這樣下去，再過三十年，中國領土與「藩屬」將被吞滅殆盡，那時候中國就要像老牛一樣，讓外國侵略者牽著鼻子走了。這種激越的愛國言論，自然開罪了當道的李鴻章，兩人的關係便越疏遠了（見陳寶琛〈清故資政大夫海軍協都統嚴君墓誌銘〉）。嚴復在家書中對自己當時的處境，有一段痛苦的描寫：

「自來津以後，諸事雖無不佳，亦無甚好處，公事仍有人掣肘，不得自在施行。至于上司當今作官，須得內有門馬，外有交游，又須錢鈔應酬，廣通聲氣，兄（嚴復自稱）則三者無一焉，何性仕宦之不達乎？置之不足道也。」（見嚴羣先生（嚴復侄孫）家藏書札，〈與堂弟觀瀾書〉）。又林耀華〈嚴復社會思想〉（載燕京大學《社會學界》第七卷）云：「李鴻章初甚器重先生，嘗示意其執贄稱弟子，而先生勿屑也。」

嚴復在北洋海軍系統中，抑鬱不得志，就想憑藉他個人的才力，企圖另謀發展。在中法戰爭後，甲午戰爭前的十年間，嚴復另謀發展的主要動向之一，就是想拋開軍界，而由科舉出身。但是他的奮鬥是失敗了。另一個動向就是走進企業界。他曾與王慈劭投資創辦河南修武縣的煤礦，資本萬數千，嚴復約佔其半（見嚴羣先生家藏書札）。但是在輕商主義的傳統根深蔕固的社會裏，這種小型企業，並不能幫助他的政治活動。他也曾聽說：張之洞對他「頗有知己之言」，就想舍北就南，「冀或乘時建樹」（見嚴羣先生家藏書札）但是這件事也沒有成功。即使張之洞網羅了嚴復，在那種洋務派的官僚系統的結構裏，嚴復也是不可能施展抱負的。這樣長久的屈抑不伸，漸漸使他走上了疏離與抗議之途。到了一八九四年（光緒二十年），他對英法聯軍戰役的感言，幾乎不幸而應驗。甲午中日戰爭爆發，中國海陸軍均遭慘敗，而海軍居然在四小時内毀於一旦。這種形勢的重大變化，有如一聲巨雷之響，使嚴復從科場的夢想中驚醒過來，嚴復在寄給長子的家書中，很痛切地說：「大家不知當年打長毛捻匪諸公，係以賊法子平賊，無論不足以當西洋節制之師，即東洋得其緒餘，業已欺我有餘。中國今日之事，正坐平日學問之非，與士大夫心術之壞。由今之道，無變今之俗，雖管葛重生，亦無能爲力也。」嚴復遂決心以撰寫論文，翻譯西書，介紹新知來警醒國人。通過文字言論的鼓吹，宣揚他的維新主義的改革主張，他的生命史，從此邁向了一個學術救國的嶄新階段了。

五、四篇警世論文

嚴復生平最重要的一個階段，是在甲午戰後，戊戌政變前的三年間（一八九五—一八九八年）。在這一階段中，他是維新運動一個最傑出的思想家和言論家。一八九五年三月，他受了甲午戰爭失敗的刺激，在天津《直報》撰刊多篇專論：〈論世變之亟〉、〈原強〉、〈救亡決論〉、〈闢韓〉，分析內外情勢，比較中西文明，就充滿了危機哲學的語調。第一篇〈論世變之亟〉是一篇批判性很強烈的文章，攻擊了所有頑固守舊的主張，提出了他維新思想的引論。他強調歷史發展的規律，即所謂「運會」。他說「運會既成，雖聖人無所爲力。」聖人的作用祇在「知運會之所由趨，而逆睹其流極……裁成輔相，而置天下於至安」。他開宗明義就指出中國處境的危急：「今日之世變，蓋自秦以來，未有若斯之亟也」，「我四千年文物聲明，已渙然有不終日之慮」，「我國人不虛心以求知西方真相，徒塞一己之聰明以自欺」。他相信這種世變、這種運會，是「自秦以來，未有若斯之亟」，是「天地已發之機」，不是人爲力量可以阻擋的，而只能在承認這個形勢的基礎上，講求救國自強之道。他抨擊嘲諷守舊派故步自封的、一廂情願的思想，妄圖把中國自我孤立起來，「使至於今，吾爲吾治，而跨海之汽舟不來，縮地之飛車不至，則神洲之眾，老死不與異族相往來，富者常享其富，貧者常安其貧。」……嚴復指斥了這種孤立思想的謬誤：

「夫士生今日，不睹西洋富強之效者，無目者也；謂不講富強，而中國自可以安，謂不用西洋之術，而富強可以自致，謂用西洋之術，無俟於通達時務之真人才，皆非狂易喪心之人不爲此。然則印纍綬若之徒，其必矯尾厲角，而與天地之機爲難者，其用心蓋可見矣。」

嚴復在〈論世變之亟〉裏，更進而剖析中西社會文化的差異，提出一個比較的觀點，而歸結到「自由論」的闡釋：

西方不外於學術則黜偽而崇真，於刑政則屈私以為公而已。斯二者，中國理道初無異也。顧彼行之而常通，吾行之而常病者，則自由與不自由異耳。夫自由一言，真中國歷古聖賢之所深畏，而從未嘗立以為教者也。西人之言曰：惟天生民，各具賦畀，得自由者，乃為全受，故人人各得自由，國國各得自由，第務令無相侵損而已。而且，中國理道與西法最相似的，曰恕、曰絜矩。然謂之相似則可，謂之真同則大不可也。何則？中國恕與絜矩，專以待人及物而言，而西人自由，則於及物之中，而實寓所以存我者也。自由既異，於是羣異叢然而生。粗舉一二言之，則如中國最重三綱，而西人首明平等；中國親親，而西人尚賢；中國以孝治天下，而西人以公治天下；中國尊王，而西人隆民；中國貴一道同風，而西人喜黨居而州處；中國多忌諱，西人眾議評。其於財政也：中國重節流，而西人重開源；中國追淳樸，而西人求驩虞。其接物也：中國美謙屈，而西人務發舒；中國尚節文，而西人樂簡易。其於為學也：中國誇多識，而西人尊新知。其於禍災也：中國委天數，而西人恃人力。

從價值觀念看來，嚴復在這篇論文裏所提供的，簡直是一張中西文明優劣的對照表了。而他如此大膽頌揚「自由」，對「自由」一詞賦予那麼重要的定義，對當時的中國人更有石破天驚之感。

嚴復提出了中西文明比較觀，爲他的危機論的新思想做了一個引論之後，進一步寫成並發表了〈原強〉，全面提出了他自己的救國理論。他在這篇近代中國思想史上具有劃時代重要性的文獻裏，闡釋了四個精闢的論點：

(1)他根據英國斯賓塞（H. Spencer）的學說，認爲一個國家的強弱存亡，決定於那個國家國民的「血氣體力之強」、「聰明智慮之強」、「德行仁義之強」，「是以西洋觀化言治之家，莫不以民力、民智、民德三者，斷民種之高下，未有三者備而民生不優，亦未有三者備而國威不奮者也」。這篇論文，一開頭就先贊歎達爾文的貢獻，說自從一八五九年，達氏的《物種原始》出版後，「歐美二洲，幾於家有其書，而泰西之學術政教，一時斐變」。從生物學的達爾文主義，推及社會學的達爾文主義，他推崇社會達爾文主義學派的宗師斯賓塞，認爲他的功績，就在於能以達爾文生物科學中所發明的進化原理，普遍應用於宇宙萬物，特別應用於社會科學。他認爲斯賓塞「宗天演之術，……締通天地人禽獸昆蟲草木以爲言，以求其會通之理。始於一氣，演成萬物，繼乃論生學心學之理，而要其歸於羣學（社會學）焉，夫亦可謂美備也已！」因此他就提出斯賓塞所說國家強弱存亡的三大標準：「體力」、

「智慮」、「德行」。這是社會達爾文主義所塑造的富強觀的雛型，也是西方演化論經系統介紹而輸入中國的肇始。

(2)嚴復在〈原強〉裏，提出了他的危機哲學的觀點。他既運用「智」、「德」、「力」三個標準，來考察當時中國危亡的處境。他揭示了當時國防的潰弱、官場的腐敗和人才的凋零：在外的將士，則「將不素學，士不素練，器不素儲，一旦有急……曳兵而走，轉以奉敵。」官僚階層方面則「人各顧私，……於時事大勢，曹未有所知。……其不肖者，且竊幸事之糾紛，得以因緣為利。」更嚴重的是，在專制政體的束縛之下，民間人才也凋零寂滅了，「乃吾轉而求之草野閑巷之間，則又消乏雕亡，存一二於千萬之中，意謂同無，何莫不可！」這樣長久持續下去，則「歲月悠悠，四鄰耽耽，恐未及有為，已先作印度、波蘭之續。……嗚呼！吾輩一身不足惜，如吾子孫與四百兆之人種何！」這幅中國文明沒落衰亡的歷史圖像，為嚴復的危機論提供了一個深刻有說服力的背景。

(3)嚴復探討了中國危機的迫切，進而提出了他的維新主義的救國主張。他認為中國自救之道，必須是改革式和漸進式的，切不可操之過急。他一再引申斯賓塞的話，以為「民之可化，至於無窮，惟不可期之以驟」，相信要謀求國家的富強，必須「相其宜，動其機，培其本根，衛其成長，則其效乃不期而自立」。嚴復站在溫和型的改良主義的立場，顯明地拒斥了當時比較激進的社會主義的革命的政治主張。嚴復知道西洋各國雖然號稱富強，但社會上貧富懸殊，所以西洋近代有「均貧富之黨起，毀君臣之議興」的社會主義的革命運動。嚴復認為這種政治主張是不正確的，因為「此之為患，又非西洋言理財講羣學者之所不知也。彼固合數國之賢者，聚千百人智慮而圖之，而卒苦於無術。蓋欲救當前之弊，其事存乎人心風俗之間。夫欲貴賤貧富之均平，必其民皆賢而少不肖者，皆智而無其愚而後可。否則今日取一國之財而悉均之，而明日之不齊又見矣。」嚴復在這裏強調「人心風俗」的重要，爲以後翻譯闡釋赫胥黎（T. Huxley）的《演化與倫理》（*Evolution and Ethics*），亦即《天演論》一書的寫作，做了基本的鋪路工作，晚年更衍化爲儒家倫理哲學的再肯定，自有其思想脈絡可尋。嚴復即以「倫理道德」與「聰明知識」爲前題，遂反對中國驟然實行均貧富的政治。他總結地說：「是故國之強弱貧富治亂者，其民力、民智、民德三者之證驗也。必三者既立，而後其政法從之。」這個基本觀點，可以說相當唯心，而且是反唯物的。

(4)最後，嚴復在〈原強〉裏，提出了救國的根本方案和具體辦法：「今日要政統於三端：一曰鼓民力，二曰開民智，三曰新民德。」

所謂「鼓民力」，就是禁止鴉片與禁止纏足。所謂「開民智」，最主要的是廢除八股，提倡西學。他認爲中西教育學術的根本差異在於西洋則「先物理而後文詞，重達用而薄藻飾，且其教子弟也，尤必使自竭其耳目，自致其心思，貴自得而賤因人，喜善疑而慎信古」。所以他引赫胥黎的話說：「讀書得智，是第二手事，唯能以宇宙爲我之簡編，民物爲我文字者，斯真學耳。」至於中國的學術教育呢？「中土之學，必求古訓，古人之非，既不能明，即古人之是，亦不知其所以是。記誦詞章既已誤，訓詁注疏又甚拘。江河日下，以至于今日。經義八股，則適足以破壞人才，復何民智之開之與有耶？」因此，他堅決主張要講西學，廢科舉：「欲開民智，非講西學不可；欲講實學，非另立選舉之法，別開用人之途，而廢八股試帖策論制科不可。」至於「新民德」，嚴復認爲最主要的辦法是創立議院。他分析中國人自私的根源，在於專制政體下，皇帝一向把人民當奴隸。他說：「諸君亦嘗循其本，而爲求其所以然之故歟？蓋自秦以降，爲治雖有寬苛之異，而大抵皆以奴虜待吾民。」「夫上既以奴虜待民，則民亦可以奴虜自待。夫奴虜之于主人，特形劫勢禁，無可如何已耳，非心悅誠服，有愛於其國與主，而共保之也。」反觀西洋的民主制度，議院是平等精神的象徵。法令由議院制訂，官吏由人民推舉，因此，人民遵守政府法令，也就是「各奉其自主之約」，「出賦以庀工，無異自營其田宅。趨死以殺敵，無異自衛其室家」。他主張「設議院於京師，而令天下各公舉其守宰。」有了這樣健全的議會和選舉制度，那麼「民之忠愛」、「地利之盡」、「道里之辟」、「商務之興」以及「民各束身自好，而爭濯磨于善」，都可以藉此自然地發展起來，表現出來了。這個道理，雖「聖人復起，不易吾言矣！」

上述我們簡要地介紹了嚴復在〈原強〉一文中，所發揮的全面的維新理論。他的基本觀點是改良主義的，要復興中國必須培養民力、民智、民德。而具體的方案不外禁止鴉片與禁止纏足；廢除八股而提倡西學，廢除專制獨裁，而實行君主立憲的議會選舉制度。

關於廢除八股科舉制度的主張，嚴復在〈救亡決論〉中，有更透澈的發揮和闡釋。他很深刻地指陳了八股取士的危害性和提倡西學的必要性，並強調變法之不可緩。「天下理之最明，而勢所必至者，如今日中國不變法，則必亡而已。然則變何先？曰：莫亟於廢八股。」他進一步描述了八股考試制度的種種毒害，然後下結論說：「然則救亡之道當如何？曰：痛除八股，而大講西學，……東海可以迴流，吾言必不可易也。」重申了他「開民智」必先廢科舉、講西學的主張。

嚴復又在〈闢韓〉一文裏，充分闡揚了他的「新民德」一方面的救國見解。這篇文章的主題，就是反駁韓愈所作〈原道〉中的專制思想，而發揮了西方十九世紀自由主義啓蒙思想的民主理論。他先引韓愈〈原道〉中主張專制政治的典型理論。韓愈說：

> 君者，出令者也；臣者，行君之令而致之民者也；民者，出粟米麻絲，作器皿，通貨財以事其上者也。君不出令，則失其所以為君，臣不行君之令，而致之民，則失其所以為臣，民不出粟米麻絲，作器皿，通貨財以事其上，則誅。

嚴復認爲韓愈的社會政治理論是錯誤的，而孟子所說：「民爲貴，社稷次之，君爲輕」的話才是正確的。嚴復肯定孟子的觀念是「古今之通義」，而韓愈卻只「知有一人，而不知有億兆」人民。嚴復進一步指出中國政治文化中的反專制的民主傳統。他援引老子所說的：「竊鉤者誅，竊國者侯」的事實，「自秦以來，爲中國之君者，皆其尤強梗者也，最能欺奪者也」。這些強梗的竊國大盜，正應該打倒，怎能像韓愈一樣，「使安坐而出其唯所欲爲之令」，還振振有詞地說什麼這就是「天之意，道之原」。難道「天之意固如是乎？」「道之原固如是乎？」

嚴復駁斥了韓愈的〈原道〉，進一步便積極地提出了他的民主政治的理論。他的基本架構是《民約論》的，認爲正因社會上「有其相欺，有其相奪，有其強梗，有其患害」，而一般人民卻忙於生產勞動，勢不能兼顧，於是一般人民就會很自然地根據「通功易事」的原則，「擇其公且賢者，立而爲之君」。這意義就是要闡明：「吾耕矣織矣工矣賈矣，又使吾分其所得于耕織工賈者，以食子給子之爲利廣而事治也！」依照嚴復的觀點看來，這就是國家之所以發生，國君之所以需要的理論根據。這種類似《民約論》的學說，並不是十八世紀的法國才勃興的，其實在西洋，在中國政治文化思想的脈絡中，都可以追溯到某些根源。〈闢韓〉說起來是一篇很激烈的文章，特別在那個啓蒙時代裏，顯得非常突出。這篇文章發表了兩個月以後，張之洞就教屠守仁作了一篇〈辨闢韓書〉，在《時務報》發表，痛罵嚴復說：「今闢韓者溺於異學，純任胸臆，義理則以是爲非，文辭則以辭害意，乖戾矛盾之端，不勝枚舉。」據說嚴復當時傳聞將罹不測之禍，經人多方疏解才安然無事。可以想見這一篇文章的洶湧激蕩，而一種新思想、新議論要在一個舊社會取得響應支持，是如何艱難了。

以上就是嚴復在一八九五年（光緒二十一年）所發表四篇政治思想的論文——〈論世變之亟〉、〈原強〉、〈救亡決論〉、〈闢韓〉的主要內容。他強烈地要求通過創立議院與提倡西學的方法，來挽救中國的危亡。他希望中國從改革的過程中建立起一個十九世紀自由主義的開明的君主立憲國家。在四篇論文中，以〈原強〉最重要，因爲在該文中，嚴復全面地提出了自己的救國理論，已如上述。後來嚴復又有〈原強續篇〉發表（按〈原強續篇〉，一向未被人注意。因爲嚴復修改載於《直報》的〈原強〉時，將這篇約二千餘字的文字全部刪掉了。〈原強〉發表於一八九五年三月初，談的是自強變法的理論觀念。當時清政府派遣北洋大臣李鴻章到日本求和，準備接受馬關和約的條款。消息傳來，舉國震驚，輿論譁然。嚴復痛感國亡無日，形勢危急，乃於三月二十九日發表了〈原強續篇〉，呼籲繼續抗戰，反對簽署對日和約），是一個很激烈的主戰派。在這篇〈原強〉的續篇中，嚴復痛斥李鴻章的主和政策，認爲「『和』之一言，其貽誤天下，可謂罄竹難書矣！」「今日北洋之靡爛，皆可於『和』之一字推其原。」嚴復很堅決的主張抗戰到底，他說：「今日之事，舍戰固無可言！」「唯有與戰相終始，萬萬不可求和，蓋和則終亡，而戰可期漸振。」嚴復分析了當時中日雙方的客觀形勢，認爲日本方面，表面上雖然勝利了，統治者狂妄囂張，但實際上則戰爭中消耗嚴重，國力空虛，人民終會感到戰禍的慘痛，起來反抗。而中國方面則「民心日輯合，民氣日盈」。嚴復分析了和戰的利害得失之後，認爲當前除抗戰之外，別無他途可循。他要求全國同胞有長期抗戰的決心，「十年、二十年」，最後一定可以擊敗侵略者。嚴復這些愛國主張，終於在幾近半個世紀以後的歷史壯烈的發展中實現了。

從思想史的視野看來，更值得注意的一點是，〈原強〉這篇文章，系統地提出了一個演化論的思想基礎。他開宗明義就介紹並讚揚達爾文的學說和他的偉大貢獻：「今之扼腕奮矜，講西學，談洋務者，亦知近五十年來，西人所孜孜勤求，近之可以保身治生，遠之可以經國利民之一大事乎？達爾文者，英之講動植之學者也。承其家學，少之時周歷寰瀛，凡殊品詭質之草木禽魚，裒集甚富，窮積眇慮，垂數十年，而著一書曰《物種探原》。自其書出，歐美二洲，幾於家有其書，而泰西之學術政教，一時斐變。」基於這樣深切的認識，嚴復便決心要系統化地介紹達爾文生物演化論的思想，他首先便選擇了赫胥黎的《天演論》。

六、嚴復譯赫胥黎《天演論》

光緒二十一至二十四年（一八九五—一八九八年）間，嚴復所陸續發表的論文，使他成爲全國注目的人物，但當時影響最大，而使他最負盛名的，還是他所翻譯的一本書——《天演論》。《天演論》原書名《演化與倫理》（*Evolution and Ethics*），是英國生物學家赫胥黎（T. Huxley）的論文集。嚴復選譯其中前二篇，簡稱爲《天演論》。可以說，進化論之系統地輸入中國，是從嚴復開始的。嚴復二十多歲留學英國之時，達爾文的進化論已經盛極一時，並且那時候達爾文、赫胥黎等都健在，嚴復當時對於進化論早已傾服篤信，回國以後，更是不斷鑽研；這樣，進化論就成爲嚴復全部哲學思想及政治思想的基石。這在上面所說〈原強〉一文中，已可看出清晰的輪廓了。

不難了解，嚴復之翻譯《天演論》是有他實際的政治意義的。他的目的，就是要運用進化論所謂「物競天擇，適者生存」的基本原理，向全國人士敲起國家危亡的警鐘。這本書是在甲午戰爭失敗的刺激下翻譯的，初稿至遲於一八九五年完成，可能還在一八九四年，當時曾有人將他的初稿私自印行，以後修改稿曾在《國聞報》陸續發表，但直至一八九八年四月（光緒二十四年三月），《天演論》才正式出版。這部譯稿曾得到當日桐城派著名文學家吳汝綸的鼓勵與贊賞，吳汝綸對《天演論》的傾倒之情，可以從下面一封信裏看出：

得惠書並大著《天演論》，雖劉先主之得荆州，不足為喻，比經手錄副本，秘之枕中。蓋自中土翻譯西書以來，無此宏制，匪直天演之學，在中國為初鑿鴻蒙，亦緣自來譯手，無此高文雄筆也。

又說：

前讀《天演論》，以赫胥黎氏名理，得吾公雄筆，合為大海東西奇絕之文，愛不忍釋，老懶不復甄錄文字，獨此書則親筆細字，錄副襲藏，足以知鄙人之于此文，傾倒至矣！

吳汝綸還爲他斟酌文句，出版時還爲他制作序文。序中認爲「文如幾道，可與言譯書矣！」又以爲「自吾國之譯西書，未有能及嚴子者也」。嚴復對於古文的造詣之深，及吳汝綸等的贊揚宣傳，都使《天演論》在當時知識分子間，發生更大的影響。

赫胥黎的基本論點是：生物不是自古不變的，生物發展的基本現象是，「使生生者各肖其所生，而又代趨於微異」。爲甚麼有這樣的進化現象呢？其原因就是物競與天擇。什麼叫做物競與天擇呢？物競者，物爭自存也，以一物與物物爭，或存或亡，而其效則歸於天擇。……斯賓塞曰：天擇者，存其最宜者也，這樣，「一爭一擇，而變化之事出矣！」

赫胥黎又認爲這種生物的發展規律，同樣可以用來解釋社會現象，他認爲「小之極于跂行倒生，大之放乎日星天地。隱之則神思智識之所以聖狂，顯之則政俗文章之所以沿革；言其要道，皆可以一言蔽之，曰天演而已！」嚴復完全相信赫胥黎這個主要論點，在《天演論》每篇譯完之後，常加案語，發表自己的意見，案語之長，往往超過譯文。嚴復認爲種族與種族之間，國家與國家之間，也是一個大競爭的局面。在競爭中，誰最強橫有力，誰就是優勝者，誰就能生存，否則就是滅亡。照他說來，歐洲國家之所以能夠侵略中國，就是因爲他們能不斷自強，不斷提高「德、智、力」以爭勝；美洲澳洲本土居民之所以日衰，就是因爲他們「渾渾噩噩」。因此中國人別再妄自尊大，談什麼「夷夏之辨」了，要老老實實地承認：侵略中國的，正是「優者」，被侵略的中國，正是「劣者」，在國際生存競爭中，中國正處在亡國滅種的嚴重關頭，我們應該何去何從呢？願意做亡國奴呢？還是願意力爭自己的生存呢？我們應該有所抉擇了。他感慨萬千地說：

> 嗟夫！物之生乳者至多，存者至寡，存亡之間，間不容髮。其種愈下，其存彌難，此不僅物然而已，美、澳二洲，其中土人日益蕭瑟，此豈必虔劉朘削之而後然哉？資生之物所加多者有限，有術者既多取之而豐，無具者自少取焉而嗇，豐者近昌，嗇者鄰滅，此洞識知微之士，所為驚心動魄。于保羣進化之圖，而知徒高睨大談于夷夏軒輊之間者，為深無益於事實也。

嚴復《天演論》出版後，立刻轟動一時，在社會上發生巨大的影響，不僅像吳汝綸這樣典型的士大夫，看見了《天演論》會欣賞其議論之精，文辭之美，簡直如「劉先主之得荊州」；

就是當日維新派的許多重要人物，也對它稱嘆不已。在《譚嗣同全集》中，雖然我們找不到他對於《天演論》的觀感，但是，我們知道譚嗣同是非常欽佩嚴復的。當他初次看到《時務報》上所載的〈闢韓〉時，就曾寫信給朋友說，這篇文章「好極，好極」，能寫這樣好文章的，「意者其爲嚴又陵（復）乎？」可想而知；譚嗣同不會不注意嚴復這一譯著的。梁啓超更一直欽佩嚴復，他還是最早讀《天演論》譯稿的一個人，《天演論》還沒有出版，他就加以宣傳，並根據《天演論》做文章了。就是康有爲，一向是目空一切的，但從梁啓超處看到《天演論》譯稿後，亦謂「眼中未見此等人」，承認嚴復是「譯《天演論》，爲中國西學第一者也」。至如夏曾佑，更是「佩欽至不可言喻」。所以，《天演論》在未正式出版之前，就已譽滿於主張維新的士大夫之間，及至光緒二十四年（一八九八年）出版以後，其影響於社會，就更深遠了。當時，小學教師往往拿這本書作課堂教本，中學教師往往拿「物競天擇，適者生存」做作文題目，青年們也往往不顧長輩的反對，偷偷地看《天演論》。事實上，不上幾年，《天演論》便成爲一般救國人士的理論根據，而「物競天擇，適者生存」等等名詞，也成爲社會上最流行的口頭禪了。許多人還將這些名詞做爲他們自己或子女的名字。胡適是一個典型的例子，他在《四十自述》中，對這段心路歷程有很生動的描述：

《天演論》出版之後，不上幾年，便風行到全國，竟做了中學生的讀物了。讀這書的人，很少能瞭解赫胥黎在科學史和思想史上的貢獻。他們能瞭解的只是那「優勝劣敗，適者生存」的公式在國際政治上的意義。在中國屢次戰敗之後，在庚子辛丑大恥辱之後，這個「優勝劣敗，適者生存」的公式，確是一種當頭棒喝，給了無數人一種絕大的刺激。幾年之中，這種思想像野火一樣，延燒著許多少年的心和血。「天演」、「物競」、「淘汰」、「天擇」等等術語，都漸漸成了報紙文章的熟語，漸漸成了一班愛國志士的「口頭禪」。還有許多人愛用這種名詞做自己或兒女的名字，陳炯明不是號競存嗎？我有兩個同學，一個叫孫競存，一個叫楊天擇。我的名字也是這種風氣底下的紀念品。……

胡適這段隨感錄是很有代表性的，因爲當時許多知識分子，都經驗了相彷彿的心路歷程，這在資料上到處可以覆案。可以說，《天演論》是二十世紀啓蒙中國青年的文學實錄了。

爲什麼這本書能這樣風行一時，能這樣得到巨大的社會影響呢？我們知道，在《天演論》出版以前，當日大家所接觸到的西學書籍，只是江南製造局所翻譯的淺近的科技著作，以及廣學會傳教士們所出版的一些譯著，這些當然不能滿足人們追求新知的要求，《天演論》可以說是中國近代史上第一部深入西方文化而有學術價值的譯著。同時，赫胥黎不僅是當日一位傑出的科學家，並且還是一位極好的散文家，再加上嚴復的雅馴古文及其翻譯時審慎的態度，都使本書在當日所謂高等的讀書人中間，具有更大的說服力量，能夠得到更廣泛的傳播。但《天演論》所以風行一時，最主要的原因還是因爲當時險惡的政治形勢。第一次鴉片戰爭、第二次鴉片戰爭（英法聯軍之役）、中法戰爭，特別是甲午戰爭的失敗，已使人感覺到國家的前途危機重重；《天演論》出版的那一年——光緒二十四年（一八九八年），又正是瓜分危機最嚴重的時候，德國、俄國、英國、法國、日本等帝國主義國家，都在掠奪勢力範圍，要求租借地與築路權，中國的錦繡河山快要被他們瓜分了，每一個愛國的中國人，都要發出這麼一個問題：中國真的要亡國麼？還是仍舊可以奮發圖強呢？《天演論》就是要回答這個問題的。《天演論》告訴人們：中國真是危機重重，因爲侵略中國的國家，無論在德、智、力那一方面，都要比中國強，根據《天演論》中「優勝劣敗」的規律，中國將要滅亡了！但是《天演論》又告訴人們（這正是赫胥黎不同於斯賓塞處）：人的努力，可以「與天爭勝」而終「勝天」，只要人治日新，國家就可永存，種族就可以不墜。嚴復借著《天演論》的翻譯而呼籲：只要發憤，變法自強，中國仍舊可以得救，存亡死生，其權仍舊操之於我！《天演論》就這樣，在民族危機中充任了警鐘的作用。這是它所以風行全國的最主要的原因。這一點，我們在另一節將有進一步的申論。

根據史華滋教授的解析，斯賓塞詮釋的達爾文進化理論，在西方的思想界，可說是最具革命性；而嚴復所欲引進中國的，也是這種觀念。至於《物種原始》（*Origin of Species*），嚴復並不熱衷介紹，因其未能切合時宜。在達爾文的理論中，嚴復所關心的，乃是人類行爲；生物學方面，他並不重視。

嚴復的願望就是翻譯斯賓塞的著作，但是在《天演論》的案語中，他表示：「斯賓塞其書之深廣，實難得其津涯，遑言譯之。」光緒二十三年，他在《國聞報》譯《羣學肄言》兩個章節，但對斯氏《第一原理》（*First Principles*）及其他著作卻認爲無法勝任；不過當務之急，乃是將其詮釋達爾文主義的理論翻譯出來。

對於赫胥黎的《天演論》，嚴復注重的並不僅是「其中所論，與吾古人有甚合者」，而且也是「自強保種之事」；「自強保種」可以說是他譯《天演論》的主因，也是年輕人熱烈關切的問題。大家必須熟知社會達爾文主義，至於達爾文主義的基本理論是否與古人相合，則無關宏旨。

不過卻有一個似是而非的問題存在，赫胥黎的《天演論》並非闡揚社會達爾文主義的，反倒是攻擊社會達爾文主義的，也就是反對十九世紀末盛行於英美的斯賓塞的正統理論。一般人以爲赫氏贊同並且詮釋達爾文主義，實際上是錯誤的。赫氏強調的是人類倫理觀，而不是進化倫理觀。《天演論》的正名應該是《演化與倫理》（*Evolution and Ethics*），而非如嚴復所譯，只是演化（On Evolution）一詞。赫氏雖然提倡自然主義，但強調「倫理並非出自自然」，因此斯賓塞輕率認定的宇宙觀，他並不贊同。他反對佛教「棄世」與禁慾的作爲，但也不是提倡旺盛的生命力及生生不息的宇宙觀。我們知道，進化論中也包涵了逆轉的說法，這就是「退化的現象，由複雜趨於簡單。」《天演論》一直強調「社會的進展並非宇宙的過程，而是倫理的過程。……社會倫理的進展並非模倣宇宙的過程，亦非規避，而是與之抗衡。」從這裏我們可以看出，嚴復亟於從達爾文的宇宙觀尋求人類行爲的準則，他積極的態度不同於赫胥黎悲惻的理論，同時嚴復尋求富強的信念，也不是赫胥黎只是著書立說所可比擬。

既然觀點不同，那麼嚴復何以譯《天演論》呢？在《天演論》中，赫胥黎曾簡潔、清晰甚至以帶有詩味的語氣敘述達爾文主義的觀念，但他並非解釋人類社會進化的事實，而是說明自然的過程。他詳盡地描述人類的變化，以及「在屋內觀窗外大地景色」的自然演變歷史，這種銳利的觀察，科學工作有時無法傳神，而這些事跡，更令嚴復撰文評述馬爾薩斯（Malthus）的《人口論》。既然赫氏對人類的興趣甚於宇宙的進化，因此他將人類思想的歷史加以分類，包括蘇格拉底直到今日的進化論史，以及東方（尤其指佛教）和古希臘對人類生命觀的爭論；人類對罪惡與痛苦的態度，也包括在不同文化中。蘇格拉底時代的人民以及古印度人都相信痛苦是與生俱來的，因此希臘人認爲生命應該極度求歡樂，可是後來的禁慾派卻以冷漠的態度求內心的寧靜；而印度人認爲痛苦是一種高度文化的表徵，因此反對進化論。佛教的教義是由婆羅門教演繹而來，認爲物相祇不過是「知、情、意、思」的幻境。這些到最後卻導致巴克萊（Berkeley）及西方理想哲學討論的範疇。

這種種說法雖然紛云多歧，不過嚴復認爲這正是人類智慧的表現，也表示文化的共通性。關於這些問題，嚴復並未涉及佛教，不過佛教的思想已被溶入古希臘各種學派以及茱迪亞（Judea）和現代西方的理論裏。赫胥黎引證巴克萊的觀念，使得嚴復有機會研究蘇格拉底以來西方哲學的認識論，而《天演論》一書，更使得嚴復去探討人類種族的問題。總之，《天演論》令中國知識分子察覺，中國人和野蠻人實無差異，乃出同一種源。

史華滋教授又認爲：赫胥黎不贊同斯賓塞的理論，嚴復則恰好相反，並且一直爲斯氏辯護。在著手譯《天演論》時，嚴復已經瞭解這本書的意旨，不過在序言中，他還是忠實敘述赫氏反對斯賓塞「任天爲治」的觀念。嚴復始終贊揚斯賓塞，因此《天演論》的譯文中包涵了兩個主題——一方面是赫胥黎的觀點，一方面以斯賓塞的理論來駁斥赫胥黎。

那麼，主要主題是甚麼呢？赫胥黎反對斯賓塞將宇宙進化的理論運用在政治與社會的問題上。可是從兩層意義來看，赫氏的人道倫理觀顯然不如斯氏的進化倫理觀真確。其一：在專制國家裏，社會乃是由其具有超凡智慧的社會專家所治理，他們有系統並且謹慎地運用令人類社會發展的法則，此乃勢之所趨，無足爲奇。其二：斯賓塞者流咸認爲進化乃是自然界不爭之事實，而人世的儀節，乃是人類的一種園藝工作，和宇宙發展過程並不相悖。同時，「狂熱個人主義」派也反對赫氏的論點，他們以進化的倫理觀表示人類應該漠視他人的痛苦。赫胥黎強調「社會的進展並非宇宙的過程，而是倫理的過程，人類的園藝工作與道德行爲亦不可以宇宙的過程來衡量。若謂這種見解在邏輯上講不通，那麼可能邏輯本身就是錯誤。……文明的歷史，乃是在寰宇內建造一物相的世界。」而唯有實踐他的理論，人類才有能力防止宇宙超道德之無政府的產生。

根據史華滋教授的結論，嚴復反對赫氏的見解，在宗教、形而上、倫理、社會或政治上表露無遺；不管其態度是維護傳統或反傳統，他終究是贊同斯賓塞的理論。

在宗教上，嚴復並不信仰基督教，而他崇拜的西方思想家亦皆非基督徒，不過在《天演論》中，他卻談到老莊、佛教，以及印度梵語的奧諦。李約瑟認爲道教皆虛幻之言，與印度宗教不可相提並論，嚴復不以爲然。他表示佛道或宋理學的義理與斯賓塞的「不可知論」Unknowable）相通，亦即是他本身所謂的「不可思議」。斯賓塞認爲世上一切複雜、異種、有組織的事物皆來自「不可知」，老子也表示「萬物」皆源於「無」。雖然「不可知」並非人類的理智與語言所可觸及，老莊和釋迦牟尼也表示「奧諦」（Ultimate）乃不可說，《道德經》開宗明義亦謂：「道可道，非常道。」但嚴復還是積極地去探索奧義的所在。事實上，「奧諦」之不可說與不可知，已成爲今日神秘文學的特徵。

斯賓塞既倡「不可知論」，表示他已窮盡事物的奧理，因此否認一切的「可知論」；嚴復雖然提出「不可思議」，但其觀點和斯氏不同。他認爲斯氏之「不可知」即是佛教之「涅槃」，梵語之「婆羅門」和宋理學的「萬物本體」，達到真正的宗教意境。「世人不知，以謂佛道若究竟滅絕空無，則亦有何足慕；而智者則知，由無常以入常存，由煩惱而歸極樂。」嚴復認爲「不可思議」的觀念會產生寧謐與慰藉的心情，亦正是他汲取西方思想的一個準則。此時嚴復有兩種態度，一方面積極尋求國家富強，提倡物力論和自信心以及鼓民力、開民智、新民德；一方面表示外在物界皆爲幻想，而從煩惱中尋求慰藉。嚴復認爲儘管外在世界在進化，「不可知」仍然是人類生、老、病、死種種憂患中，心靈上的唯一寄託。

嚴復對佛學的興趣，並非基於個人的好奇。在他同時代的人物，像康有爲、譚嗣同、梁啓超、章太炎及王國維等，皆對佛學感興趣，雖然彼此動機各不相同，不過似乎有一種動力在驅使他們尋找儒學之外的立論，用以維繫社會倫理的準則。

赫胥黎反對秩序調諧的宇宙觀，嚴復並不贊同，而他的宇宙觀，則基於兩種認識，自神秘一方面看來，則景仰「奧諦」；自動態一方面看來，則承認進化論。如同斯賓塞，他認爲上述這兩種認識，並沒有踰越事物的組織結構。

赫胥黎的宇宙觀，乃是基於倫理的立場，他認爲宇宙完全是漠視生靈萬物；同時他也反對傳統的基督教，表示基督教的倫理觀（或是《聖經》的倫理觀）應該重視個人的價值。同樣是人，不應該有適者與不適者之分，而這點正是他反對斯賓塞的理由。

嚴復以奧秘的泛神論及人羣的社會達爾文主義，反對赫胥黎這種似是而非的論點。赫氏表示「宇宙漠視生靈萬物」，似乎與老子「天地不仁，以萬物爲芻狗」的觀點相通。但十九世紀西方之人道主義者，並沒有因此而反宇宙，同時，「老子所謂不仁，非不仁也，出乎仁不仁之數，而不可以仁論也。」老子之惻隱之心並非悲觀，而是歡喜，蓋道家皆欲與「道」結合，而不願隨萬物幻滅——而前者正是造萬物之源。倘若個人的生存並不具任何價值，那麼赫氏的反對「不可知論」顯然不能成立，因此嚴復不同意赫氏的「小宇宙的質點可反應大宇宙的缺失」的論調。總之，斯賓塞的「不可知論」乃是宗教與科學的泉源，從科學的立場來看，它可以解釋人羣社會之達爾文「進化倫理觀」。

嚴復也反對赫胥黎把宇宙與人類發展過程並置的觀念，他表示「其謂羣道由人心善相感而立，則有倒果爲因之病。蓋人之由散入羣，原爲安利，其始正與禽獸下生等耳，初非由感通而立也。夫既以羣爲安利，則天演之事，將使能羣者存，不善羣者滅。善羣者何？善相感通者是。然則善相感通之德，乃天擇以後之事，非其始之即如是也。其始豈無不善相感通者，經物競之烈，亡矣！赫胥黎執其末以齊其本，此其言羣理，所以不若斯賓塞氏之密也。」

斯賓塞表示，除善相感通外，自我完成（self-assertion嚴復譯爲「自營」）也是人類進化的一個要素。赫胥黎雖然承認這是人類經濟生活必然的事實，不過他認爲此乃獸性的行爲，必須以社會倫理的力量加以控制。嚴復同意斯賓塞的論點，並且表示以社會道德結合羣眾和個人發揮潛能以求利，也是人類進化必然的現象。故嚴復並沒有以進化論來反對社會進展的現象，而是以社會存在的事實來確證進化論。

不管是赫胥黎或斯賓塞，其對宇宙發展過程與人類發展過程的觀點，皆曾引起嚴復探討的興趣，同時也令他回顧中國哲學思想上常爭論的一些問題——難道荀子和孟子並未探及赫氏或斯氏的觀念？赫胥黎認爲人類想要在宇宙間建立一個高超的倫理道德標準是徒勞無功的，這種觀點頗似荀子與柳宗元的論調。荀子認爲宇宙並無道德存在，柳宗元也表示人類文化完全是「人工」文化，造作不自然，亦即是「僞」文化，也是赫胥黎所謂的「藝術」文化。嚴復曾謂：「前篇皆以尚利爲天行，尚德爲人治，爭且亂則天勝，安且治則人勝。此其說與唐劉（禹錫）柳（宗元）諸家天倫之言合，而與宋以來儒者，以理屬天，以欲屬人者，致相反矣。大抵中外古今，言理者不出二家，一出於教，一出於學。教則以公理屬天，私欲屬人，學則以尚力爲天行，尚德爲人治。」而赫胥黎的態度乃是「以理屬天，尚德爲人治。」

顯然此時嚴復欲尋求一種人類思想的共通性，以代替東西文化的二分法，其態度固然必須就事論事，同時也不可存有「東西方思想家遇到同樣的問題會產生同樣的觀念及運用同樣的方法」的構想。嚴復以大家熟悉的事物來解釋大家不熟悉的事物，其動機可能帶有教育性，因他以特殊的文體表達，即周、宋兩代思想上各種派別的詞彙。同時，嚴復表示思想的共通性不因時空或文化背景不同而有差異，因此他認爲赫胥黎沒有理由贊同荀子、柳宗元而反對斯賓塞、老子及朱熹。

東西方皆有同樣的問題產生：人類生存的價值應順應宇宙的法則，還是橫逆之？嚴復對西方的情況非常瞭解，以斯賓塞爲例，其倫理觀十分新穎，如同老子和朱熹，完全以宇宙爲基準。他認爲宇宙包涵了「意志力」及「自我完成」的現象，並且實現在人世上。宋代理學家（或西方之禁欲者）咸認宇宙表現的，乃是一種否定的（negative）、抑制的（inhibitory）倫理觀。荀子和赫胥黎不承認宇宙和倫理有甚麼關係，因爲宇宙本身並非是一種道德；斯賓塞則認爲即使宇宙將「自我完成」與「自利」制限在理性的範疇，其倫理觀亦是表露無遺。

嚴復服膺斯賓塞宗教、倫理、社會和政治上的論點，同時也極欽佩其在學術上的成就，因其學說自成一種體系，完密無缺。他也表示斯氏的學說可以解釋任何物相，「以天演自然言化，著書造論，貫天地人而一理之。」此理可運用在「農商工兵語言文學之間」。斯賓塞認爲一切事物皆「始簡易而終雜糅」，從星象至國事，莫不如此。嚴復瞭解其綜合哲學之奧義，因此說：「苟善悟者深思而自得之，亦一樂也。」同時嚴復對其一元宇宙論亦深信不疑，以此作爲救時弊及觀物相的準則；赫胥黎的觀點與此相格，自然爲嚴復所駁斥了。

總之，史華滋教授認爲，嚴復以《天演論》一書來闡釋斯賓塞的進化哲學，而赫胥黎的觀點僅是用以對照而已。在此書中，嚴復亦陳述其宗教、形上學及倫理觀，尤其對社會達爾文主義，剖析得更是淋漓盡致。雖然這些論點並沒有敘述革命的價值，不過一般中國學子已能領略到社會達爾文主義的意旨了。

七、亞當斯密的《原富》

《原富》原名 *An Inquiry into Nature and Causes of the Wealth of Nations*，或譯作《國富論》，爲英國經濟學家亞當斯密（Adam Smith, 1723–1790）所著，是十九世紀經濟學的經典著作。原書出版於一七七六年，戊戌變法的前一年（即一八九七年，光緒二十三年），嚴復便著手翻譯此書，至一八九八年（光緒二十四年）譯成五册，但還不及半部，曾寄交吳汝綸，請他校閱。吳汝綸回信說：「斯密氏《計學》稿一册。敬讀一過，望連成之。」這是春間的信。秋間又給他的信道：「惠書並斯密氏《計學》四册，一一讀悉。斯密原書，理趣甚奥衍，思如芭蕉，智如泉湧，蓋非一覽得其深處。執事雄筆，真足狀難顯之情，又時時糾其違失，其言皆於時局痛下針砭，無空發之議，此真濟世之奇構。」一八九九年（光緒二十五年），又續成四册，吳汝綸的信說：「惠示並新譯《計學》四册……謹力疾拜讀一過，于此書深微，未敢云于少得，所妄加檢校者，不過字句間眇小得失。」一九〇〇年四、五月間（光緒二十六年三、四月間），又續成《原富》五册，並寄請吳汝綸作序。吳汝綸說：「下走老朽健忘，所讀各册，已不能省記，此五册始終未一寓目，後稿更屬茫然。」直到年底，《原富》翻譯稿才全部脫手。一九〇一年（光緒二十七年），嚴復將首二篇交上海南洋公學譯書院出版，至一九〇二年十月（光緒二十八年九月），全書出版（共五篇）。《原富》與《天演論》不同，譯筆比較嚴謹。「雖于全篇文理，不能不融合貫通爲之，然于辭義之間，無所顛倒附益。」

當《原富》首二篇出版時，梁啓超即在《新民叢報》上加以推薦，認爲「嚴氏於中學西學，皆爲我國第一流人物，此書復經數年之心力，屢易其稿，然後出世，其精美更何待言！」但是，他對於譯文的深奧難解，表示不滿：「吾輩所猶有憾者，其文章太務淵雅，刻意摹仿先秦文體，非多讀古書之人，一翻殆難索解。夫文界之宜革命久矣！歐美日本諸國文體之變化，常與其文明程度成正比例……況此等學理邃賾之書，非以流暢銳達之筆行之，安能使學童受其益乎？著譯之業，將以播文明思想于國民也，非爲藏山不朽之名譽也。文人結習，吾不能爲賢者諱矣！」梁啓超的批評並沒有錯，但嚴復卻替自己辯護，認爲「若徒爲近俗之詞，以便市井鄉僻之不學，此于文界，乃所謂陵遲，非革命也」，並且「不佞之所從事者，學理邃賾之書也，非以餉學童而望其受益也，吾譯正以待中國多讀古書之人。」

嚴復很瞭解循經濟途徑尋求國家富強的重要性，當他在英國求學的時候，就細心觀察他們政府的組織制度，認爲有良好的組織制度，國家才能致富，並且由富而致強。同時，在斯賓塞的綜合哲學裏，經濟也佔了相當重要的地位。斯氏認爲，「工業時期」乃是人類進化的最高峯，而此時的經濟結構必須與正統的經濟學家的理論相配合。工業時期的企業家注重的乃是個人潛能的發揮，嚴復所以反對儒學過於消滯人力，其主要原因正是如此。此時嚴復一方面受斯賓塞理論的影響，一方面鑑於英國富強的事實，於是乃轉而研究造成這種力量的始祖——亞當斯密。在〈原強〉一文中，嚴復曾說：「東土之人見西國今日之財利，其隱賑流溢如是，每疑之而不信，迨親見而信矣，又莫測其所以然；及觀其治生理財之多術，然後管其悉歸功於亞當斯密之一書。」赫胥黎不同意人類生活應該求「自利」，但嚴復極力維護「自利」的觀念，表示「晚近歐洲富強之效，識者皆歸功於計學。計學者首於亞當斯密氏者也，其中亦有最大公例焉，曰大利所存，必其兩益。」

在〈譯事例言〉中，嚴復講耶方斯（Jevons）、馬夏律（Alfred Marshall）乃引經濟學漸入演繹，而亞當斯密則以歸納發展其經濟理論，這完全是就穆勒的自然進化觀點而言。「此二百年來，計學之大進步也。故計學欲窺全貌，於斯密《原富》而外，若穆勒、倭克爾（Francis Amasa Walker）、馬夏律三家之作，皆宜翻譯。」《原富》內容乃是經濟學的基本理論，而非總評或論斷，所以嚴復優先加以翻譯。不過嚴復在案語中表示亞當斯密以後的經濟情況曾有很大的變動，其理論有些已不合時宜，理嘉圖（David Ricardo）、穆勒、羅庚斯（Rogers）就曾加以改進，但儘管情況變動，亞當斯密還不愧是一位大家。嚴復一方面介紹理嘉圖的「地租論」（theory of rent），一方面也介紹「勞動價值論」，而翻譯《原富》及加上自己的案語，除亞當斯密外，至少也表達了馬夏律的正統經濟發展觀。

嚴復翻譯《原富》，其目的也是藉此以尋求國家的富強，但這種觀點如何與亞當斯密的個體經濟論相配合？亞當斯密反對護商主義，然而護商卻是導致國家經濟成長的主要方策。海克斯特（Eli Heckscher）曾著書表示「護商乃以增進國家利益為目的」，「護商乃是用以鞏固經濟政策」。這種觀點應該與嚴復致國富強的目的相一致，那麼嚴復推崇亞當斯密，又是什麼道理呢?

亞當斯密認爲,所謂「團體」(society)乃指構成社會的羣眾而言,那麼團體的利益即是個人的利益,若謂社會(a society)則是總體名詞,須以國家的立場爲出發點,故社會、國族(nation)、國家(country)意義相通。亞當斯密將書名稱爲《計學》,或將其中一章稱爲〈論邑業興而野業轉進之理〉(How the Commerce of the Towns Contributed to the Improvement of the Country),其理由亦是基於此。不過在嚴復的譯文裏,都將亞當斯密對「團體」、「社會」、「國家」或「公利」的觀點統合爲「國家利益」的觀點。

嚴復並非否認個人的利益,但認爲羣體、國家的利益應該重於一切。亞當斯密認爲「國富」乃是社會羣體所創造出來的財富;嚴復表示「國富」乃一總合名詞,包括國家的財富與權力,而國家以此力量在強權如林的世界所提倡,以及實施在維多利亞時代英國的經濟自由論,乃是致國富強的良方,亦即強調發揮個人的潛能。

在《原富》的案語中,嚴復不憚其煩闡釋這個觀點。《原富》最後一章〈論國債〉中,有一段談論到投資國債的問題。亞當斯密表示,人民投資國債而政府以歲入償還的方式,只有在商業與生產達到相當程度的社會才可實現,而戰爭是造成投資增加的主要因素。不過「永久的投資」會造成國家經濟的崩潰,很多國家因此而導致「貧瘠與孤立」,但英國卻免於此難。亞當斯密解釋此乃「英人以節省儲蓄的方法彌補英政府浪費於社會上的資金,因此在戰後,其農業繁盛,生產突飛猛進,終而償還債務。這種事實,在一世紀前幾乎沒有人會相信。」儘管如此,亞當斯密卻信持另一想法,他認爲過額投資終將會毀滅英國。

嚴復感到驚訝的，乃是英國能夠償還其國債，同時亦能增進其財富。亞當斯密於此有一精闢的解釋，嚴復亦謂：「顧英債雖多，而國終以富強者……凡物皆有其所以然之故。……英國自斯密氏之世以來，其所以富強之政策衆矣，格致之學明於理，汽電之機達於用，君相明智，而所行日行。然自其最有關係者言之，則採是書之言……於是除護商之大梗，而用自由無沮之通商。」簡單地說，英國的行徑，乃是以發展人民的潛能爲宗旨。雖然在亞當斯密時代盛行護商政策，但其後已轉變爲自由通商了。

「而中國固如何乎？甲午庚子兩戰以來，國債之加者不知凡幾，而其財又皆貸之於外國。」同時，人民的潛能亦尚受壓制。觀諸中國歷史，人民之經濟觀及經濟活動尚停留在靜態的階段，因此，國債增加或稅收加重，都會導致社會經濟的分崩離析。只要人民發揮能力以從事生產，國家定不虞貧弱。這種觀點，嚴復在〈亞當斯密傳〉中闡釋無遺。他說：「英國債之積已多……顧英國負雖重，而蓋藏則豐。至今之日，其宜貧弱而反富強者，夫非制鎮廓門，任民自由之效歟？」

亞當斯密以十八世紀軍事費用爲例，指出財富的重要性。雖然嚴復認爲由此會增加國家的負擔，但若無財富，國家無以強盛。「歐洲武備之費，以斯密氏之世持較今日，殆蔑如也。……自乾嘉以來，歐洲民權忽伸，庶業猛進。說者謂百年所得，不啻古之千年，非妄誕也。……大抵繼今以往，國之強弱，必以庶富爲重，而欲國之富，非民智之開，理財之善，必無由也。」中國欲成爲富庶之國，一方面要革除保守無爲之習，一方面（如亞當斯密所說）人民必須積極從事經濟活動，發揮其經濟能力。

史華滋教授指出，若謂《原富》之譯文有些曲解原文，關鍵在於嚴復過於強調自己的觀點，例如亞當斯密表示個人求自利乃爲「羣祉」，嚴復就改寫爲致國富強。在譯文案話中，嚴復雖然一直強調民生之利，但終究還是以國家爲重。儘管如此，兩者注重自由經濟的觀念則是相互一致。雖然嚴復能夠將亞當斯密的理論改寫爲自己的觀點，但有些問題還是困擾著他，主要在於個人求自利的態度與中國儒學的道統觀不合。從儒學的觀點來看，亞當斯密的經濟觀比斯賓塞的形上論更具破壞性。

不過在儒學的政經理論裏，卻表示政府不得干涉工商業，即強調自由放任主義。商人可以從事自由買賣，政府如果干預，就違反商業道德。在一八九〇年代，中國一些文人已能改變傳統儒學的觀念，而將眼光著重在國家上面，其目的無非是致國富強，例如李鴻章、張之洞等，可是他們還是反對個人求自利的態度，亦即尚維持著「士爲首，商爲輕」的觀念。不過吳汝綸卻能提出問題的關鍵所在：「然而不痛改諱言利之習，不力破重農抑商之故見，則財且遺棄於不知。……以利爲諱，則無理財之學。」

嚴復當然也注意到這個問題，並且試圖加以調和，因此再求諸亞當斯密的理論。這次嚴復是從其《德性論》（*The Theory of Moral Sentiments*）一書中求得答案，而非《原富》。「《德性論》言俗之所以成，其與同時哲學家異者，諸家言羣道起於自營，《德性論》謂起於人心之相感。」斯賓塞和赫胥黎亦受《德性論》影響，赫胥黎曾在《天演論》中申論這個觀點。斯賓塞也表示「利己心」乃是造成社會團結與相感的主要因素，嚴復亦深有同感；而嚴復從穆勒的觀點更深信自利與相感或「恕」能夠互存。邊沁認爲一切事物皆出於自利，亞當斯密則表示「義」與「利」可以相輔相成。嚴復謂：「然而猶有以斯密氏此書爲純於功利之說者，以謂如計學家言，則人道計贏虧，將無往而不出於喻利，馴致其效，天理將已，此言厲矣。獨不知科學之事，主於所明之誠妄而已，其合於仁義與否，非所容心也。且其所言者計也，固將非計不言，抑非曰人道正於爲計，乃已足也。從而尤之，此何異讀兵謀之書，而訾其伐國；睹鍼砭之論，而怪其傷人乎？」

嚴復指出，世界諸國對於自利與非自利之說，皆各執一詞，不獨中國爲然；即「義利」的觀念只有古今不同，而無東西方的差異。「而治化之所難進者，分義利爲二者害之也。孟子曰：亦有仁義而已矣，何必曰利；董生曰：正誼不謀利，明道不計功。泰東西之舊教，莫不分義利爲二塗，此其用意至美，然而於化於道皆淺，幾率天下禍仁義矣！」嚴復表示自利之說在西方已漸次受到重視，中國要邁向自利說的境界，首先必須接受進化論：即一方面提倡自利的觀念，一方面發展人民的潛力。

因此，「義」與「利」本不可區分。「自天演學興，而後非誼不利非道無功之理，洞若觀火，而計學之論，爲之先聲媒。斯密之言，其一事耳，嘗謂天下有淺夫，有昏子，而無真小人，何則？小人之見，不出乎利，然使其觀長久真實之利，則不與君子同術焉，固不可矣！……故天演之道，不以淺夫昏子之利爲利，亦不以谿刻自敦濫施妄與者之義爲義。」這種立論與韋伯（Weber）之「新教及其論理觀」（Protest and Ethics）相似。亞當密斯和斯賓塞也表示自利不能太具實利的觀點，必須有高尚的節操輔助方才可行。如上所述，真正的自利確能引人奮發向上而導致富強，但在中國，由於官僚貪污苟利，而且不從事生產，故自利之說無由產生。在西方，不管自利抑或利人，其利益皆以國家目的爲歸皈；而在中國，由於小我之義的倡導以及士大夫私慾心的橫行，社會因而闇弱不振了。這是嚴復藉亞當斯密的經濟觀點，對中國社會的現狀所提出的針砭了。

八、斯賓塞的《羣學肄言》

《羣學肄言》原名 *The Study of Sociology*，即《社會學之研究》，爲英國「社會達爾文主義」（Social Darwinism）的大師斯賓塞（Herbert Spencer, 1820–1903）所著，原書出版於一八七三年。斯賓塞生平的重要著作是《綜合哲學》一書，《羣學肄言》則爲入門之作。嚴復初讀此書，在「光緒六、七年之交」（一八八〇—一八八一年），那時他才二十九歲。回國之後不久，他大爲傾服，「輒嘆得未曾有」。一八九七年（光緒二十三年），嚴復「爲國聞報社成其前二篇」（按全書共十六章），即〈砭愚篇〉與〈倡學篇〉，總二篇而名《勸學篇》。以後「事會錯迕，遂以中輟，辛丑亂後，賡續前譯」，於一九〇一至一九〇二年（光緒二十七—八年）陸續譯完，至一九〇三年（光緒二十九年），始將全稿交上海文明編譯書局出版。

嚴復在一八八一年初讀英人斯賓塞之《羣學肄言》（*The Study of Sociology*），史華滋教授認爲這本書對嚴復以後的思想影響很大。我們現在且推究其原因。

《羣學肄言》是斯賓塞在一八七二年應其美國弟子優曼教授（Professor Youmans）之邀而著，但不能代表他社會學思想的體系。他主要的思想，在《社會學原理》（*Principles of Sociology*）一書中已表露無遺。不過《羣學肄言》確實是一個研究社會學的導引，從情感、倫理以及學術的方針著手，但內容可能稍過於主觀。

《羣學肄言》反映出斯賓塞的進化觀，嚴復雖然贊嘆《羣學肄言》，但並非全盤接受，因他在英國也唸過達爾文的進化論以及斯賓塞的其他著作。嚴復認爲《羣學肄言》兼《大學》《中庸》精義，而出之以翔實，以格致誠正爲治平根本，這與《大學》中「欲正其心者先誠其意，欲誠其意者先致其知，致知在格物」不謀而合，而嚴復著重在「誠意」與「致知」兩項。但總括而言，各項必須循次有序，相輔相成。

嚴復對中國傳統文化的見解，筆者將在下文撰述，在此不多贅言。一般中國知識分子對西學的觀念，似乎衹著重在倫理的範疇，嚴復除了四書外，也受了斯賓塞理論的影響。嚴復讀了《羣學肄言》，嘗言「生平好爲獨往偏至之論，及此始悟其非」。斯賓塞理論的根底，並不在重蹈古賢的言論，而是闡釋西學「誠意」之道；嚴復在中國及英國學得的知識，也不是爲實用之途，乃是求得真理，而兩者的方針，皆歸向於「中庸」。《羣學肄言》乃是西學中用以「治國平天下」之圭臬，「以學術、誠意和正直爲其磐石」。嚴復謂其〈繕性〉（Discipline）以下三篇，「真西學正法眼藏，智育之業，爲羣學導先路。」斯賓塞在羣學之後又加註語，謂羣學乃是將正德、利用、厚生三者之業融合於一貫。

嚴復譯《羣學肄言》之目的有二，其一乃是以哲學思想作爲科學訓練的基礎，其二則以此爲「治平」的準則。在〈原強〉一文中，嚴復謂：「斯賓塞者，宗天演之術以闡人倫治化之事，又用近今格致之理術，以致修齊治平之境。」

不過以中國的論點來看斯賓塞的思想，可能會過於以偏概全。斯氏的理論不須知識分子付諸行動，而是以一超然的立場觀看社會的進化。他認爲社會乃是一個有機體，其發展應該是自由地實行了演化的方式，以英國和美國的社會爲然。這種論點，乃是針對工業社會的政治家和改革者而言，一般的民眾倒是次要。他表示社會科學不是教導社會應該是如何的模式，而是認清社會的進化乃是依自然的方式發展。

對嚴復而言，社會科學應該還有改變社會的功用——使其達到富強的地步，英國即是以斯賓塞的理論而致富，雖然斯氏本身並未察覺。不過嚴復也認爲理論本身並不能發揮作用，而要以科學的態度去實現。嚴復和斯賓塞的論點雖然不同，但在甲午之前，嚴復探求西方「富強」之道時，發現其和斯賓塞的理論有莫大的關係。

我們知道，嚴復極其推崇斯賓塞，斯氏提倡宇宙絕對論，並且認爲自然乃是無盡的倉庫，儲藏能源和力量，以各種不同、複雜的形式呈現出來。同時斯氏也闡釋達爾文的進化機械論，以生物演化的觀點分析社會結構，並且對自由主義有其獨到的見解。嚴復瞭解這些觀念，一方面來自斯賓塞，一方面亦得自當時英國的社會，兩者互爲因果。不過斯賓塞對於英國政府過分干預社會事項，以及亟欲擴充海外殖民地，儼然帝國主義的態度極表不滿，認爲是「衰落」的現象。嚴復一心求國家的富強，卻未注意及此。

不過嚴復很贊賞西方「公心」的風氣，這乃是自由的表徵，亦即是機會平等與自治的現象，簡單地說，就是「民德」。西方（尤其是英國）之所以富強，乃是個人發揮潛能，爲自身的利益奮鬥，從而達到大眾的利益，追究其原因，主要是自由、平等與民主克其功。

因此，談「公心」的西方人就不太瞭解以儒學爲道統的中國，嚴復也認爲中國傳統的道德標準已不適合今日的社會。當然兩者本質上的立場不同，梁啓超曾表示中國人注重人際交往，卻忽略了人與社會的關係。中國人爲了個人或家庭的利益，有時會不顧國家的利益；而所求的利益，又不能創造社會的財富，此點迥異於西方企業家的行徑。同時，一味的盡忠亦不能符合自利的要求。曩時將國家譬喻爲身軀，牽一髮而動全身，這種觀念自甲午戰後已漸漸淡薄，大家認爲防日即是禦國，故中國人忠君的觀念自不能和西方「公心」之義相提並論。

若謂西方之「民德」，完全是自利的觀念，那也不盡然。人民「求利」之風自比中國人饒富生機，而基督教在社會上更具有教育的功用。嚴復就一直在思考這個問題，蓋即使彼之貧民，求自利外，亦知以國家之益爲重，同時，基督教「臨之以帝天之嚴，重之以永生之福，人無論王侯君公，降以至於窮民無告，自教而觀之，則皆爲天之赤子。而平等之義以明，平等義明，故其民知自重而有所勸於爲善。」況且「上帝臨汝，勿貳爾心，相在爾室」，因此「西洋子民，但使信教誠深，則夕朝惕乾，與大人君子無所異。」故「民之心有所主，而其爲教有常」，大家甚至發揮所長，願意爲國捐軀。

因此，在社會教育上，基督教的功用比較中國儒學尤大，除平等之義外，尚具倫常之效。至於中國，「則姑亦無論學校已廢久矣，即使尚存如初，亦不過擇凡民之俊秀者而教之。至於窮簷之子，編戶之氓，則自襁褓以至成人，未嘗聞有孰教之者也。」因此忠孝節義的觀念就無法普及民間，究其原因，乃當政者不能鼓民力、開民智、新民德使然，故「公心」不發達，是有其社會文化背景的。

因此，嚴復認爲，衹有在自由和開放的風氣下，民力、民智、民德才能得到充分的發展，彼此「合羣」，同心協力，爲社會（國家）的富強而努力，英國可援引爲例。

不過斯賓塞的《綜合哲學》乃是以個人自由爲前題，其「社會有機論」與國家的富強無關宏旨。斯氏認爲在良好的社會裏，個人的幸福應可免於各種制限與剝榨，所謂民族主義就是一種盲目的愛國心，國家的富強不見得就能保障個人的自由。他將人類的進化劃分爲兩個時期——軍國時期（militant stage）與工業時期（industrial stage），而國家正是前者的產物，此時人民爲了國家的生存，不惜與外族交戰，甚至動用軍事的力量，因而造成好戰與恐怖的社會，也形成階級專政的現象。「這種社會結構，就須要全體人民聯合，一致對外，爲共同的目標奮鬥，而不爲一己的利益打算。」

但在工業時期，則實行自由貿易，訂定契約，以自願合作的方式代替強制。十九世紀幾位思想家——包括馬克思和一些正統的經濟學者，咸認「國家」將會是歷史名詞，而民族主義的觀念也會日漸消逝，斯賓塞本人也抱這種思想。可是在一八七〇年代，歐陸上及狄斯累利（Disraeli）的保王黨會發生鬥爭，依據社會的進化原則，斯賓塞將此稱爲是一種「隔代遺傳」（atavism）的現象。

可是嚴復並不關懷鬥爭時期或工業時期的問題，他就當時西方的情況，著重的乃是君主政體社會與工業民主社會的分野。英國是一個強權的國家，有良好的制度與組織，人民各依所能各從所事，國家乃以臻富強之境。職是之故，嚴復不相信所謂「衰退」（retrogression）的立論。

但顯然嚴復對斯賓塞的觀念有些誤解，美國一些學著，例如索姆奈（Sumner）和優曼（Youmans），咸認爲斯氏乃經濟自由論者與反國家統治者，而中國文人則皆以致國富強爲出發點，兩者相比，前者自較客觀與正確。但有一問題存在，從邏輯的觀點來看，斯氏的形上學與社會學，到底是符合他自己的論點還是嚴復的論點？其綜合哲學，應該導致無政府的個人自由，還是國家的富強？

事實上，斯氏的本體論顯得很脆弱。他認爲個人乃受制於大宇宙的力、數與進化，即大宇宙物理與生物的力量，其本身並不具重要的意義，不過黑格爾（Hegel）的觀念剛好和斯氏相反。雖然斯氏強調社會由個人組合，但個人僅是社會組織的一個小細胞而已，它的生存價值，還是決定於社會的進化；「工業時期」的個人較「鬥爭時期」的個人優越，並非積極的創造性使然，而是如馬克斯所說，人類已進入一社會歷史的過程（socio-historic process）。

雖然斯賓塞認爲個人並不具任何意義可言，但是備有民力、民智、民德的強者卻是例外，因爲他們是宇宙進化中的佼佼者（ultimate beneficiary），等而下之的弱者僅是用以襯托強者的生存價值；而致強者之道，非自由、政治平等與自治不爲功。

斯賓塞曾將社會進化與生物進化相提並論，《社會學原理》即是闡釋這種類似性。在生物方面，各器官進化以配合腦力發達爲終極目標；在社會方面，則達到以國家的統攝中心爲鵠的，可是到最後他卻否定了這種說法。他表示：「我不同意僅注重羣體的福祉而忽略了個人的幸福，社會是爲個人的利益而存在，反是則否；政府存在的價值，完全以人民的意見爲依歸。」這種觀念即表示社會組織沒有一個「中心意識」（sensorium），若有，則僅存在於羣眾個體間。斯賓塞乃是依個人主義爲出發點，但卻與他社會學的邏輯觀相悖。以進化論的觀點而言，個人有什麼理由不爲社會的福祉著想？況且這與「中心意識」又有何關？如果有關係，難道不以社會的「中心意識」爲重？

在人際的關係上，祇有「黷武時期」才需要一位強而有力的領導者，「工業時期」則否。斯賓塞曾將工業組織比喻爲自律消化系統，巴克也表示：「動物的進化是朝著神經組織的健全而進展，而社會有機組織的進化則邁向於營養消化系統……胃就是社會有機組織的末節器官。」

嚴復比較熱衷於生物對比的類似性，於斯賓塞最後的論調或者反國家統制論則不太感興趣。從本身的理念以及當時客觀觀察歐洲的情景，嚴復認爲國家的存在乃是社會進化中必然的現象，雖然個體在此進化中也扮演重要的角色，不過國家的目標仍然是最需要關懷的。

嚴復對十九世紀末歐洲「生存競爭」的情形看不出有任何衰退或隔代遺傳的現象，這種競爭，與其說是防止「黷武時期」的重現，毋寧是個人能力的極度發揮，並且成爲理性社會穩定的磐石。斯賓塞曾將社會達爾文主義解釋爲兩種意義：一是羣與羣的競爭，一是個人在羣內的競爭。但這兩種競爭不見得必屬於兩個不同的時期。以歐洲、美國和日本爲例，這兩種競爭就曾在同一時期發生，彼此產生力量，英國尤爲顯然，以致造成它在國際間強權的威勢。可是，對事實的真相而言，維多利亞風格的觀念難道會比中國文人以外物觀照內相的見解更真確嗎？

史華滋教授認爲：嚴復大部分的思想內容，皆得自斯賓塞，慢慢加以轉化、吸收，並以一種新的方式呈現。這是一種曲解，還是一種新的途徑，則有待說明的必要（筆者對史氏分析嚴復思想的見解，不盡贊同，後文將有所指陳）。

九、穆勒的《羣己權界論》

在維新運動與庚子拳亂期間，嚴復的處境可以說非常悲苦，尤其在維新失敗後，甚至有人誣控他爲保皇黨，在這種人權受壓榨、自由（尤指思想與言論）受剝削的情況下，嚴復於是著手翻譯穆勒的《羣己權界論》（*On Liberty*）。光緒二十九年，嚴復撰《羣己權界論》之〈譯凡例〉，內文曾剴切闡釋言論自由：「須知言論自繇，只是平實地說實話求真理，一不爲古人所欺，二不爲權勢所屈而已，使真理事實，雖出之讎敵，不可廢也；使理謬事誣，雖以君父，不可從也。」而此真理，亦唯有在公正的律法下才可求得，亦即穆勒所謂的觀念自由溝通（a free market of ideas）。

嚴復在《羣己權界論》中並沒有加上案語，僅於〈譯者序〉和〈譯凡例〉中稍爲解釋穆勒的觀點，不過從〈譯凡例〉和譯文（還是以自己的意見爲原則）中，我們可以看出他的立論。同時，嚴復也表示《羣己權界論》的原文實在難以用中文表達其真意，因此譯文不得不稍加以改寫，同時他亦將穆勒的思想以一些警例呈現，我們在譯文中可以發現有些警例實在舉述得很傳真。

嚴復這種詮釋工作，無非是將穆勒的觀點溶入斯賓塞的思想結構裏。在〈譯凡例〉中，嚴復就曾提出斯賓塞的看法作爲其詮釋「自由」的準則。「斯賓塞《倫理學》（*Data of Ethics*）〈說公〉（Justice in Principle of Ethics）一篇，言人道所以必得自繇者。蓋不自繇則善惡功罪，皆非己出，而僅有幸不幸可言，而民德亦無由演進。故惟以自繇，而天擇爲用，斯郅治有必成之一日。」雖然穆勒也承認自由能夠促進民德，但斯賓塞則將自由歸結到「適者生存」的範圍，亦即認定自由是造成社會進步與富強最有效的工具，工業首腦人物與強者才配擁有自由，自由的目的，乃是用以鼓民力，開民智和新民德。

穆勒在〈釋思想言論自由〉篇中表示，祇有思想自由，人的智力才能增進，而嚴復翻譯《羣己權界論》的動機，就是基於穆勒這種觀念，其〈譯凡例〉所談的，也完全是思想自由的問題，認爲惟有思想自由才能求得真理，「使中國民智民德而有進今之一時，則必自寶愛真理始。」而此真理即是自然與社會科學的真理，思想愈自由，真理愈顯明。

整體而言，嚴復同意穆勒〈釋思想言論自由〉的觀點。穆勒，如同亞當斯密，並不是自由主義者，他不僅提倡個人或少數人的福祉，同時也注重大多數人之社會利益。「個人的思想若不得宣抒，祇是個人受害而已，假使擴大爲羣，其剝削程度，無異於殘害人種的行爲。」

基於穆勒「天稟」（power）的立論，嚴復乃將「特操」（individuality）溶於斯賓塞「民德」的理論，並且將之導引於國家富強的方向。《羣己權界論》第三篇標題原爲〈特操乃富庶之一要素〉（Of Individuality as One of the Elements of Well–Being），嚴復卻譯爲〈釋行己自繇明特操爲民德之本〉。嚴復並非忽略了「富庶」一詞，而是將其改爲「民德」。值得一提的是，如果有一章節穆勒強調之異能，嚴復在譯文中就以另外的詞彙加以詮釋，例如穆勒說：「個人的能力經過有效的培養與訓練，社會自然就會發揮其功能並且維護其利益。」「行事不當，雖於他人無損，但令其不快，終將無成。」嚴復譯爲：「有國家者，必知扶植如是之秀民，而後爲盡其天職。而其種之名貴，其國之盛強，視之。」「行己自繇之屈，非以有損他人之權利也，而以或觸其人之忌諱，則於民德無所進也。」同時嚴復將這一段的大意標爲〈民小特操其國必衰之理〉。穆勒並未言及民德以繫國強的問題，他談到的是人類的高貴與優雅，生命的充沛與多彩多姿以及培養一優秀的人種以維繫人羣的關係等事情。嚴復認爲特操可影響三方面——個人、社羣與國家，其中以國家爲重。

在《羣己權界論》中，祇有一章節談到國家利益的問題。在談到國家不得干涉人民之活動後，穆勒作一總結：「人民之利益即是國家之利益……國家爲其利益而壓制人民，終將發現一事無成。」若要對自由下定義，穆勒這種觀念顯然太離譜，但卻與嚴復詮釋斯賓塞和亞當斯密的理論相一致。因此，嚴復乃將《羣己權界論》改寫而溶入達爾文的觀點，「以一方之事，國下聽其民之自爲，奪其權而代其事也。不知處今物競之世，國之能事，終視其民之能事爲等差。乃積其民小己之自繇，以爲其國全體之自繇，此其國權之尊，所以無上也。」

如前所述，《羣己權界論》譯文中警例不少，同時，有很多句子在原文中祇是純粹的敘述，嚴復卻加上自己的詮釋，由〈譯凡例〉中可見一斑。他將穆勒、斯賓塞和亞當斯密的觀念融合在一起敘述，可是讀者對自由的定義還是不瞭解。穆勒認爲自由本身即是目的，嚴復卻以此作爲增進「民德民智」甚至爲國富強的利器。

嚴復謂：「此譯成於庚子前，既脫稿而未刪潤，嗣而亂作，與羣籍俱散失矣。適爲西人所得。至癸卯春，郵以見還，乃略加改刪，並作序，以之出版行世。」

我們知道，斯賓塞、赫胥黎以及穆勒皆反對革命論，嚴復也抱著這種觀點。他們相信進化論，認爲人類的發展應該是長遠、緩慢並且累積的，沒有一個新時代可以一蹴而幾，或與前代完全改弦易轍。從任何角度來看，嚴復認爲中國思想還是非常落後，仍然是宗法軍國社會（patriarchal–militant society）。這種社會，斯賓塞和穆勒表示惟有極權專制政府才能統治之，穆勒謂：「待野蠻之眾，舍專制之治，且無可施；而辨所爲之合義與否者，必從其後效而觀之，此所謂可與樂成，難與慮始者矣。自繇大道之行也，必其民以自求多福而益休，而事理以平議而益晰者。」穆勒反對天賦人權之說，認爲自由乃是人類啓蒙不可或缺的要素。

因此嚴復也表示此時之中國也許不適合共和革命。同時達爾文主義者及功利主義者也反對天賦人權之說。嚴復曾謂：「盧梭《民約》，其開宗明義，謂斯民生而自繇，此語大爲後賢所呵。亦爲初生小兒，法同禽獸，生死飢飽，權非己操，斷斷乎不得以自繇論也。……治化天演，程度愈高，其所得以自繇自主之事愈眾，由此可知自繇之樂，惟自治力大者能享之。」

嚴復認爲人類並非天生就俱有理性與常識，但人類俱有能力可以由外在世界學習一切，「果有一民，其力、智、德皆不著，棄之可也。」

光緒二十一年，嚴復赴倫敦，此時　國父孫中山先生適在英倫，二人交話，嚴復謂：「中國民品之劣，民智之卑，即有改革，害之除於甲者，將見於乙；泯於丙者，將發之於丁。爲今之計，惟急從教育上著手，庶幾逐漸更新乎。」孫先生曰：「俟河之清，人壽幾何，君爲思想家，鄙人乃執行家也。」孫中山先生認爲非革命不可，嚴復則表示個人應該從所處的立場著想，今世還是滿清時代，倘若滿清政府有心要改革一切鄙陋，不管是教育、經濟、軍政組織以及律法等方面，個人應該貢獻自身力量以促其成功；如果政府官員本身貪汚、舞弊，那麼自然就要剷除。於今之勢，實應以改革爲重。

從嚴復反對革命的態度以及將《自繇論》改爲《羣己權界論》的情形看來，顯然他和穆勒的觀點稍異。同時，鑑於盧梭創天賦人權之說，引起一般盲目無知的年輕人藉自由之名而倡導革命的事實，嚴復乃強調自由的限制。倘若高度文明的英國也注重自由的制限，遑言落後的中國。我們曾經提過，穆勒已從強調個人的利益轉諸社會與國家的利益，那麼其自由論（以二十世紀的觀點而言）就迥異於斯賓塞的反國家統治論，就教育而言，二者之觀點也互相紛歧。因此，嚴復不得不訴諸穆勒而非斯賓塞，蓋穆勒亦反對革命者以自由之名而推翻國家。嚴復認爲，中國現今最需要的乃是一強有力的政府，惟有改革弊陋方可致之，若行他法，顯然是矯枉過正了。

十、孟德斯鳩的《法意》

嚴復何時著手譯孟德斯鳩之《法意》，我們不得而知，王蘧常謂可能始於光緒二十八年譯完《原富》之時。前半部於光緒三十一年即已譯畢，但全書直到宣統元年才出版。據周振甫的看法，此時乃是嚴復「貫東西方之學」的時期。

嚴復爲何譯《法意》，我們也不得而知，序文大部分談及孟氏的生平，涉及嚴復個人的觀點很少。

嚴復與孟氏咸認英國有一套獨立完善的法治，嚴復於〈孟德斯鳩傳〉中說：「孟氏居倫敦者且二稔，於英之法度尤加意，慨然曰：惟英之民，可謂自繇矣。」在《原富》譯文中，嚴復就曾指出英國之富強，實基於其律法制度之大備。同時，嚴復亦在案語中表示：「泰東西之政制，有甚異而必不可同者，則刑理一事是已。」他對亞當斯密著作時之律法環境極其嫻熟，相信亞當斯密和孟德斯鳩必能使律法制度發揮其功效，倘若更易法律，必能導致社會風氣爲的丕變。亞當斯密認爲一切事物可藉律法而改進，從而防範「自然」經濟的流弊，此亦《原富》主旨之一。

同時，嚴復從孟氏處亦得兩個具體化之觀念，即西方法律乃「永恆性」和「非人格性」

（impersonality），至於中國（儒教），則著重人羣之道德。在中國，一切律法乃「以賢治不肖」，「故仁可以爲民父母，而暴亦可爲豺狼。」在非人格性的律法之下，道德規範乃固定不變；中國即依統治者之情況而異，故律法時常變遷。因此，「賢者之政」與「律治之政」孰優孰劣，乃昭然若揭。嚴復曾贊揚齊相管仲，謂「春秋思想家能見諸十九世紀而不墜，惟管仲一人耳。」管仲並非自由主義者，但其制法客觀且按照一般通則，故能致齊於富強之境。在西方，這種律法就與公心、愛國心以及自由平等相關連。

拿赫胥黎與孟德斯鳩相較，嚴復認爲孟氏以自然決定論和固定之社會邏輯決定論否認中國未來的發展，顯然過於武斷與不合情理。因此，嚴復不同意孟氏之謂中國衹適合專制政體的論點，蓋孟氏之言，不僅否定了中國未來之發展，也諷刺了中國往昔的朝代，從民族意識而言，嚴復當然期期不以爲然。固然孟氏亦有其充分理由，但嚴復主要反對其觀念一方面不符合事實，一方面又不能正確道及傳統中國政體錯誤的核心。

首先，嚴復認爲孟氏不瞭解中國歷史的複雜性。孟氏強調共和的精神在於德性，而專制的精神在於恐怖。他說：「國君之權轉諸佞臣之手時，有能力的百姓必揭竿起，而佞臣必以恐怖政策加之，以平弭暴亂。」不過嚴復反對中國政策完全以恐怖爲手段。有些在中國之基督徒說中國政體乃「綜合恐怖、榮寵與德性之政策」，孟氏不表同意，他認爲：「必須以刑罰處決之人，何榮寵之有？」（孟氏以西人在中國通商者的處境表明此點）同時，孟氏又以雍正殺害教士之例確鑿斯言。

嚴復表示，在中國「夫禮所以待君子，而刑所以威小人」，而西方是「榮寵恐怖，鞭笞箠扑」，故恐怖鞭箠並不獨以中國爲最，若西方以「榮寵」（honor），中國則以「禮」。「民主者以德者也，君子者以禮者也，專制者以刑者也。禮故重名器，樂榮寵，刑故行督責，主恐怖也。」嚴復認爲，君主與專制中國古已有之，固不待求孟氏。「孟氏此書，所謂專制，固基於恐怖，幸而戴仁君，則有道之立憲也，不幸而遇中主，則爲無道之專制。其專制也，君主之制，本可專也；其立憲也，君主之仁，樂有憲也，此不必其爲兩世（歐亞）也。」凡治之以恐怖爲精神者，亦必將曰：「吾奉天而法祖也。」是故，主恐怖抑或主禮，完全依統治者及彼時之情勢而定。

孟氏認爲有三種政體，嚴復卻認爲祇有兩種，即君主制與民主制。他說：「君主之國權，由一而散於萬；民主之國權，由萬而匯於一。」專制祇不過是對君主制的誤解而產生，或謂中國實行專制政體，蓋有暴君之故。孟氏謂：「君主制者，君有權而以法治之，即權附之法也。果君無權或僅暫代其權，則庶物不興，法亦無以立。」嚴復認爲中國即行此制度，則：「上有宵衣旰食之君，下有俯思待旦之臣，所日孳孳者，皆先朝之成憲，其異於孟氏此篇所言者超乎遠矣。……故使如孟氏之界說，得有恆舊立法度，而即爲立憲，則中國立憲，固已四千餘年。」

除此之外，嚴復亦反對孟氏之天時地利決定論，尤認爲孟氏對亞洲天時與地利的看法，更是囿於己見，錯誤百出。孟氏強調亞洲沒有溫帶，表示「寒帶區必定緊連溫帶區，從土耳其、波斯、蒙古、中國、韓國和日本的地理位置即可看出。」由勤惰立判，強弱攸殊，而弱國爲強國乘，成爲附屬地位。至於溫帶區之歐洲，「人民相交往來，平等互待。」

嚴復表示，倘若說中國無溫帶區，固然錯誤，蓋世界各國處溫帶區者，亦有未開化之事實；若謂亞洲強大專制帝國之興起，乃因其地廣垠，無山林之蔽，亦屬不當。德國屬中歐大平原，昔日爲各大公國所組成，其之統一，乃是近日之事，爲斯達因（Stein）和向豪（Scharnhorst）制法之功，並非地利使然。

嚴復進而駁斥孟氏天時地利之說，他表示：「總之，論二種之強弱，天時地利人爲，三者皆有一因之用，不宜置而漏之也。」又說：「夫宗教、哲學、文章、藝術皆於人心有至靈之效，使歐民無希臘以導其先，羅馬以繼其後，又不得耶回諸教緯於其間，吾未見其能有今日也。是故亞洲今日諸種，如支那、如印度，尚不至遂爲異種所剋滅者，亦以數千年教化。」嚴復的看法，乃以文化爲重，在《社會通詮》的案語中，更是闡釋無遺。嚴復以社會進化論爲界說，當然不同意孟氏之靜態的自然決定論。

孟氏指出中國之宗教、法度和行爲皆混之於「禮教」，嚴復佩服其洞察力外，亦慨嘆不已。在中國，人民之能力不僅受制，對文化的分野也無從辨析，嚴復說：「中國政家，不獨於禮法二者不知辨也，且舉宗教學術而混之矣。吾聞凡物之天演深者，其分殊繁，則別異晳，而淺者反是，此吾國之事，又何取爲例之證者矣。」嚴復認爲這種情況唯有斯賓塞之「宗法社會或可形容，孟氏之專制論則差矣。」蓋「支那民（即使聖人）所有事，在各恤其已私，於人類發展，惟有宗法，其外概不知。」是故，「此禮法並非專制，僅錮人類之發展耳。」

孟氏認爲貧窮有兩種原因，其一乃「人民受到政府的壓榨」，其二乃「人民忽視或不瞭解生活之享受」，嚴復卻不以爲然，倘若同意孟氏之分類法，則中國之貧窮將歸於第一類。嚴復認爲中國貧窮，百分七十的原因應屬於第二類，蓋中國乃崇尚節儉與樸實也。不過嚴復認爲中國這種美德觀念有加以修改的必要，蓋十九世紀提倡的乃是各種事物必須相互流通，因此自由與平等、法度與民主、財富與權力才得以相應衍生。

總之，嚴復的觀點與孟氏《法意》的理論有些出入，他認爲民主乃是人類發展的最高峯，人類經過多少次的進化才可達到民主的境界。同時，他也強調自利的重要，認爲自制之說已不合時宜，蓋今日之世，乃是「法度之治」而非儒學所謂的「賢者之治」了。

十一、甄克思的《社會通詮》

嚴復譯完《法意》以後，緊接著就譯甄克思（Edward Jenks）之《社會通詮》（*History of Politics*），推究其原因，乃是爲了反對孟德斯鳩靜態的理論而起。嚴復和達爾文及斯賓塞的觀點一樣，認爲人類歷史乃是一種動態、積極的進化現象，在時間的潮流上，社會政治制度呈現著有機的成長。因此，一方面爲了提倡永恆的、動態的社會發展，一方面爲了反對孟氏的理論，嚴復乃翻譯《社會通詮》。

甄克思的論點大部分和斯賓塞相同，祇有少部分歧異。他認爲人類之進展，乃是由野蠻之「圖騰」社會進入「宗法」社會，由「宗法」社會再進入「國家」或「政治」社會，而國家的興起，乃歸功於國防軍事之完備。斯賓塞曾談論「軍國時期」與「工業時期」的分野，甄克思並未道及。身爲一位政治科學家，甄克思當然關懷政治制度，不過他所注重的，乃是現代「理性化」的國家，而非工業革命。他表示：「政治社會者，乃各團體（community）聯合成立一主權之機構，一切事爲，由此主權機構代之，不必求諸個人之行動。」

甄克思一方面贊揚英國憲法制乃是人類政體中最好的形式；一方面也觀察現代國家的各種特徵。他對「國家在現代社會中所擔當的角色」的看法和斯賓塞不同，認爲一個國家的軍事組織不可能會因其國家成爲工業社會而消逝掉。同時，他以傳統的自由觀爲出發點，表示國家的制度組織應該是自然而成。這種立論，顯然是完全誤解斯賓塞的觀點。蓋斯氏認爲，工業制度乃基於自由合作，而國家組織，則基於「人爲與強制」。

甄克思這種理論反應了二十世紀英國的各種社會思想，而此時斯賓塞之反靜態自由論已不太爲人所注意。事實上，嚴復並不注重斯賓塞所謂「軍國時期」與「工業時期」的分野。雖然他以斯氏的理論強調個人應該發展潛能，但不瞭解惟有在國家不干預個人的情況之下，此潛能才能得到發展。因此，對斯賓塞和甄克思理論的區別，他也不能分辨了。

不過《社會通詮》卻談到了嚴復所注重的社會進化有機體論，因此在譯文序言中，嚴復不憚其煩闡釋人類與生物（個人）成長的相似性，表示人種成長即如個體成長，亦須經過「童、少、壯、老」四期。他說：「夫天下之羣眾矣，夷考進化之階段，莫不始於圖騰，繼以宗法，而成於國家。」嚴復和晚期的共黨史學家一樣，咸認人種必須經過永恆、多重的進化，這在西方歷史上已表露無遺，但中國則不然，甚而無法達到。這個問題嚴復曾提出多次，而此時才正式討論。

共產黨以此問題和帝國主義相提並論，認爲中國無法成就歷史進化，蓋因受西方帝國主義強制干涉的影響，不過嚴復不以爲然。他表示雖然西方帝國主義對中國有影響，然而中國無法成就歷史進化，乃因本身貧弱所致。中國爲何不適於生存？他在序言中謂：「異哉，吾中國之社會也。夫天下之羣眾矣，夷考進化之階段，莫不始於圖騰，繼以宗法，而成於國家。……此其爲序之信，若天之四時，若人身之童少壯老。」

嚴復認爲此乃世變（發展）之遲速問題。西方在封建（宗法社會進入政治社會的過渡時期）前，其變遲，然而於今二百年間，其變速。「乃還觀吾中國之歷史，本諸可信之載籍，由唐虞以迄於周，中國二千餘年，皆封建之時代，而所謂宗法亦於此時最備。其聖人，宗法社會之聖人也，其制度典籍，宗法社會之制度典籍也，物窮必變。」事實上並無認爲窮變之象，「自始皇帝起，迹其所爲，乃將轉宗法之故，以爲軍國社會者與。而籀其政法，審其風俗，與其秀桀之民所言議思惟者，則猶然一宗法之民而已矣。……乃世變之遷流，在彼則始遲而終驟，在此則始驟而終遲。」

前文當然僅是描述宗法制度的情形，而非解釋中國爲何不能成就歷史進化之原因，不過問題的關鍵在於宗法制爲何能夠長期生存在中國社會之中。嚴復自然不會同意孟德斯鳩地利決定論與專制論的說法，他表示中國在西元前二二一年已實行軍國社會制，然而經過二千年的發展，還是不能致富強以抵抗西方之帝國主義，其因也不會淺顯到共產黨所謂「受西方帝國主義的影響」而已。

從嚴復的作品中，我們對此問題可以看出端倪。中國長期大一統的局面以及不受異族侵略的事實，已令其自大自滿，喪失了更進一步奮鬥的能力。嚴復以文化精神的觀點，認爲聖人已爲宗法社會制定一些規範，而後世子孫蕭規曹隨。因此中國歷史進化乃不興，由而聖人亦得到萬世尊崇的地位。聖人如此，而統治階層爲維護安定與和諧亦禁止社會的進化；然而與此同時，西方則盡一切力量以推演進化。那麼東西文化的歧異，自何處開始？嚴復表示達爾文、亞當斯密、華特（Watt）和斯賓塞乃偉大之文化學家，認爲西方真正學術的發展應該自啓蒙時期開始，因此東西文化之歧異，應該早於此時。我們從《法意》和《社會通詮》譯文的案語中，可以看得出來。

在《社會通詮》一書案語中，我們可以發覺嚴復對中國社會，維持了樂觀的看法。西方能夠將國家與民主融合一起，而爲今日之富強，中國雖然未實施民主，但難道無法形成強國？甄克思談及今日之政體，認爲聯邦政府的力量過於薄弱，他說：「國家政府和集權政府皆能激起人民之愛國意識，此乃國家自求生存的首要條件，然則聯邦政制則無法致之。」此段敘述即令嚴復想到種族的問題，他認爲中國人還有足以自傲的地方，蓋中國人皆源於同種，且人口又眾多，「中國人皆爲黃族，而其風俗地勢，皆使之易爲合而難爲分」。儘管中國文化有其缺點，但卻是這眾多人口生活經驗之累積，亦不可忽視。嚴復說：「果中國能革除舊俗與陋見，追求民力民智和民德，則駸駸乎駕凌五洲之上。」故百日維新時，嚴復乃樂觀其成，而此亦是他用以自恃尋求富強的準則。

既然嚴復贊同滿清現代化的改革運動，故凡有阻礙此者，他皆闢斥之。同時，他又發覺甄克思的理論有些與此相悖。所以，他誤以爲早期革命運動所提倡的排滿思想，僅是造成中國更大的混亂，無法助其進化，甚而對中國社會的宗法制是一種忤逆行爲——即種族排他主義（tribal exclusivism）。甄克思表示：「在一個種族社會中，各民族可依其自己的律法行動。」嚴復認爲這種觀念，正是助長漢滿民族的分野，他說：「中國社會，宗法而兼軍國者也，故其言法也，亦以種，不以國。現滿人得國幾三百年，而滿漢種界，釐然猶在。……是以今日黨派，雖有新舊之殊，至於民族主義，則不謀而皆合。」因此，嚴復認爲滿族若爲維護特權而興改革，固然不該；而漢族以暴力革命，亦屬不當。他誤認　國父孫中山先生及其他革命者所謂之民族主義，正是用以區分漢滿兩民族之論調，認為「民族」之「族」也應該意指「種族」才對。他強調此時中國最需要的，乃是成立一軍國，而萬民效忠。因此，不管是滿族反開化之論抑或革命煽動者之言，皆須袪除，蓋兩者皆削弱，並且分割種族的意識和思想。嚴復這種論點引起革命黨的反對，因為此觀念已不合時宜。胡漢民引述社會達爾文主義的觀點，認為滿族衹是一弱小民族，惟有漢族歸統，中國才能強大；章炳麟更憤怒地表示漢人反滿，乃是真正的民族主義使然，並非用來反對「種族主義」。

十二、《穆勒名學》

對嚴復綜合哲學的建立而言，《穆勒名學》佔有很重要的地位。我們知道，嚴復對中國學術的貢獻極大，而中國貧弱的原因，乃是由於科學不發達，因此嚴復乃著重科學的訓練（即自然科學與人文科學），致中國臻西方諸國富強之境域。牛頓、達爾文、亞當斯密、穆勒和斯賓塞皆曾致力於十九世紀歐洲獨創質力說（Promethean dynamism）的建立。在西方，科學革命能夠成功，乃是由於精神的力量所使然，而這種精神，即是在良好的律法與政治下所產生的自利心與奮鬥心。中國所欠缺的，就是這種科學精神。

光緒三十二年，嚴復曾在上海青年會演講政治學，內文強調政治的理論必須含有科學的本質。在中國的古籍中，雖然也曾談及政治的問題，但不像西方能以科學的眼光視之；同時，政治科學也必須以歸納的方法研讀歷史法則方可求得。「天生萬民，賦與意識，但非良知。民欲求知，則須以歸納法求近身之物」。政治法則乃是由歷史事實而來，在這方面，西方思想家貢獻尤大。他們以歸納法求得社會政治進化的法則。因此，中國政治家就可直接以演繹法運用這些法則來實現其政治理想，可省卻歸納的工夫。倘若無正確的政治科學，就無法用其「術」，「智識不明，方法就不當。」故欲救中國，智識與明術佔有同等重要地位。

除此之外，尚有一學，名曰邏輯，培根表示「是學為一切法之法，一切學之學」。

嚴復在拳匪之亂那年就曾開名學會演講名學，而其翻譯《穆勒名學》的動機，實為求得一「邏輯之科學」。光緒二十六年至二十八年，嚴復一方面翻譯《羣學肄言》和《法意》，一方面也將《穆勒名學》譯完半部，並於光緒三十一年出版。在耶方斯之《名學淺說》序中，嚴復表示「思欲賡續其後半，乃人事卒卒，又老來精神恭短，憚用腦力，而穆勒書精深博大，非澄心渺慮無以將事，所以尚未逮也。」《名學淺說》即是為了補充這一遺憾而譯的。總之，不管是語言方面或字彙方面，《穆勒名學》確實花費了嚴復一番心血。

嚴復在馬江船政學堂接觸西方思想時，其邏輯觀就已開始萌芽，而在光緒七年初讀《羣學肄言》時，即贊論《繕性》以下三篇乃真西學正法眼藏。斯賓塞曾主觀地將科學分類，並表示「學習抽象科學、邏輯和數學可瞭解事物相屈之性。」如果說社會學是「一切科學之母」，那麼邏輯和數學乃是社會科學和自然科學的基石。雖然斯氏的邏輯觀不如穆勒清晰，可是他卻能將抽象科學與富強之術結合。對嚴復而言，邏輯包涵兩種意義，一是質力學，一是社會學。

即使中國需要一種活力的邏輯理論，但嚴復著重的，還是穆勒的邏輯觀，一般邏輯理論，他並不重視。不過穆勒的邏輯觀常為一些邏輯學家所詬病，因其理論乃是聯想的經驗主義論（associationist empiricism），即以歸納法統攝一切知識，「所有科學，不管是演繹或是論證，都是歸納。」邏輯所處理的事物乃是游離的印象與意識，而一切的知識就是以歸納法將這些事物組織而成。

嚴復服膺穆勒的歸納論，他認為，中國傳統思想過於保守與無為，實因缺乏這種觀念。穆勒的歸納論反對良知之說，良知說乃是中國思想的主流之一。在〈救亡決論〉中，嚴復也表示良知說為害之烈，始作俑者，乃是孟子「良知不學萬物皆備之言」。而陸象山與王陽明不明就裏，一昧維護良知，「謂格致無益事功，抑事功不俟格致」，「自以為不出戶可以知天下」。不幸，「後世學者，樂其徑易，便於隋窳敖慢之情。」這種閉關自守的態度以及夜郎自大的心理，正是造成中國衰落的主因。

在中國思想裏，也可以找出歸納的理論，從《大學》、《易經》集註及朱熹的理學可見一斑。嚴復說：「夫朱子以即物窮理釋格物致知是也，至以讀書窮理言之，風斯杜下矣。且中土之學，必求古訓，古人之非，既不能明，即古人之是，亦不知其所以是。」不幸這種理論卻不能成為正統。我們知道，在斗室中讀僞書與空談良知實無二致，而歸納法正是一種行動主義（activism），從昊昊無垠的自然中，將游離的事物歸納於井然有序的法則裏。

在嚴復早期的文章裏，曾提到歸納之學，而在《穆勒名學》註釋中，則攻擊良知之說非基於事實觀察。穆勒表示，各種學說皆源於歸納，果有漸趨於演繹，其歸納本質並不稍減。基於此，嚴復就堅決宣稱：「穆勒言成學程途，雖由實測而趨外籀，然不得以既成外籀，遂與內籀無涉，特例之所苞者廣，可執一以御其餘，此言可謂見極。西學之所以翔實，天函日啓，民智滋開，而一切皆歸於有用者，正以此耳；舊學之所以多無補者，其外籀非不為也，為之又未嘗不如法也，第其所本者，大抵心成之說。……此學術之所以多誣也。」中國「五行支干之所分配，九星吉凶之各有主，則雖極思，有不能言其所以然者矣，無他，其例之立，根於臆造，而非實測之所會通故也。」

嚴復反對良知之說，也反對形數氣質皆然源於演繹之論。穆勒不贊同呼威理（Dr. Whewell）的觀念，後者認爲「識從官入，而理根於心，故公論之誠，無俟於推籀。」呼威氏之觀點，令嚴復想起王陽明的「良心」之說：「蓋呼威理所主，謂理如形學公論之所標者，根於人心所同然，而無恃於官骸之閱歷察驗者，此無異中土良知之義矣。」嚴復認爲，穆勒以歸納統攝形數氣質諸學，實乃闢良知之說，

如同穆勒，嚴復也反對「算學」（mathematics）爲良知之說，即反對演繹論之「無恃於官骸之閱歷察驗」的觀點。嚴復認爲算學應與《易經》有同樣的旨趣，如李約瑟所言「以數理演自然之象」。嚴復當然瞭解《易經》的數理之說及其形爲中國人觀道之基準的重要地位，倘若算學遁於「閱歷察驗」，則必與中國人千年來以「數象」演萬物之事實相悖。不過「近世言西學者，動稱算學爲之根本，此似是而非之言也。曰算學善事之利器可也，曰根本不可也。」而中國人以「數」演六十四卦、二百八十四爻甚或三準、五準、五行，亦是不當。

雖然這種歸納論能夠促進中國學術的發展。但對於穆勒之實證主義的「反形上論」，嚴復並不贊同。我們知道，嚴復學習西方的態度乃是「與中國思想相近則取，相異則捨。」而嚴復從《穆勒名學》學習到的即是邏輯的經驗主義。穆勒之理論亦未曾遁於閱歷察驗，而後者乃是發於心之意識與感覺。同時，穆勒亦不承認其理論就是柯漢（Morris Cohen）所謂之「實相相屬之客觀性」（the objectivity of the relational structure of the real world），因他一直強調閱歷察驗即是意識的行爲，「四體之所觸，中心之所感」，因此人類終將瞭解自

然之奧義。總之，歸納法之確立乃基於心志之聯想。

顯然地，穆勒的名學觀與斯賓塞的綜合哲學及道家之形上論無法相通。同時，嚴復之「不可思議」觀以及老子之道、佛教之涅槃和宋明理學之「無上奧諦」皆與穆勒之經驗主義相悖，同時，「不可知」亦不可落言詮。穆勒表示人的身軀乃感覺之「莫名之外在反應」（unknown external cause），嚴復即聯想到佛語名「法」爲形色相貌、吠陀梵語之「非二元論」以及中國《說文》名「道」之義。嚴復認爲，在這種紛紜的界說中，祇有斯賓塞的「不可知」及穆勒之「莫名之外在反應」才能傳其真義，故他同意穆勒所謂「萬物乃是一種相聯屬的現象」的論調。「竊嘗謂萬物本體，雖不可知，而知者止於感覺。」「人心有域，於無對者不可思議已耳。」不過他對「不可思議」的基本態度與穆勒之漠視萬物「神秘本體」（mysterious noumeous）迥不相同。

總之，《穆勒名學》所揭櫫的皆是行動理論，它強調以歸納法探討自然現象（包括人類之社會歷史）。我們祇要對錯綜複雜的事實加以解析研究，就可瞭解自然千變萬化的現象，而歸納法正是求得富強的不二法門。如果嚴復繼續探討神秘之形而上的問題，那麼《穆勒名學》的經驗主義的奧旨他就無法得到了。

十三、評點老莊與晚年處境

光緒二十九年，嚴復受其弟子熊季廉（純如）所託，開始評點《老子》，其後又評點《莊子》及王荊公詩，是年其《穆勒名學》前三部和《社會通詮》皆已譯畢，《羣學肄言》及《羣己權界論》出版，而《法意》正在著手翻譯中。

根據史華滋教授的分析結論，嚴復的宇宙觀從來沒有「傳統中國」與「現代西方」的分野。在《穆勒名學》的案語中，嚴復即將穆勒的觀念與老子相提並論，而嚴復評點《老子》，也與他這幾年提倡綜合哲學的理論相一致，若赫胥黎、穆勒、孟德斯鳩的理論能以老莊的思想加以詮釋，那麼達爾文和斯賓塞的理論自不待言。嚴復之所以評點《老子》，乃是將其運會觀與哲學觀作一概括性的說明。

嚴復發覺老子的思想包涵了「民主」與「科學」的觀點，同時與斯賓塞的形上學極其相似。不過關於中西思想的相似性，嚴復在《天演論》序言中早已提出，表示《易經》和《春秋》實涵蓋了歸納法與演繹法。他在光緒二十一年發表的〈闢韓〉一文中，就已道及老子思想的民主性。嚴復又表示科學即是斯賓塞的「形上學的系統」，雖然穆勒以邏輯方法闡釋科學，但嚴復還是認爲斯賓塞之綜合哲學乃是源於歸納邏輯。光緒二十一年，嚴復就曾強調斯賓塞的理論與中國一元泛神論的思想相一致，所以他評點《老子》乃是基於「老子為中國哲學之祖」使然。夏曾佑在序言中表示嚴復也承認老子乃生於孔子與「百家」之前，而《道德經》乃是第一本表達中國抽象哲學的書，蓋老子陳述：「萬物並作，吾以觀復。夫物芸芸，各復歸其根。歸根曰靜，是謂復命。」而這正是中國形上學與宇宙觀的基本認識。斯賓塞之「不可知」與老子之「道」，同樣為萬物之始，不可落言詮。總之，嚴復認為老子之「道」、西方哲學之「第一因」（First Cause）、新儒學之「無上奧諦」（Great Ultimate）和斯賓塞之「不可知」皆意指同義。同時嚴復發覺，如同斯賓塞於《第一原理》所言，老子亦表示宇宙萬物自然皆相互對立，而歸於「道」，至於「天地不仁，以萬物為芻狗」的觀念，更符合了達爾文的理論。

嚴復曾以科學的方法，詮釋《道德經》第四十八章所言「為學日益，為道日損」的道理，其目的就是用以印證《穆勒名學》的理論。所謂「日益」，就是以歸納法表示知欲的增加，而「日損」則以演繹法表示知欲的減少。嚴復認為穆勒歸納演繹的觀點，乃是表示「一物日益，即是日損」。這種立論和《道德經》一樣，皆是反對為學。因為學則著於物相，離道遠矣，故必須「絕聖棄智」。總之，嚴復認為老子哲學富有科學性，乃基於其思想與斯賓塞的理論相似性使然。

嚴復也將老子的思想與「原始主義」（Primitivism）相提並論，嚴復表示老子與西方的思想大相逕庭，他舉《道德經》十八章至二十章為例：「大道廢，有仁義；智慧出，有大偽；……絕聖棄智，民利百倍；絕仁棄義，民復孝慈；絕巧棄利，盜賊無有。……絕學無憂……眾人皆有以，而我獨頑且鄙。我獨異於人，而責食母。」上述之文，即表現了老莊「道家哲學」的思想；亦根基了中國往後之各種「永久哲學」（perennial philosophy）。

對嚴復而言，此文卻是反對人類文化發展的論調，即是反對進化。他說：「老子此三章之思想與現代哲學迥異，蓋由質入文，純入雜，乾坤未濟乃是自然的演變，若謂歸真反璞，即如強迫溪河倒流，乃倒果為因，反自然亦反道：今日文明，以自由為重，在此原則下，物競天擇，適者生存，而大同之治由而生焉。」老子的觀念代表一種宿命論，將世物萬相一切統歸於

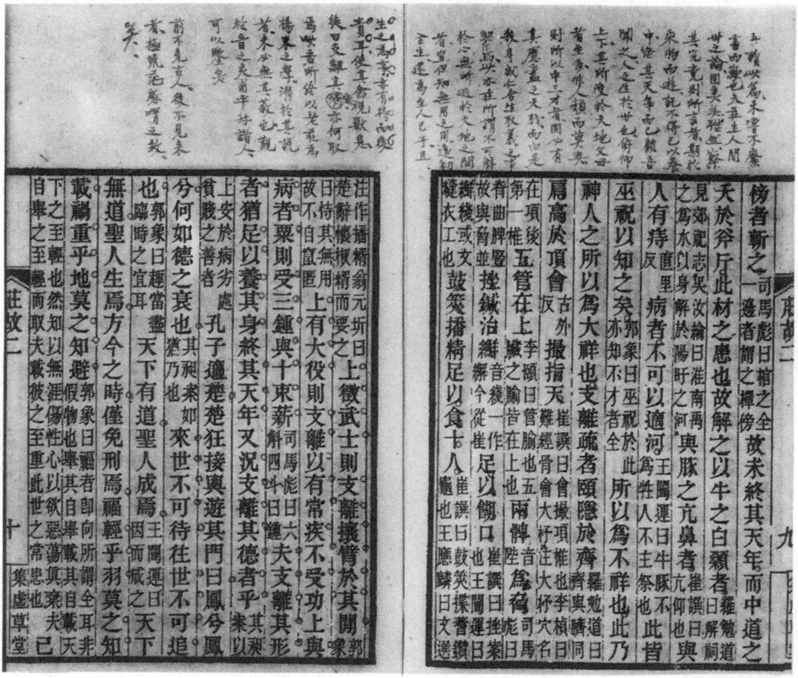

傍者斬之。故未終其天年而中道之夭於斧斤，此材之患也。故解之以牛之白顙者與豚之亢鼻者與人有痔病者不可以適河。此皆巫祝以知之矣，所以為不祥也。此乃神人之所以為大祥也。支離疏者，頤隱於齊，肩高於頂，會撮指天，五管在上，兩髀為脅。挫鍼治繲，足以餬口；鼓筴播精，足以食十人。

上徵武士，則支離攘臂於其間；上有大役，則支離以有常疾不受功；上與病者粟，則受三鍾與十束薪。夫支離其形者，猶足以養其身，終其天年，又況支離其德者乎！孔子適楚，楚狂接輿遊其門曰：鳳兮鳳兮，何如德之衰也！來世不可待，往世不可追也。天下有道，聖人成焉；天下無道，聖人生焉。方今之時，僅免刑焉。福輕乎羽，莫之知載；禍重乎地，莫之知避。

嚴復評點老莊手跡

「無」，反對人功之作用，即反對宇宙人類之進化。此時，嚴復一再強調其於〈論世變之亟〉一文中的觀點，認為老莊一昧反對發展人類之「潛能」，否認自我完成、奮鬥及本力說，而一逕歸諸不可名之道，即如儒家嚮往三代「宗法」之治，兩者皆阻礙人類的進化。

除了評點老莊以外，嚴復在晚年尚寫了很多信。自民國以來，嚴復幾全在北京居住。只是袁世凱死後，他與北洋政府的關係已經很少。關於這一點，根據已發表的書札，我們可以找到幾個證據，一九一七年的書札說：「復雖在京，不入政界。」一九一八年的書札說：「生計頗窘，然粗得了，即亦聽之，不復向胡奴乞米，問政府討顧問做矣。」根據他家藏的未發表的書札，我們也知道，自袁世凱死後，他即不復供職北洋政府，只是劉冠雄任海軍總長時，因為師生關係，曾在海軍部中每月拿三百元的乾薪。當日嚴復一家的生計，可能大部分依靠他過去譯著的版稅，及由這些版稅所累積起來投資於商務印書館的股金與股息。無論如何，他晚年的生活不會是很闊綽的。

老來他常患哮喘病。根據嚴璩所作的《侯官嚴先生年譜》及嚴復自己的書札，這幾年中我們常看到關於他患哮喘病的記載。在這種老病抑鬱的情緒中，他有時強作蕭灑，聊自安慰。他曾想補譯《穆勒名學》，但已非精力所能許可了，他也常讀讀《莊子》及其他生平所喜愛的書。有時候，他以教導子女為樂，因為他那時還有四、五個子女，都很年幼。

根據嚴復的女兒嚴璆女士在一篇訪問錄裏回憶說：嚴復除了親身教導子女算術之外，還請了一位外國小姐來教他們英文。她還記得那位外國小姐的父親是法國人，母親是中國人，外文程度極好。嚴璆他們四個兄妹常常坐著馬車到外國小姐家學英文。不過。嚴復雖然要求子女們學習西學，卻絕不疏忽他們的國學基礎。他們另外還有個老夫子金子善先生，專門教他們四書五經與《資治通鑑》；每天功課排得很緊，小孩子們有時候就讀得很不耐煩了。

嚴復早年到英、法留學，就曾經夢想要把自己的子女都送到國外去求學，但在民國成立之後，看到許多女孩子到新式學堂唸書之後，變化得太厲害，反而保守起來。嚴復覺得如果女孩子讀書是爲教育，那麼，這種教育他不願見及，他寧願自己在家裏教自己的子女認真唸點書，啓發他們的心智，而不願意他們到學堂去唸書。也因爲如此，嚴璆真正入學唸書的時間相當晚，她要到二十歲左右父親死後，才在偶然機會進入學校讀書，在此之前，她一直在家中幫忙，照料病中的父親。

嚴璆記得父親晚年的身體很虛弱，大部分的時間都待在書房裏翻譯、寫字，有時氣喘病發作，簡直苦不堪言。嚴復不得意的時候常抽鴉片煙，後來決定戒掉，戒得十分辛苦。他入北京協和醫院的時候，嚴璆陪他去，看他夜夜不能入眠，嚴璆只有偷偷地掉眼淚。後來，嚴復又轉了幾家醫院，民國六年冬天入東交民巷法國醫院診治，民國七年秋天回福州家鄉一次，民國八年春天又到上海紅十字醫院診治，秋天時再返回北京入協和醫院，總是時好時壞，沒什麼起色。乃於民國九年搬回福州養病。

嚴復生病的時候，幾乎什麼事都不能做，只會一逕兒的寫字，他的字挺秀、有力，自成一派，甚爲時人所喜愛，要求他寫中堂、寫對聯的人很多。他回到福州養病時，更是以寫字過日子，很多人都買了上等好紙，上等的兔毫筆來給他寫，因此字寫得特別漂亮，可惜的是嚴復邊寫邊丟，許多好作品都丟到字紙簍裏去了。

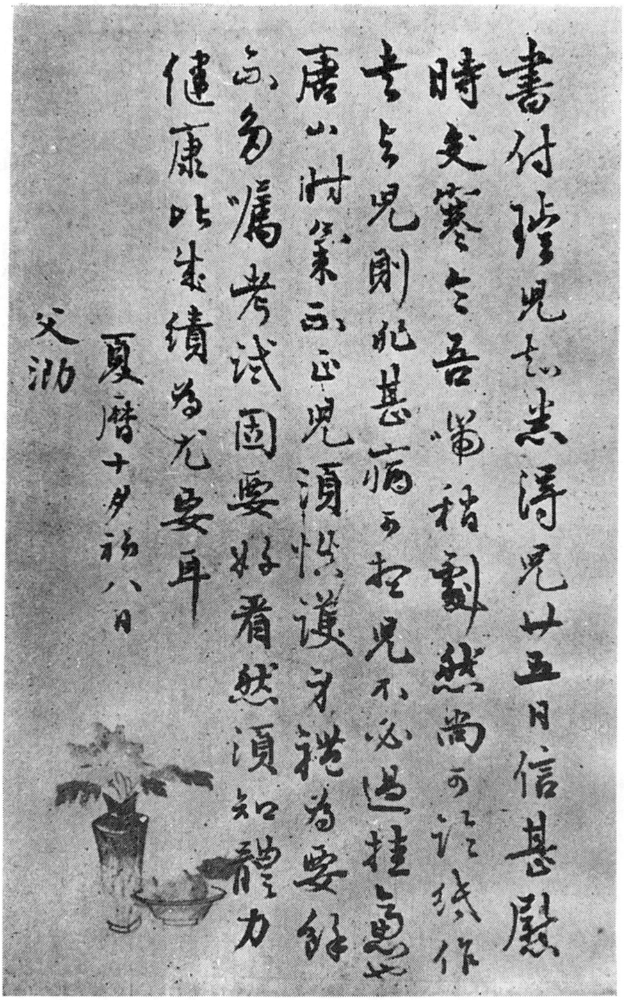

書付璿兒知悉得兒廿五日信甚慰
時交寒冬吾喘稍劇然尚可以紙作
書吾兒則所甚病可拉兒不必過掛慮也
唐山學業亦正兒須慎護身體為要舒
而多屬考試固要好看然須知體力
健康比學績為尤要耳
夏曆十月初八日
父泐

嚴復家書手跡

嚴復臨死前為他的女兒嚴璆所寫的對聯，時在1920年。

嚴復於一九二一年回鄉時，他的精力更加不如前了，他似乎預感到將不久於人世。他描寫這段暗淡的心情說：「還鄉后，坐臥一小樓，看雲聽雨之外，有興時，稍稍臨池遣日。從前所喜歷史哲學諸書，今皆不能看，亦不喜談時事。槁木死灰，惟不死而已，長此視息人間，亦何用乎？以此卻是心志恬然，委心任化。」

十月二十七日（農曆九月二十七日），嚴復便與世長辭了。他留給子女的遺囑說：

民國十年（一九二一年），歲次辛酉，十月三日，瘉壄老人喻家人諸兒女知悉：吾自戊午（一九一八年）以來，肺疾日甚，雖復帶病延年，而揆之人理，恐不能久，是以及今尚有精力，勉為身后傳家遺囑如左。非曰，無此汝曹或至于爭。但有此一紙親筆書，他日有所率循而已。汝曹務知此意。吾畢生不貴苟得，故晚年積儲，固亦無幾，然亦可分。今為汝曹分俵。……

嗟呼！吾受生嚴氏，天秉至高。徒以中年攸忽，一誤再誤，致所成就，不過如此，其負天地父母生成之德，至矣！耳順以后，生老病死，倏然相隨而來，故吾本自閱歷，贈言汝等，其諦聽之。

須知中國不滅，舊法可損益，必不可叛。

須知人要樂生，以身體健康，為第一要義。

須勤于所業，知光陰時日機會之不復更來。

須勤思，而加條理。

須學問，增益知能，知做人分量，不易圓滿。事遇羣己對待之時，須念己輕羣重，更切毋造孽。審能如是，自能平安度世。即不富貴，亦當不貧賤。貧賤誠苦，吾亦不欲汝曹傚之也。余則前哲嘉言懿行，載在典策，可自擇之，吾不能覼縷爾。

瘖壂老人力疾書

十四、「達爾文主義」輸入中國的途徑與背景

根據上述對嚴復思想變遷的解析，我們明顯地肯定「達爾文主義」實是嚴復一生整個思想體系的哲學基礎。因此，我們有必要就達爾文主義輸入中國的途徑和背景，以及如何進而塑造嚴復危機哲學意理結構的一些過程，進行初步的討論。十九世紀下半葉及二十世紀初年，達爾文主義之擴散與衝擊，是一種世界性的社會文化經驗，因此，達爾文主義之輸入中國，正如其輸入其他國家一樣，提供了一個比較歷史研究的豐富的好題材。這也應該是今後研究嚴復可以進一步發展的新方向。筆者於此，僅提供一、二點粗疏的看法，做爲這一新方向的引論。

首先，值得研究和爭論的一個問題是：達爾文主義何時東來？何時開始輸入中國？循何種途徑輸入中國？何人最早介紹達爾文主義？

終達爾文一生（赫胥黎與斯賓塞亦然），從未到過中國，而達爾文主義卻在他生前（達氏生於一八〇九年，死於一八八二年），即偶有介紹，在他死後的數十年間，一變而爲一種顯學，支配了中國的文化思想，幾乎成爲社會政治動向一種不可缺少的指導力量，且更進而爲近代中國的溫和改革運動和激進的革命運動提供了共通的自然哲學、生物決定論與社會決

定論的意理基礎。

根據一般史家的通俗說法，均相信或認爲：達爾文演化論的輸入中國，是嚴復的介紹開其端緒。清末倡導維新的人物，無一不受到西方的影響。但是，真正瞭解西方文化，而且又能洞識中國積弱病源所在的是嚴復。嚴復一生受過良好的軍事教育和科學教育，留學英倫兩年（一八七七—一八七九年）。這種稀奇的際遇和機緣，使他具備了充分的條件，註定要爲中西文化交流做出唐玄奘以來最傑出的偉大功績。當時正逢維多利亞時代，文治武功均達顛峯，思想界大師輩出，可說人文薈萃，風雲際會。達爾文、赫胥黎、斯賓塞均主導一個學派，各領風騷數十年。我們可以推想，以嚴復的好學深思，留英時期便已廣博地翻閱演化論的著作。光緒二十一年（一八九五年），他受了甲午戰敗的嚴重刺激，開始在天津《直報》、《國聞報》發表了四篇傳誦一時的論文：〈論世變之亟〉、〈原強〉、〈救亡決論〉、〈闢韓〉。在這四篇精闢的論文裏，他大膽地提出了一個「東西文明的比較觀」。他認爲西洋富強命脈的所在是，「學術則黜僞而崇真，於刑政則屈私以爲公。」中西事理最大不同處，「莫大於中之人好古而忽今，西之人力今以勝古」，因此中人主「恒」，西人主「變」，所以西人日進無疆。倘若中國人想救危亡、求富強，唯有用西洋之術。這種西洋學術是不可抗禦的，「即東洋得其餘緒，業已欺我有餘」。而西方之勝於中國者，不僅在機械器物，而且在教育風俗。他說「民之自由，天之所畀。」今日的要政爲「鼓民力」、「開民智」、「新民德」。實施的具體項目是廢除八股，即漢學、宋學、詞章亦皆應該束之高閣。他在這四篇論文裏一再強調「物競」、「天擇」、「弱肉強食」、「優勝劣敗」、「適者生存」的原理，闡發救亡的論證，於一八九六年，刊行所譯赫胥黎（Thomas H. Huxley）的《天演論》（*Evolution and Ethics*）一書，特別對強族保種諸事，反覆強調，使讀者怵然警惕。自一八九八年繼譯斯賓塞（H. Spencer）的《羣學肄言》（*The Study of Sociology*），正式介紹「社會達爾文主義」的哲學。又於一九〇三年，譯甄克思（E. Jenks）的《社會通詮》（*A History of Politic*），說明達爾文主義與政治發展的密切關係，但後二書在中國之流傳影響，則遠不如《天演論》之廣大。

我們反覆追索這段史實，目的在於探討一些通俗說法之外的可能性。究竟嚴復於一八九五年發表四篇論文，以及正式翻譯《天演論》以前，是否有任何達爾文式的觀念或類似演化論的西方學說輸入中國？

在西方文化思想的古典淵源中，每一時代均有類似演化論的學說出現。最早竟可推溯到西元前六世紀希臘學者亞拿森曼達（Anaximander）。他認爲萬物源自同一簡單的原始物質，宇宙之所以產生，原是一種永恆力量的推動，所以宇宙是從演化而來，並非上帝的創造，而且人類也從野獸演變而來（B. Russell, *History of Western Philosophy*, London: George Allen and Unwin, 1946）。按中國科學史的研究大師李約瑟，在其《中國之科學與文明》第二卷，即研討「中國的科學思想」（History of Scientific Thought）曾多次討論到亞拿森曼達的學說及其演化論思想（*Science and Civilization in China*, vol Ⅱ）。他認爲老子對天地萬物的必然率（Necessity）的自然演化觀，近似西方Anaximander, Parmenides, Empedocles諸人所說的"anangke"。拿氏的「土、火、氣、水」四原質的理論，以及大自然中諸種力量「相互激溢」（Paying fines and Penalties to each other）的看法，又與中國「五行說」有相類之處。直到十八世紀下半葉，達爾文的祖父伊拉斯默斯達爾文（Earasmus Darwin, 1731–1802）首先提出自然淘汰（Natural Selection）的論調，而法國學者拉馬克（J. B. Lamarck, 1744–1829）繼而道出物體的進化與創造，是由於內在的一種動力，使物體的形由簡變繁，將物體提升到更高的水平。此外，在英國同期間出現的功利主義（Utilitarianism）學派，如邊沁（J. Bentham, 1748–1832），及《人口論》的馬爾薩斯（T. R. Malthus, 1796–1824），均信服一種自然的力與天然淘汰。馬爾薩斯《人口論》的一些概念，影響並啓示了達爾文是大家所熟知的故事。由功利主義的天然淘汰論，變爲生物學上的天然淘汰論，再把它重歸到自然哲學上，而形成了十九世紀最具籠罩力的天然淘汰論的思想。

從科學史的另一角度看來。成熟的自然選擇的演化理論，是十九世紀兩個生物學家平行發現的產物，不是由達爾文一個人所獨創，而是於一八五〇年左右，達爾文和另一位博物學家華萊士（Wallase）同時分別提供出來的。達爾文的大功勞，不是因爲他是演化論的首創者，而是因爲他以充分的自然界的證據，寫成十多本體系精密、論證謹嚴的著作，把整個演化論完全建立於一個堅強的科學方法的基礎上。事實上，在達爾文之前，有兩大闡釋傳統，在人類成長過程中一直是並肩前進的。一是對世界自然結構的分析，另一個則是對生命過程的研究。這兩個分歧平行的傳統，到了達爾文的演化學說出現以後。才開始溝通而匯合起來。這是達爾文真正的卓越學術貢獻所在。

演化論，或類似演化論的觀念，在西方既然早有淵源，早已存在，那麼，在一八九五年以前，東西文化交流即已進行，則演化觀念的可能輸入，應該是一項符合邏輯的發展。下列幾個歷史線索，應該是值得注意的。

(1)嚴復於光緒三年至五年（一八七七—一八七九年）留學英國，光緒五年五月（一八七九年六月）返國，擔任福州船政學堂教習，直到光緒二十年（一八九四年），共計十六年間，嚴復爲甚麼很少，甚至沒有宣揚或公開介紹達爾文式的演化論於中國知識界？這十六年間正是嚴復年輕力強的少壯時期（二十七歲至四十二歲），爲什麼資料無從顯示他有介紹達爾文主義的跡象呢？

(2)嚴復之前，西方傳教士、商人來華者眾，亦未聞有介紹達爾文主義的。細按林樂知（Young J. Allen）主編的《教會新報》（一八六八—一八七四年），及其後易名而爲李提摩太（Timothy Richards）所主持的《萬國公報》（*The Globe Magazine*），僅偶而提及達爾文其人，且出於怪異諷刺筆調，卻絕口不談演化論。想見林、李等教士爲基督中人，當視達爾文爲異端，自不便介紹。

(3)梁啓超在《新民叢報》的一篇文章中，曾提到除了嚴復之外，尚有譯本達爾文主義的著作流行於中國。按達爾文的演化論和斯賓塞的社會達爾文主義，於十九世紀六十年代便已輸入日本（參見日本明治維新時教育思想家福澤諭吉的《文明論の概列》一書。其第三卷即介紹並研討達爾文之演化論。另一學者加藤弘之亦倡演化論，梁啓超即深受其影響）。其後更透過德國哈格（Haeckel）這一學派而倡行一時。雖然直至一八九六年以後，中國始有留日學生的派遣，但在甲午以前中日間官民交往頻繁，則達爾文主義的輸入應有其可能。

⑷香港也是一個值得注意的焦點。自開港以來香港一直是東西文化經濟交流的一個主要橋樑。在一八九五年以前，香港文教建設頗具規模，當地文化人如何啓、胡禮垣等，對維新思想之介紹也扮演了相當積極的角色。而且以當時英倫間往來之密切，以及開放的功能，達爾文主義由此輸入的可能性甚濃。只要看　國父孫中山先生少年時代的教育歷程，先後入拔萃書室、皇仁書院、西醫書院等，可以想見十九世紀八十年代演化論的生物觀已在香港知識界廣泛流傳，殆無可疑。（　國父之崇信達爾文，及其演化思想的淵源和本質，筆者曾詳加論列。可參見羅香林著：《國父的大學時代》一書及拙作〈達爾文主義與中國革命運動〉一文。）

上述這些可能性的推想，都是歷史的假設，迄今尚無法獲得實證的、充分的資料基礎。一個有趣的插曲是，維新變法運動的領袖康有爲，他不僅援據中國傳統的進步主義來強化他的改革理論，而且在他的著作裏，往往喜歡附會一些原始的演化觀念，來印證自己的先知性。據康南海自編年譜載（頁二二）：光緒十六年（一八九〇年），康有爲見了高足陳千秋，晤談時曾講述「仁道合羣之原」，並且「告以人生馬，馬生人。人自猿猴變出」等人類演化的道理，「則信而證之」。倘若我們拿康著的《新學僞經考》、《孔子改制考》來做一個參考點，則可證明《大同書》中的一些達爾文主義的言詞是改寫時附加的，也可以說是康有意僞造的。康的自訂年譜亦可做如是觀。究竟一八九五年以前，西方演化論的觀念在中國知識界是否絕跡？或有少許流傳？或已爲某些思想家如嚴復、康有爲等所深信不疑並廣加宣揚，只是未形諸文字，以致缺乏研究的、實證的資料基礎呢？這項史實真相的還原工作是尚待努力的。科學史中有關科技傳播（diffusion）的理論不少。一個科學觀念或技術，由甲地輸入乙地，其被接受，需要一段所謂「醞釀時期」或「潛伏時期」（Latent period），李約瑟主張中西科學技術交流的醞釀期平均爲二百年。我們固不必拘謹於李氏觀點，但社會環境是否已經具備一種自願承受新奇觀念的成熟條件，也是非常重要的。這即是科學史家所強調的："A Social environment willing to accept novel ideas"，也是我個人偵測這一歷史現象所願採取的解釋角度。而我們要客觀地評估嚴復在中國思想上的地位，必須先從達爾文主義的輸入及其推演的本質上，進行謹嚴的歷史的探討。

十五、嚴復型危機哲學的意理結構

嚴復在近代中國翻譯史上是公認的典範，以精審著稱，每譯一書都含有深遠的用意。爲什麼他不翻譯《天演論》的正宗達爾文本人的《物種原始論》，或斯賓塞的《生物學原理》，而偏要翻譯赫胥黎的《演化與倫理》呢？

達爾文的《物種原始論》（*The Origin of Species*）出版於一八五九年，是一部純自然科學的生物演化論，斯賓塞（H. Spencer, 1820–1903）在其先後把自然演化學說應用於人類社會現象的廣泛解釋，擴充到科學、哲學、宗教學等領域，撰著了《綜合哲學》（*The Synthetic Philosophy*），其後更推衍成「社會達爾文主義」（Social Darwinism）學派。其《綜合哲學》共分五部，第二部即爲《生物學原理》（*Principles of Biology*）出版於一八六四年。赫胥黎認爲斯賓塞曲解了達爾文的原意。他相信生存競爭與自然淘汰的哲學畢竟是太殘酷了，一個社會決不能放任這種自然主義的重演，而走向「任天爲治的末流」，於是在一八九三年發表了他的《演化與倫理》（*Evolution and Ethics*）一書，提出以人類意志克己的倫理方法，來控制宇宙進展過程中的物競天擇，才是社會的進步和人類的幸福。在這種規範性的倫理基礎上建設起來的社會環境，可生存的並非「適者」，而是道德最高超的人。因此可以說，赫胥黎所提供的這種規範性的觀念和方法，不僅是「反斯賓塞的」而且可以說是「非達爾文的」。

從《嚴幾道年譜》的資料裏（頁九），我們知道早在一八八一年，嚴復已讀了斯賓塞的書而且深所嚮往，但他卻又捨棄斯賓塞的《綜合哲學》而改譯赫胥黎的《天演論》。其中原因自可以有幾種解釋。最合情理的一種解釋是嚴復自己坦白承認，而為《尋求富強——嚴復與西方》（*In Search of Wealth and Power, Yen-Fu and the West*）一書的作者史華滋（B. Schwartz）教授所強調的：因為斯賓塞的《綜合哲學》的內涵太艱深，太廣博，而且篇幅浩繁，「長凡十集，為論數十萬言」，「其文繁衍奧博，不可猝譯」（《天演論》上）。當然根據同理，也可以解釋為什麼嚴復不敢翻譯達爾文的《物種原始論》的理由了。《物種原始論》一書，篇幅長達四百餘頁，以生物學為根據，涉及專門的生物知識，如該書第九章，即全部分析混種動植物的生殖力等高度專門性的問題。恐怕嚴復的科學訓練，尚不足以勝任那樣專門的翻譯。因此這項工作，只有留待工學博士馬君武窮數年之力來完成了。赫胥黎的《天演論》只有七十多頁（嚴復譯著商務刊行本共計百頁，其中約三分之一至四分之一是嚴復所加按語），而且是比較通俗，近乎哲理性的著作，在嚴復看來，翻譯該書是簡易而得心應手的。另有一種解釋，大概是赫胥黎的《演化與倫理》，在一八九三至一八九四年間才發表，是較晚近的著作，讀起來有新鮮親切之感，乃啓發嚴復翻譯的動機，也可能是合理的原因之一。

我們並不排除上述的原因解釋，但就我個人看來，更重要的是赫胥黎的《演化與倫理》，真正迎合了嚴復深切的危機意識與當時中國時代處境的特殊需要。嚴復進一步還估計到，純自然的淘汰理論，也與中國傳統仁道精神不相容，不像赫胥黎的書中所提倡的倫理觀念之切近符合中國文化思想的基本信仰。嚴復可以說完全是在一種危機哲學的意理基礎上翻譯《天演論》的。赫胥黎在原著的〈導言〉中，一開始便描述了萬物莫不有物競天擇的殘酷現象，所以要有求存之道，才能獨免於滅亡。他繼而提出所有動植物都會變，會適應生活環境，會生衍繁殖，但是在求生存的過程中，便此生彼滅。人爲的力量可征服自然，但稍一鬆懈，便如荒廢的良園，立即爲自然所湮滅了。在激烈的競爭過程中，善良優秀者倘若稍爲怠惰，也一樣要遭遇敗亡的命運。譬如英人之墾荒澳洲南部的塔斯馬尼亞島（Tasmania），幾經艱辛探險開拓，才可成功，一旦自滿不羣，便會甚至於爲土人所絕滅（T. H. Huxley and Jueiam Huxley, *Evolution and Ethics*）。這個故事正間接地反映了中國當時嚴重的隱憂：中國本是一片良園，中國人也是一羣善良優秀者。但是，由於他們日久流於自滿自大，故步自封，便不能適應這個危機四伏的變動的時代環境。中國現在所面臨的迫切問題是：怎樣去求生存，怎樣去救危亡。所以嚴復譏諷一般人的「徒高睨大談於夷夏軒輊之間」。他所憂心忡忡的是人種的淘汰：「外種闖入，新競更起，往往年月以後，舊種漸湮，新種迭盛」。赫胥黎因此提出了對付這種滅亡危機的應變的方法，就是他所謂的「人治」（Horticultural Process）或「人爲」（Human Action），也即是以倫理控制的方法，充分發揚每個人克己的意志力，將一切「智」、「德」、「力」，以及一切合羣的力量，集中起來去抵抗天然淘汰的公例，以建立一個道德崇高的社會，尋求人生最高的幸福。這點很適合中國傳統「人定勝天」的信仰和論調，也銜接了當時中國智識分子的危機意識和應變的期待。

其實嚴復並不把介紹演化論思想局限於赫胥黎的《天演論》一方面。正如他的論文〈原強〉一樣，他同時在《天演論》一書裏，借按語把達爾文和斯賓塞的學說一併勾劃出來，像《天演論．導言一》的按語，便是演化論學說在西方發展過程的一篇極扼要的介紹。

達爾文的演化論，究竟對西方近代文化思想，發生何種重大的影響呢？根據科學家兼哲學家羅素（B. Russell）的意見，達爾文所提出的演化論，以及由演化論推衍出來的自然哲學，至少有下列四方面的影響：

(1)達爾文學說證明了宇宙大自然均淵源於演化（evolution），打破了宗教創世紀的迷信，造成一種強烈的反傳統的精神。這種演化觀念，鼓勵了日後的改革運動。

(2)物種既然同源，所以人類亦不應有階級觀念，自由平等的政治社會思想，因而發揚。

(3)他的天然淘汰與適者生存（Survival of the Fittest）論調亦間接促成了合羣的觀念，由個人集結成社會國家，以求生存。這又是國家權力至上與民族主義二觀念的加強。

(4)他在生物學上的發現，更鼓勵科學精神的高度發揚，近代實證論與懷疑主義的確立即其一例（B. Rusell, *History of Western Philosophy*）。羅素的分析是深刻而具遠見的，以上列舉四點，均可用來觀察近代中國社會思想的變遷。其中有一些衝擊過程的曲折，值得進一步探究。

最明顯的一點是，演化論既然是一種具有強烈反傳統精神的自然哲學，而且鼓勵變革運動，那麼，爲什麼以中國這樣傳統主義非常強固的社會，一經嚴復介紹宣揚，即獲得當時中國一般知識分子的普遍接受和狂熱的崇信呢？爲什麼從清末到民初，除了葉德輝以外，幾乎很少人起來反對，認爲達爾文主義是一種反傳統的思潮呢？連葉德輝之抨擊達爾文主義，其重點也只及於維護儒家的性善論，而認爲達爾文主義傾向性惡說。當時一般保守的士大夫，顯然並未覺察達爾文主義反傳統的本質，是與傳統儒家思想嚴重衝突的。我個人過去曾思索此一問題，在〈社會達爾文主義與晚清學會運動（一八九五—一九一一年）〉一文中，試圖提出三點解釋：

(1)就廣大的、悠久的中國傳統文化的背景而言，「理性主義」（Rationalism）與「存疑論」（Agnosticism）的存在，實提供了達爾文主義本土化的「同質」（Homogeneity）的基礎。

(2)晚清時代承染樸學遺風，講求實證，而且公羊說有復興的趨勢，深具變遷的觀念。

(3)甲午喪師辱國，一戰而敗於「島夷」日本，一種受挫折的羣體情緒與種族存亡的危機感乃猝然爆發。

我認爲這三點，提供了達爾文主義在中國發展的生態條件。而近代中國思潮，從魏源、馮桂芬等，直到二十世紀三十年代，是危機哲學盛行的時代。這種危機哲學的本質是認同的危機，即如保守精神根深蒂固的葉德輝，其思想也具有濃厚的危機哲學的悲觀色彩。這種危機哲學是達爾文主義一項同質性的發展。二十世紀西方的危機哲學，可以德國哲學家史賓格勒（Oswald Spengler, 1880–1936）爲代表。他在一九一八年出版了《西方的沒落》（*The Declino of the West*）。他在這本書裏，說明了人類發展循環的理論，並預言西方文明的「毀滅」。他以對數學、科學、歷史、哲學，以及藝術等包羅萬象的研究爲根據，有系統的擬定一個哲學體系，藉著這個體系，用類似生物學的名詞，解釋了人類文化史中的變化。照他的看法，每一個民族文化都是「有限的生命的生物形態」，都是神秘的出生，無情的衰老，然後循著顯著的形式衰退，就像生機中的年輕、成熟和死亡的生命循環一樣。史賓格勒把這種理論運用到對西歐文化的研究上，並下結論說，西方文化已經老近「生命的結束」，達到其劃定生命全程中的「最後階段」。他這種「歐洲文化死亡」的預言和宣告，曾震撼一時，激起廣泛的爭辯回響，遂使他成爲二十世紀危機哲學的一個代表先驅了。

從嚴復開始，近代中國的達爾文主義者幾乎都是危機哲學家。他們的著述中均涵有一種不變的性質，就是一種危機哲學的濃厚色彩。我這些年來曾仔細分析他們的思想言論，企想建立一個中國達爾文主義者的思維模式（Pattern）。以嚴復爲例，究竟他的達爾文主義的信仰模式如何？其危機哲學的意理結構又如何？我們且用一個簡明的圖譜加以說明：

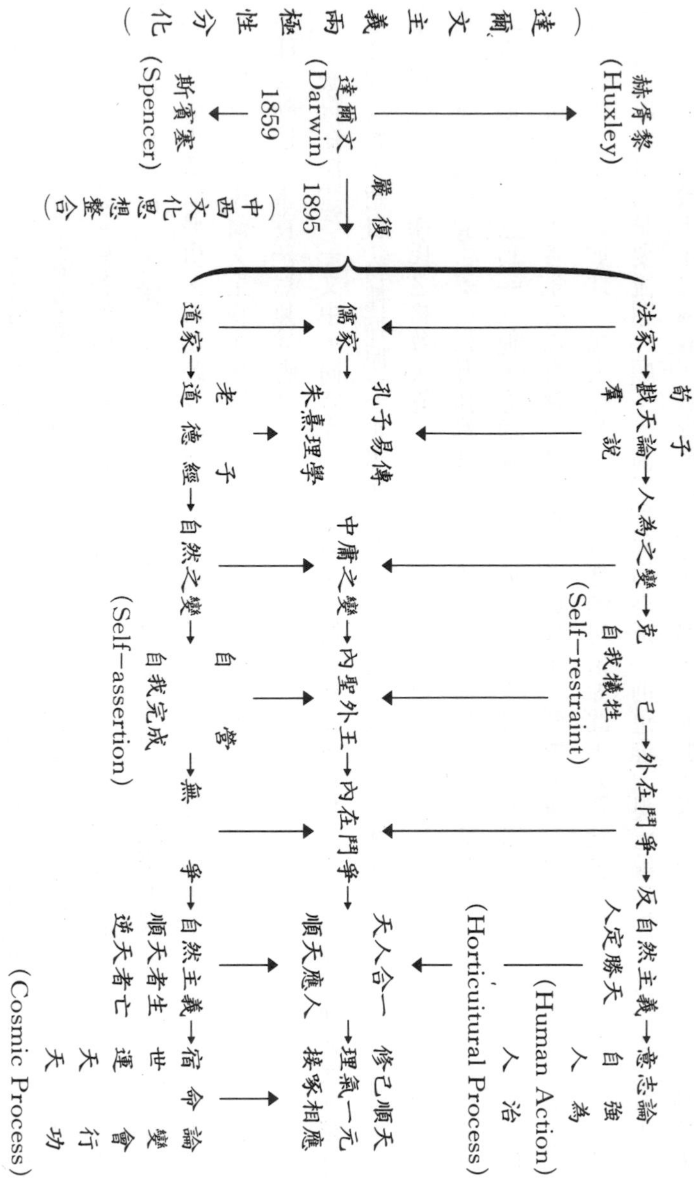

荀子
法家→戡天論→人為之變→克己→外在鬥爭→反自然主義→意志論
搴說
自我犧牲
(Self-restraint)
人定勝天
自強
人為
(Human Action)
人治
(Horticultural Process)
赫胥黎 (Huxley)
達爾文主義兩極性分化
達爾文 (Darwin) 1859
嚴復 1895
(中西文化思想整合)
斯賓塞 (Spencer)
孔子易傳
天人合一
修己順天
儒家→朱熹理學
中庸之變→內聖外王→內在鬥爭→理氣一元
順天應人
接受相應
老子
自營
道家→道德經→自然之變→無爭→自然主義→宿命論
自我完成
(Self-assertion)
順天者生
逆天者亡
世變
運會
天行
天功
(Cosmic Process)

達爾文於一八五九年發表《物種原始論》，斯賓塞乃首先以達爾文式之生物演化論應用於社會現象之解釋，而形成「社會達爾文主義」學派。赫胥黎因爲不滿斯賓塞《綜合哲學》中所闡揚的放任自然的社會變遷，遂著書立說，起而痛加駁斥，指其哲學爲「任天爲治之末流」，一如上述。倘若按照史華滋教授的看法，相信嚴復是服膺斯賓塞的學說，而且斯賓塞是嚴復心目中的「大師」（Master），是嚴復接受西方哲學的關鍵和樞紐，那麼，嚴復又爲什麼捨正道而弗由，偏要翻譯赫胥黎的《天演論》呢？難道嚴復不知道赫、斯二人所代表的兩大學派，是達爾文生物演化論的兩極性發展嗎？難道他對赫胥黎的學說是對斯賓塞哲學的一種反動這一事實茫然無知嗎？

嚴復在〈原強〉一文中，同時介紹了達爾文、斯賓塞和赫胥黎三人的學說。他初次介紹達爾文的理論，謂自《物種探原》一書出，「泰西之學術政教，一時斐變」，其「一新耳目，更革思想，甚於奈端氏之格致天算」。又提及斯賓塞的學說，謂其「宗天演之術，以大闡人倫治化之事，號曰『羣學』，以發揮修齊治平之事」，「而於一國盛衰強弱之故，民德醇漓興衰之由，則尤三致意焉」。他一方面強調「物競」、「天擇」，強調「運會」、「世變」等觀念，「民民物物，各爭有以自存，其始也，種與種爭，羣與羣爭，弱者常爲強肉，愚者常爲智役」，「動植物如此，民人亦然」；大自然的現象如此，人類社會的現象亦不例外。他譯《天演論》的目的是要說明「順乎天演，則郅治終成」的道理。吳汝綸序謂嚴復「蓋傷吾土之不競，憂炎黃數千年之種族，將遂無以自存，而惕惕焉欲進之以人治」。我們在這裏明顯地看出了嚴復的矛盾：他既要援引赫胥黎的學說，又要根據斯賓塞的理論，他必須面臨「自然」與「人爲」，「自營」與「克己」，「意志論」與「宿命論」的種種矛盾，有如圖譜所顯示的對照，他如何把這兩極性的學派的一些基本觀念整合而加以本土化呢？這是嚴復型的達爾文主義者的矛盾特徵，也是幾乎所有近代中國的達爾文主義者所共同面臨的矛盾的特徵。嚴復取譬中國經典來翻譯《天演論》，爲我們提供了分析此一矛盾現象的線索。他在序言中說赫胥黎的原著所論「與吾古人有甚合者」。他把赫氏原著中感歎「自然界對人間道德的冷漠」（Moral Indifference of Nature）一段，解釋爲儒家《易傳》的語氣：「乾坤之道鼓萬物，而不與聖人同憂」，及《老子》所謂「天地不仁」的典故（《天演論》下，頁一四）。從這些精細的翻譯過程和所加案語分析起來，嚴復其實所從事的不是翻譯，而是一項偉大的學術文化的整合和重建的工作。他往往以法家取譬赫胥黎，以道家取譬斯賓塞，爲了統合這兩個學派的極性矛盾，他的思維歸宿必須走向中庸之道的儒家，別無抉擇。

從這一分析角度，我們回頭再看史華滋教授的另一個結論。史氏在其《尋求富強——嚴復與西方》一書裏，估量嚴復晚年政治保守越向的根源，應在他早期帶著自由與激進色彩的思想裏尋找。而他早期思想裏的權威主義的因素，又可判定是從西方來的，不是從中國舊思想來的。再進一步說，不只是早期的嚴復受了西方達爾文主義的影響，甚至於晚期的權威主義越向明顯的嚴復，也還依舊守住西方的觀念，並沒有轉向中國的傳統。我個人分析嚴復資料的結果，對史氏上述觀點未敢苟同。明顯的，嚴復的思維模式，一如圖譜所示，做爲一個達爾文主義者，如果他不一邊倒的走向斯賓塞，或走向赫胥黎，則他必須進行這兩個學派理論觀念的統合工作，以消融其對立的矛盾。嚴復的學術處境，只有兩條路可走，別無抉擇。

他終於選定了統合的路，於是他必然要走向儒家的中庸之道。這是邏輯的發展，嚴復是不能例外的。嚴復的思想歸宿，即非由激進而保守，而終其一生，其思維模式始終守住中庸之道的儒家觀念，並沒有轉向西方傳統，更沒有一邊倒地歸皈斯賓塞的「社會達爾文主義」。嚴復之服膺演化論，是基於危機感的愛國情操和政治覺悟。處在那樣一個危疑震撼的時代環境，他迫切地企圖要建立一種綜合的危機哲學，任何能挽救中國危亡的學說，能解決他的認同危機的思想理論，都是他探究和綜合的註腳。他的思維模式是可以用來範例近代中國其他達爾文主義者的一種典型。

十六、結語

近五十年來，有關嚴復的生平思想、風格、行誼，乃至他的翻譯技巧，後人撰述評論的很多。一般皆以嚴復晚年提倡尊孔，參加籌安會等洪憲帝制運動，反對五四新文化運動，而批評他爲保守、頑固，甚至反動。也有人從他的這些表現，認爲嚴復從年輕時代的急進，到晚年的保守，部分原因係生理因素使然。所有這些論斷，我們認爲均多少有所曲解，是受了「五四」以來，反傳統的時代意識，乃至機械論的推理而得到的浮象解釋。我們只要翻閱近人對五四運動的批判，尤其對五四運動所表現的「全體論反偶像主義」作風的剖析和針砭，或可爲嚴復晚年反覆宣示的固「理」和固「本」的文化主張，作一有力的再闡釋的註腳。如果說嚴復晚年趨向頑固守舊，那麼，他之反對子女就讀新式學堂，或可爲具體明證。但是，我們要看嚴復後代真正所接受的教育內容，即可明白嚴復所要求的，乃是具有深厚道理的「新知」。試觀嚴復親身教導子女算術，並以外國女士教外文，中國夫子教孔學。這樣的取長補短的「綜合教育」，不僅在當時，即在今天也是講究教育實效性和健全性的教育家，所不應反對的。

嚴復一生所貫徹主張的，是教育救國的理想。這方面的觀念，可從〈與外交報主人論教育書〉一文中深刻地表現出來。他嚴肅指出：「今吾國之所最患者，非愚乎？非貧乎？非弱乎？則經而言之，凡事之可以瘉此愚、療此貧、起此弱者皆可爲。而三者之中，尤以瘉愚爲最急。……」因此，他早年積極譯介西方思想的名著，並非出於西化或反傳統的思維模式或動機。他相信，中國傳統也有一套完善的理論系統，嚴復當然不會去駁斥或破壞，而他在《老子》、《莊子》、《荀子》、佛經、《易經》及理學等學說內涵中，更隨處可以尋求理論的依據。嚴復很顯然地服膺達爾文主義，但也始終維護傳統，特別是傳統中的中庸之道的思想。他認爲斯賓塞的「形上宇宙論」極能配合中國古先哲的思想，且將其「絕對宇宙論」——即一切事物皆源於「不可知」，而以空間、物質、時間、運動及力量各種方式呈現出來——藉著《易經》、《老子》、或宋理學的學說闡釋出來，簡單地說，他認爲斯賓塞的理論和《易經》「翕以合質、闢以出力，始簡易而終雜糅」相符合。這種中西思想觀念的比較和整合的工作，不是西化的，也不是傳統的，而嚴復一生所獻身和盡瘁的，便是這樣一種偉大的、艱鉅的整合中西文化的事業。

西方文化的特色和精華，乃是「動力論」（dynamism）與「自我完成」（self－assertion）論，而嚴復更相信，西方文化就是動力的具體化，一方面探求外在的自然規律，一方面促進人羣社會和政治的成長，循這樣的途徑邁進，便可導致國家富強的境界。近代中國的許多愛國的思想家，雖然他們在知識傳統和個人氣質上各有不同，但都緊密地掌握著一種綜合的危機哲學，並且企劃在這綜合的危機哲學的基礎上，提供他們的救國主張。嚴復便是近代中國綜合的危機哲學家的一個偉大的先驅和代表。

參考書目

一

嚴復
《法意》商務，一九〇四年—一九〇九年。
《英文漢詁》商務，一九〇四年。
《穆勒名學》金陵金粟齋木刻，一九〇五年。
《政治講義》商務，一九〇六年。
〈孔教會請願書〉《庸言》附錄，一九一三年。
〈孔教會章程〉《庸言》附錄，一九一三年。
〈民約平議〉《庸言》，一九一四年。
〈中國教育議〉《庸言》，文明書局，一九一四年。
《嚴幾道詩文鈔》國貨書局，文海出版社，上海，一九二二年。
《嚴幾道與熊純如書札節抄》學衡文錄，一九二二年。
《侯官嚴氏評點老子》上海，一九三一年。

《嚴譯名著叢刊八種》　上海商務印書館，一九三一年。
《莊子評點》　香港，一九五三年。
《嚴幾道先生遺著》　南洋學會，新加坡，一九五九年。
《王安石評點》　臺北，一九六四年。
《天演論》　商務，《人人文庫》，一九六九年（一版），一九七二年（二版）。
《羣學肄言》　商務，《人人文庫》，一九七〇年。
《孟德斯鳩法意》（上、中、下）　商務，《人人文庫》，一九七七年。
《原富》　商務，《人人文庫》，一九七七年。
《社會通詮》　商務。
《支那教案論》　南洋公學譯書院。
《名學淺說》
《羣己權界論》
《瘉壄堂詩集》　商務。
《居仁日覽》

二

賀　麟　〈嚴復的翻譯〉，《東方雜誌》第二十二卷二十一號，一九二五年。
林耀華　〈嚴復社會思想〉，《社會學界》，一九三三年。

咨　實　〈嚴幾道與林琴南〉，《中興週刊》一〇四期，一九三五年。
鄭學稼　〈嚴侯官先生的政治經濟思想〉，《文化建設月刊》第一卷第十二期，一九三五年。
黃家遵　〈清末兩位社會學的先鋒——嚴幾道與章炳麟〉，《社會研究季刊》第一卷第三期，一九三七年。
何家炳　〈嚴幾道先生小傳〉，《人間世》第二十四卷，一九四六年。
周振甫　〈嚴復思想轉變之剖析〉，《學林》第三卷，一九五二年。
鄭學稼　〈嚴復先生之生平及其思想〉（上、下），《民主評論》第五卷第二十二期、第二十四期，一九五四年。
王　栻　〈嚴復傳〉，上海人民出版社，一九五七年。
周振甫　〈嚴復詩文選〉，北平人人文學出版社，一九五九年。
夏敬觀　〈嚴復傳〉，《國史館館刊》第一卷第二期，一九五九年。
周弘然　〈康有爲和嚴復的民主思想〉，《政治評論》第六卷第八期，一九六一年。
陳敬之　〈文苑風雲五十年之四—嚴復〉（上、下），《暢流》第二十八卷第八、九期，一九六三年。
周振甫　《嚴復思想評述》，臺灣中華書局，一九六四年。
Schwartz, Benjamin: *In Search of Wealth and Power–Yen Fu and the West.* Harvard University Press, 1964.
伍稼青　〈嚴幾道先生的生平〉（上、下），《暢流》第三十二卷，一九六五年。

郭湛波〈嚴復的時代及其思想〉，《近五十年中國思想史補編》，龍門書店，一九六五年。
黃大受〈翻譯大師嚴復〉，《傳記文學》第九卷第四期，一九六六年。
李雍民〈嚴復的生平及其思想〉，《古今談》第十八期，一九六六年。
劉富本〈嚴復的早期政治思想〉，《東海學報》第九卷第二號，一九六八年。
沈雲龍〈嚴復晚年之政論〉（一、二），《新中國評論》第十三卷第二期、第十三卷第三期，一九六八年。
韓迪厚《近代翻譯史話》第二章〈嚴復〉。香港辰衝圖書公司，一九六九年。
王蘧常《嚴幾道年譜》，大西洋圖書公司，一九七〇年。
吳相湘《民國百人傳》（第一冊）——《天演宗哲學家——嚴復》。傳記文學出版社，一九七一年。
謝　菴〈嚴幾道小覷天下人〉，《藝文誌》七十六期，一九七二年。
嚴停雲（華嚴）〈我的母親〉，《中央副刊》，一九七二年。
郭正昭〈社會達爾文主義與中國近代學會〉，《中研院近史所集刊》第三期，一九七二年。
許曼儀〈嚴復〉，香港中文大學聯合書院歷史學會《歷史學報》第二期，一九七三年。
胡映芬〈介紹尋求富強——嚴復與西方〉，《中華文化復興月刊》第七卷第十二期，一九七四年。
田默迪〈嚴復天演論的翻譯之研究與檢討——與赫胥黎原文之對照比較〉，《哲學與文化》月刊第二卷第九期，一九七五年。

林宗霖〈大翻譯家嚴復〉，《勵進》第三六五期，一九七六年。
沈文隆《嚴復》（譯），長河出版社，一九七七年。
郭斌龢〈嚴幾道〉，《國風月刊》卷八第六期。
劉富本〈戊戌政變後嚴復對中西文化的看法〉，《中華文化復興月刊》卷三第四期。
《嚴復的富強思想》，文景出版社，一九七七年。
郭正昭〈評尋求富強——嚴復與西方〉，《書評書目》五十六期，一九七七年。
《試析嚴復型危機哲學的意理結構》，一九七八年。

本文草就，爲規格所局限，援引前人論説多處，均未能從容逐一註明出處，其中根據史華滋教授《尋求富強——嚴復與西方》等書及譯本之篇幅不少，謹此聲明並誌謝。

作者小識六十六年十月

康有為

王樹槐 著

目次

前言……119
一、康有為的生平……121
1 少年求學時期……121
2 思想成熟時期……122
3 變法活動……126
4 海外逃亡……129
5 民初時期……132
二、康有為的思想……135
1 哲學思想……137
2 大同思想……148
3 經學見解……158
4 政治革新……169
三、結論……187
參考書目……191

康有爲

前言

康有爲生於清咸豐八年（西元一八五八年），死於民國十六年（一九二七年），享年七十歲。在他七十歲的期間，正是中國遭受前所未有的大變局。咸同年間，中國內憂外患極爲嚴重：外有英法聯軍之役，內有太平天國之亂，荼毒東南；苗亂、回亂、捻亂則遍及西北與西南。康有爲當時雖然年幼，但時代的影響，正逐漸加諸他的身心之上。聰明而又早熟的康有爲，對國勢時局的敏感，更在他人之上。加上局勢日壞，他二十七歲時，又逢中法甲申之戰，三十七歲時，又逢中日甲午之戰，激起他變法救國的思想與行動。

康有爲生時，乾嘉時代的考據學已由盛而衰，代之而起的爲常州學派：經學方面，莊存與、劉逢祿開派，以公羊家經學爲主；文學方面，李兆洛開派，以陽湖古文爲主。此兩派結合爲一，產生一種新的精神，希望重建順康年間經世致用的學風，代表此種新學派的人物爲龔自珍、魏源等人。道咸時代，思想界引出兩條新路，一是宋學的復興，如羅澤南、曾國藩等，以宋學相砥礪。他們以書生犯大難而成功名，因之輕視宋學的觀念爲之一變。二是西學的講求，西學在明末清初時一度很盛，曾影響中國走向復古的漢學研究，此刻講求西學，在求實用，圖發憤自強，江南製造局、馬尾船廠、北京同文館、上海廣方言館的設立，代表同光年間的自強運動。康有爲便是從常州學派的經學中出身，而以經世致用作爲他政治改革的標幟。

戊戌變法失敗後，康有爲流落海外，所見日多，但思想的負荷亦甚沉重。在感情方面，他有勤王的責任；在理性方面，他有立憲的期望。辛亥革命成功，帶來社會的不安，人民的痛苦，使他更堅信他自己的想法，因而對民主共和的政體，大加攻擊。康有爲倡變法時，他是守舊派的敵人；主張立憲時，他是革命分子的仇家；最後連他的學生也不諒解他，只落得寂寞晚年，神遊太空了。

本文意在介紹康有爲的生平及其思想。他是一位思想家，所以在思想方面的介紹較多，在行狀方面的介紹較少，且以探討其思想發展的經過與趨向爲主，其他的活動則從略。

一、康有爲的生平

康有爲的一生，可分爲五個時期，分述如下：

1 少年求學時期

自咸豐八年至光緒元年（一八五八—一八七五年），一歲至十八歲，是爲康有爲的少年求學時代。

康有爲，字廣夏，號長素，廣東南海縣人。他的祖先是廣東有名的望族，以理學傳家。他的曾祖父講學鄉里，稱爲醇儒。祖父贊修爲連州教諭，以程朱之學教導後進。他的父親達初，爲江西補用知縣，同治七年去世。他的母親勞氏，生康有爲、康廣仁（有溥）兩兄弟。康有爲年幼時，隨其祖父讀書，受其祖父的影響甚大。康有爲在此時期，以求學爲主，他所表現的是他早熟的知慧與獨立的性格，約可分述如下：

(1)聰明早熟。康有爲五歲時即讀書識字。六歲能讀《大學》、《中庸》、《論語》、《孝經》。八歲學寫文章。十一歲即閱讀《綱鑑》、《大清會典》、《東華錄》、《明史》、《三國志》之類的書，並開始閱讀邸報，能知朝廷大事。十二歲能賦詩，有「神童」之稱。

(2)狂狷自負。康有為十歲時有志於聖賢之學，戲號為「聖人為」。十二歲時，動輒自以為某古人，如自稱其文為東坡之文等。此後仍然保持此種性格。①

(3)獨立特行。康有為有獨立的見解，有不隨時俗的特行。他不喜歡八股文，以致中鄉試較晚。曾因拒絕赴試，幾遭其叔父以斷絕資糧來脅迫他。光緒十九年（一八九三年）年三十六歲，他又不欲赴試，後經母勸，議定以應此試為限，始去參加鄉試，中第八名。康有為讀書，以適合他的興趣為主，不從世俗。中國有鬧新房的風俗，但是康有為結婚時，拒絕親友鬧房，以致引起親友們的不快。康有為此種個性，在他以後的歲月中，亦常流露出來。他二十歲時，祖父去世，他在山上守棺半年，不食肉，守禮法古，嚴肅儼格，人多笑其迂腐。久之，宗族鄉里多知道他這種性格，無不敬憚。梁啓超批評他「太有成見」，其故在此。康有為固執的個性，是他的一大特點。

2 思想成熟時期

自光緒二年至二十年（一八七六—一八九四年），十九歲至三十七歲，是為康有為的青年時期。此期的特色是他思想的成熟與定型。

影響康有為思想者，有書籍，有人物。就書籍而言，傳統的各家思想與學說皆包括在內，更加上有關西學的書刊。西學的影響容後再論，傳統學說的影響較為廣泛，而其中若干思想能在康有爲心智上發生影響者，則賴學者的介紹與啓發。就人物而言，約有三位，一爲朱次琦（子襄），一爲張鼎華（延秋），一爲廖平（季平）。

光緒二年（一八七六年），康有爲十九歲，參加鄉試，榜上無名，回來後，從大儒朱次琦（九江先生）求學，啓發康有爲對中國傳統學術的看法。朱九江的學問，平實敦大，特重氣節，主濟人經世，不作無用的高談闊論，崇尚「四行五學」②，發揮先聖大道的本質，列舉修己愛人的意義，掃除漢宋兩學門戶之見，而歸宗於孔子。康有爲的學術思想，將一切歸之於孔子，即源於此。康有爲自稱，他得自朱九江的教誨，「如旅人之得宿，盲者之覩明，乃洗心絕欲，一意歸依，以聖賢爲可期。」乃發憤讀書，放棄八股時文，盡讀些經學、史學、理學、小學各方面的書，以此立身，以此救天下。他在朱九江的教導下，第一次著書立說③，益爲自得自信。

光緒四年（一八七八年），年二十一歲，他感到讀書太多，日埋於故紙堆中，埋汨靈明，他欲求安心立命的哲理，乃閉戶棄書，靜坐冥想。年輕人原富於幻想，康有爲尤甚。他靜坐時，忽然感到他與天地萬物爲一體，自以爲聖人，大喜；又感到蒼生困苦異常，大悲。他喜時則笑，悲時則哭，哭笑無常。人或以爲他狂妄自大，或以爲他有神經病。朱九江惡禪，康有爲的思想已與朱九江有別，這年冬天，康有爲辭別朱九江，返回故鄉。

光緒五年（一八七九年），康有爲專讀些道佛的書，常常夜坐彌月不睡。正當他恣意游思的時候，來了一位在北京作編修的張延秋。張延秋是一位有名的文士，康有爲與他討論，由相罵而相交。張延秋告訴他一些京朝風氣、當代人才、道咸同三朝掌故，等於一部現代史。康有爲自稱，從朱九江得到聖賢大道的頭緒，從張延秋得知當代政治。他原想拯救困苦蒼生，此刻則更有經營天下的志向。他廣讀制度、經世方面的書，所作筆記，全是一些「經緯宇宙」的文字。正在此時，又加西學的刺激，更激起他改革的意志。康有爲初次接觸西學，最早在同治十三年（一八七四年），年十七歲時，他見到《瀛寰志略》、地球圖，得知萬國情勢。二十二歲時，得《西國近事彙編》、《環游地球新錄》及西書數種，又遊覽香港，見西人宮室的瑰麗、道路的整潔、巡捕的嚴密，始知西人治國有法度，又購《海國圖志》、地球圖，漸漸收集西學的書。

此後數年，康有爲一面在傳統知識中求進展，研讀經史及當代政治文獻，並及佛典④；一面則購閱西書。光緒八年（一八八二年），康有爲去北京應順天鄉試，回來時經過上海，益知西人治術有本，大購西書回家，自此大講西學，「始盡棄故見」。次年又購《萬國公報》，學習聲、光、化、電、重學及各國史志，因而混合中西之學。中學之中，以儒、墨、佛爲主；西學之中，以粗淺的自然科學及史地宗教知識爲主。光緒十年（一八八四年），年二十七歲，他在這些混雜的思路中，似有所悟，悟知宇宙起於元氣，以元爲本，以陰陽爲用；宇宙之大小無止境，宇宙之中有不同的境界，所謂天界、星界、地界、身界、魂界、血輪界。宇宙以勇、禮、義、智、仁爲運用之本。他此時有人類生而平等的觀念、世界可以進化走向大同的初步想法。他認爲人生的責任在使衆生走向極樂世界。這極樂世界，不是超現實的，而是在現實的地球上出現大同世界。他自認是爲救世的聖人，他「日日以救世爲心，刻刻以救世爲事，舍身命而爲之。」

他這種救世的想法，在此後數年中，形成了他的政治思想與哲學原理，建立於兩部書中，一為《人類公理》，一為《康子內外篇》。前者為《大同書》的雛型，後者為政治哲學的綱領，由天地人物之理，推演到政教藝樂之事。他的思想，由此分成兩方面：一為理想的一面，世界大同；一為現實的一面，政治革新，拯救中國。為了這兩種思想的並存，在哲學方面有所配合。為了改革政治，又不得不在學術方面有所建樹。此處所宜注意者，他在《康子內外篇》中，已有了變的思想，但是變的理論，僅在順應時勢。他稱讚聖人的學問在運用開塞之術，依時而變。此時尚未提到孔子有何進化性的想法，自未提出三世之說⑤，且明言孔子之教為「二帝三皇所傳之教」，毫無孔子改制的意思在內。

光緒十四年（一八八八年），趁赴京鄉試之便，第一次上書清廷，請及時變法，主張變法的理由是在古今時勢不同，別無其他理論。此時他的思想進了一步，原因是他此時結識廖平。廖平對他的影響更為深刻。

廖平，字季平，四川人，王闓運的弟子，治春秋，著有《知聖篇》、《闢劉篇》、《古學考》等，主張尊孔，謂六藝皆新經，非舊史。此種說法對康有為的影響極大。光緒十二年，廖平刊《古學考》，康有為於此時在京得讀此書。光緒十五年十二月，康有為返抵廣東，十六年遷居廣州雲衢書屋，廖平亦來訪，並以《知聖篇》示之。康有為此時已深悉廖平的見解。及陳千秋、梁啓超來訪，康有為告以諸經真偽的原委，孔子改制的意義。陳千秋、梁啓超等至為欽佩，願執弟子禮。康有為此種學術見解，顯然來自廖平。康有為自此專心著述，完成《毛詩偽證》、《周禮偽證》、《說文偽證》、《爾雅偽證》等書。康有為有此迅速成就，亦為廖平啓發之故。

光緒十七年(一八九一年),康有爲講學長興里,得陳千秋、梁啓超等弟子之助,於七月間完成《新學僞經考》。《孔子改制考》的編例體裁亦已大定,此書於光緒二十二年(一八九六年)完成,並完成《春秋董氏學》。廖平稱《新學僞經考》係祖述《闢劉篇》,《孔子改制考》則祖述《知聖篇》,不過內容與原旨有異。廖平係以學術研究的態度,以《穀梁傳》爲主,研究《春秋》。康有爲則謀改革政治的態度,以《公羊傳》爲主,並由《春秋》推廣到其他經學。梁啓超亦坦白承認康有爲自見到廖平之後,盡棄其舊說。⑥康有爲對此,採取一種既不承認又不否認的態度,唯在其年譜中及《禮運注》等序文中故作曲說,冀圖亂人視聽。

康有爲總算爲其政治革新找到了學理的根據。他的學術思想至此已大致建立就緒。《新學僞經考》及《孔子改制考》固然影響一部分學者,尤以年輕而期望救國救民的學者爲多,但亦招致守舊派的反對與攻擊。康有爲只能算得上一位政治思想家,不是一位嚴謹的經學家,他的說法缺乏嚴密的科學論證。《新學僞經考》出書後,即被指爲「惑世誣民」,而遭受焚燬的處分。《孔子改制考》則在政變之後遭受禁止。

3 變法活動

自光緒二十一年至二十四年(一八九五—一八九八年),三十八歲至四十一歲,是爲康有爲變法活動時期。

光緒二十一年之前,康有爲已實際參加三次改革運動。第一次可追溯到光緒八年(一八八二年）二十五歲時，他反對纏足，堅決不爲其長女同薇裹足。九年，他與區諤良合組「不裹足會」，參加的人甚多，後以集會犯禁而逐漸散去。集會雖不成，但他反對裹足的作風至少在他的家内生效，此後同璧不裹足，諸姪女亦隨之。

其次是光緒十四年（一八八八年），他在北京首次上書請變法。因感中法戰後，國勢日蹙，欲發憤圖強，只此數年，若及時變法，猶有可爲，乃上萬言書，但未達到光緒皇帝面前。康有爲又爲御史屠仁守草疏數摺，請開言路，請鑄銀錢，請先築清江浦鐵路，請停海軍捐，停頤和園工，請醇邸不干預政事，又責宰相無狀，請以災異罷免，請宦寺勿預政事等，此種建議及攻擊京官的奏摺，無人敢上。屠仁守敢上，康有爲爲之代筆。次年正月，屠仁守被革職，康有爲心内所受的打擊亦大，回到廣東後，頗想移居巴西或美國，逃避現實，同時也爲其變法思想找尋學理的根據。

再次是光緒十九年（一八九三年），他率領萬木草堂的學生，干預地方團局貪污的事。這雖不是改革運動，卻是地方政治的清潔運動。曾任知府的張嵩芬，因罷譴回鄉，管理團練局，竟與盜匪勾結分肥。康有爲號召鄉紳，逼令張嵩芬交出局印，張自不會罷休，時率惡人與康爲難。康有爲心力爲之交瘁，後不再過問。

以上三事，皆未成功，可以看出：(1)康有爲與惡勢力鬥爭的膽識，極爲可佩；(2)舊勢力大，環境阻力大，欲謀改革，亦非易事。

光緒二十一年（一八九五年）三月，康有爲到北京，得知中日和約割地賠款事，乃鼓動公車上書，簽名者千二百餘人，至四月初，和約已用印，無法挽回，康有爲仍然奏上，始達

此吾戊戌八月九日奉 密詔
至滬付託門人徐勤右勉之
絕筆書也先是難將作門
人林旭妥衛
德宗硃諭來第一 詔命
與同志籌救謂朕位幾不保
不勝焦灼之至乃與譚復生
謀出袁世凱圖之第二 詔

知為將倚不測乃假託辭官
報命往上海日出一定熱腸
朕所深悉它日更効馳驅重
建大業朕有厚望焉且又
日比其愛惜身體善自調
攝蓋以在外茂安在內則危
故特遣出外以救之
先帝之苦心也惟為難本

康有為墨蹟

光緒皇帝面前，光緒皇帝讀後深喜。康有爲再上書時，爲李文田所阻撓，又不得上。

由於上書常常受到阻撓，康有爲深知變法非自王公大臣開始不可，乃辦報，附於京報，分送朝廷士大夫，風氣乃爲之一變。康有爲又以開國會之議，號召同志，開強學會，李提摩太（Timothy Richard）亦來參加。康有爲的舉動，也驚動了朝廷大臣，參與者有翁同龢，反對者有徐桐等。康有爲暫避風頭，出京南歸。九月抵江寧，勸張之洞開強學會於上海，兩人意見甚有距離，未能合作。十二月，康有爲回到廣州，仍繼續講學著書。

光緒二十三年（一八九七年），康有爲再去北京，又上書，但均無法上達。二十四年正月，因翁同龢之故，總署大臣約見康有爲，談變法，光緒帝命他條陳所見，並呈《日本變政考》等書，康有爲奏請定國是，變法維新，由此啓開了戊戌年的百日維新。變法失敗的原因很多，如新舊之爭、母子之爭，而康有爲的想法，亦應負一部分的責任。他明知光緒皇帝無權，但他過分相信皇權力量的偉大，以君主之力，無不可爲。他愈是如此，愈是激怒舊黨，而加速了政變的發生。

4 海外逃亡

自光緒二十四年至民國二年（一八九八—一九一三年），四十一歲至五十六歲，是爲康有爲的中年時期，流亡海外，從事勤王立憲的活動。

戊戌政變時，康有爲得光緒皇帝密諭出京，得英人的幫助，經香港逃往日本。康有爲在海外，仍繼續其政治活動，以營救光緒皇帝，使其復權爲主要目的。日本大限內閣下臺後，改進黨對康有爲的態度已不如前，乃勸康有爲去英求救。康有爲於光緒二十五年（一八九九年）二月離日經加拿大赴英求救，英議院反對，因之此行徒勞無功，他於閏四月間離英返加拿大，在域多利（Victoria）等地成立保皇會。同年九月，康有爲返日，日本政府拒絕其登陸，後經日本友人出面活動，始允登陸轉船赴香港。康有爲在香港幾乎遇刺，邱菽園自星加坡寄贈千金，他乃於光緒二十六年（一九〇〇年）去星加坡，設保皇會。

康有爲聯絡華僑，倡組保皇會，籌募基金，創辦學校報紙並經營實業，以其所得，交結會黨，豢養俠士，其目的在勤王復權。光緒二十五年立嗣時，保皇黨力爭之。光緒二十六年，正逢北方拳亂，康有爲以爲有機可乘，由唐才常謀發動自立軍之役⑦，事爲張之洞偵悉而敗露。康有爲又欲以謀殺手段對付清廷要官及西太后，但亦無所成。

勤王失敗之後，康有爲移居檳榔嶼，居住十五個月之久，次年（光緒二十七年）十月，又移居印度大吉嶺，至光緒二十九年（一九〇三年）四月止，又定居一年半之久。在此期間，康有爲以著作消遣，完成《中庸》、《論語》、《大學》、《孟子》、《禮運》篇等注解，並著《春秋筆削大義微言考》、《孟子微》，而最重要者則爲《大同書》之完成。光緒二十八九年間，又完成《官制議》。這本書在當時可能是中國官制改革最有系統的書。到此爲止，他的思想，在政治理想與社會進化方面，已達到最高的境界；在現實政治改革方面，仍爲變法論的擴充與持續，並無重大的改變，唯以《官制議》較過去所述詳盡而有系統。

自光緒二十九年（一九〇三年）四月以後，康有爲大半在遊歷中，至宣統元年止，足跡遍四洲（美、歐、非、亞），歷三十一國，行六十萬里，居美洲兩年，遊德國九次，遊英八次，遊法七次，瑞士五次，橫渡大西洋達六次之多，著有遊記二十餘種。

在此期間，康有爲的政治活動不多，由他主持者則爲光緒二十九年改保皇會爲「中華帝國憲政會」，在國內則由梁啓超等聯合其他立憲派人士組織「政聞社」。「帝國憲政會」不僅資助「政聞社」的經費，且聲援其憲政活動。光緒三十四年（一九〇八年），康有爲聯合亞美歐非澳五洲二百埠的憲政會的僑民，上書請願，要求早開國會，即聲援國內的開國會的請願活動，但此事導致「政聞社」的被封。

憲政會的經費，除會員捐助外，仍以兼營商務爲籌措資金的方式，將原設之商務會加以擴充，設總局於香港，康有爲任督辦。光緒三十二年（一九〇六年），康有爲遊墨西哥時，以購買地皮的方式賺了不少錢。於是議開「華墨銀行」，但至光緒三十四年（一九〇八年）冬季，墨西哥地價大跌，損失不少。綜計憲政會所收股本一百五十餘萬元，自光緒二十九年開始經營，至宣統元年（一九〇九年）即陷入困境，各投資人大爲不滿，造成內部的不和，又發生劉士驥被刺殺的命案，公司因而停閉，憲政會元氣大傷。

在此期內，康有爲週遊歐美之後，思想方面亦起了少許的變化。他被歐美物質進步所吸引，認爲中國所需要向西方學習者，唯有「物質之學」而已。他主張加強工業化，發揮他以往所主張宜注重民生經濟的觀念。倫理道德方面，他認爲中國自有其優點。爲了工業化，自然需要資金，他見到歐美各國的金融制度，有深刻的印象，因而著有《金主幣救國議》、《理財救國論》，比以往的想法，更爲周密詳盡。

宣統三年（一九一一年），辛亥革命成功，他正在日本，到民國二年十月，始返回香港。在此短短的兩年内，他面對現實政治的轉變，寫了許多政論性的文字，初則謀使國家如何安定下來，如何使政治在憲政的體系中發展，以達到救亡的目的。但是民國初年的政局，始終動亂不安，他在失望之餘，又堅信其「虛君共和」的想法。此種想法，終其餘生，未再改變。

5 民初時期

自民國三年至十六年（一九一四—一九二七年），五十七歲至七十歲，是爲康有爲的老年時期。

民國二年（一九一三年）十月，康有爲自日本回國奔喪，此後即定居國內，不再遠遊。民國以前，康有爲的政治主張以君主立憲爲主，反對革命。民國成立後，虛君共和便成了他新的理想。袁世凱稱帝，康有爲反對，但袁氏下臺之後，康有爲導演了一幕張勳復辟的鬧劇，使他成爲民國的罪人。

復辟的想法，在袁世凱稱帝之前，宋育仁、勞乃宣曾發動一次，帝制戰爭時，康有爲頗想一試身手，及洪憲帝制撤銷，康有爲更是昌言無忌，公然揭出復辟的主張，梁啓超一面反駁，一面由滇黔粤桂四督出名通電反對，康有爲才稍爲安定下來。張勳早有復辟的想法，他的軍隊仍沿清制，留著辮子。民國六年，張勳任長江巡閱使，駐兵徐州，其下亦多主復辟者，遂想與康有爲通聲氣，並與馮國璋、陸榮廷等人商議，請康有爲出面，商徐世昌，遂於六年五月開徐州會議，謀復辟。六月，張勳藉口調停黎段的爭執，率兵入京師，迫黎元洪解散國會。康有爲此時亦入京，居張勳寓，代爲策畫，遂於七月一日迎溥儀復辟，大封功臣，發表官職，徐世昌爲弼德院院長，康有爲爲副院長。

段祺瑞馬廠誓師，與馮國璋聯名聲討張勳，梁啓超亦通電反對，罵康有爲是大言不慚的書生。復辟不到十二天，即被段祺瑞打敗，康有爲避入美使館，是年冬，得美使館的幫助，逃到上海，結束他一生中最大的政治敗筆。

康有爲本想爲張勳作幕後的策畫人物，實現他自己的虛君共和的美夢。曾建議六點請張勳採納⑧，但未爲張勳所接受。康有爲所擬的許多詔旨，一篇也未用。⑨康有爲此時的思想，到底比其他復辟人物要開明些。

復辟雖然失敗，康有爲反對共和的思想仍然未改，他再作〈共和平議〉，說明共和不適當，帶給國家許多禍害，仍爲其虛君共和的想法辯護，並將其十二年來的政論（一九〇二—一九一三年）九篇，輯爲《不幸而言中、不聽則國亡》發表。

自此之後，康有爲已是六十多歲的人，多以遊歷國內名勝爲主，但是他的精力未減，著有《癸亥國內各省遊記》及詩集等書六種，並於民國十一年（六十五歲）時反對聯省自治，反對將故宮改爲國會。六十九歲時，他在上海創辦「天遊學院」，招徒教授天文學。次年二月二十八日，剛過完他七十大壽後的第二十三天，病逝於青島，結束他的一生。在政治思想方面，他沒有大的改變，不過對宇宙人生的看法，則不免老人遲暮，已由入世的想法變爲出世的想法，尋求上蒼的安慰。

①光緒四年（一八七八年）康有爲批評古人極爲嚴峻，朱九江曾戒其勿太狂。光緒十五年（一八八九年）他三十二歲時，曾中順天鄉試第三名，大學士徐桐以其狂大，抑置副榜。房官爭之，徐更怒，抑置謄錄第一。十九年（一八九三年）中鄉試，不奉考官房官爲師，時論大譁。

②四行者：敦行孝悌、崇尚名節、變化氣質、檢攝威儀；五學者：經學、文學、掌故之學、性理之學、詞章之學。

③康有爲第一次著作爲《五代史史裁論》，朱九江評爲「賅博雅洽」。

④光緒六年，二十三歲，治經及公羊學。
光緒七年：讀唐宋史、北魏宋齊梁書、叢書、傳記、經解、亭林經濟學。
光緒八年：讀遼金元史、東華錄，購碑刻，講金石學。
光緒九年：讀大清會典、十朝聖訓、國朝掌故。
光緒十年：讀宋元明學案、朱子語類、佛典。

⑤年譜中提及三世三統之説甚早，係後來之作，不可爲據。

⑥康有爲在光緒六年（一八八〇年）治春秋，曾著《何氏糾繆》，攻擊公羊學。早年酷好《周禮》，嘗貫串之，著《政學通義》，至此皆棄去。

⑦此次運動，實爲保皇與革命人士之合作，唐才常處在保皇與革命人士之間，亦不得不兼容併包，既勤王又反滿。

⑧六點建議如下：1.改爲中華帝國，不復大清。2.實行責任內閣。3.自身不宜爭權，各官勿動，請徐世昌任國務總理。4.兵力佈置。5.宜將段祺瑞挾之入京。6.宜用新人，不可用前清遺老。

⑨康有爲擬有〈復辟登基詔〉、〈開國民大會以議憲法詔〉、〈召集國會詔〉、〈保護各教詔〉、〈免拜跪詔〉、〈免避諱詔〉、〈合新舊詔〉、〈新貴不許干政詔〉等。

二、康有爲的思想

康有爲二十一歲時，開始探求人生真義，常靜坐苦思，他自以爲聖人，與天地萬物合爲一體，欣然而笑；又想起人間蒼生的困苦，悶然而哭。他的思想，受孔子的仁、墨子的兼愛、孟子的不忍之心、佛教的慈悲、基督教的愛人如己等觀念所影響，而產生拯救眾生的想法。他二十七歲時，由此種思想發展解救人類痛苦的方案：一爲理想的大同世界，一爲現實的變法思想。同時他爲這兩種思想建立哲學的根據。他二十八歲時開始著述《人類公理》，二十九歲時著《康子內外篇》。這兩種著作，可以說同時產生，構成他對宇宙、人性、政治等許多基本觀念。他的思想體系可以說已大致確定。

康有爲的思想，以世界大同與變法維新兩種思想爲主，其中有兩個重要的基本觀念：

(1)人類來源相同，生而平等，故最終的人類世界，一切應該平等，此爲大同思想之基本。

(2)人間義理爲人類自身文化的產物，由人的智與勢發展而成，並非先天的，亦非上天所賦予的。有了這種觀念，則現存的一切制度、道德觀念、倫理價值標準等，都可以變，都可以改革，以期適合人類的環境與需要。

由以上兩種基本觀念產生人類進化的想法。就近處而言，改善人的社會，滿足人的需要；從遠處而言，走向世界大同。這便是康有為思想的體系。

康有為的思想，先有救世濟人的心意，然後建立他的哲學理論。正如他先有變法的思想，然後找到孔子託古改制的說法一樣。他是一位政治思想家，而不是一位哲學家。在政治思想方面，他有特出的表現，但在哲學方面，他不是一位嚴謹的邏輯學者，也不是一位精細的經學考據家。他的哲學思想與孔子改制考的學說，不過是他用來支持他的政治思想的工具而已。

他的思想有兩套系統，一套是理想的大同世界，一套是現實的政治革新。這兩套思想，同時出現在他的思維中，表面上看起來，有若干矛盾之處，但實際上一點也不矛盾，因為理想方面，他認為純粹是將來的事，與現實的關係極微；現實所作所為，雖與理想不合，但是他認為這是歷史必經的過程，人性必經的道路，雖不公平，雖不合理，亦是極其自然的事。現實與理想的唯一關係是：改革現實政治的方向是走向大同的理想，如此而已。至於何時走到，則難以得知，因之現實與理想，幾乎又成了互不相關的事。所以他在理想方面，陳義極高，而在現實方面，又常唱些低調，有時不僅向現實妥協，甚至比現實還要倒退。他說：「思必出位，所以窮天地之變；行必素位，所以應人事之常。」由此看來，他的理想，有點近乎思維上的遊戲，極大極遠，而在現實方面，又過分順應人情之常。如此，理想歸理想，現實歸現實，毫無矛盾可言。

為了敘述方便，宜先了解他的哲學思想，然後再述他的大同思想。變法維新是他對現實政治改革的骨幹，其學理的根據，雖在事後建立，亦宜先加以敘述，以明其學術理論的基礎。

1 哲學思想

哲學思想本爲其他各種思想的根本，與其他各種思想的關係，大約有三種不同的形式：(1)從哲學思想推衍發展而產生其他的思想。(2)先有他種思想，然後建立其哲學思想，予以適當的配合。(3)哲學思想之有無，與其行爲無關。行爲歸行爲，另有其思想。康有爲的哲學思想與他的其他思想，具有上列三種形式。康有爲不是一位哲學家，故其哲學思想談不上有何特殊的建樹，亦無嚴密的系統可言，他所用的名詞，亦無明確的界說。前後矛盾之處亦有之。與其說介紹他的哲學思想，不如說介紹他的一些哲學觀念而已。

康有爲的哲學思想，大致在他二十八九歲時（光緒十一、二年）形成，以後則多爲補充性質，無大改變，直到晚年，他受西洋思想影響愈來愈大，才有較大的改變。茲分述如下：

・宇宙論

康有爲認爲宇宙之大，無法想像，每一物，「至大之外，尚有大者；至小之內，尚有小者。」換言之，宇宙不僅大得無止境，小得亦無止境。他此種想法，係受西洋科學影響所致，因望遠鏡及顯微鏡擴大了對宇宙的看法。

宇宙的起源，就時間方面而言，無法可以推知。宇宙將來的發展，亦無法得知。康有爲的宇宙觀具有無始無終的想法。

宇宙的來源，康有爲沒有採取有神論的說法，他採取中國傳統的說法，最初採取宇宙起於氣的說法，後則採取董仲舒的說法，天地萬物起於「元」，亦即《易經》所謂「乾元統天者也。天地陰陽，四時鬼神，皆元之分轉變化，萬物資始也。」「元」又是什麼？康有爲說：「元者氣也，無形以起，有形以分。起造天地，天地之始也。」元與氣似爲一物，或爲一物之兩面。天地萬物由氣而成，此氣皆相同，並無差別。他又說，氣以陰陽爲用，所以「天地之理，陰陽而已。」所以他認爲萬物皆有二元性的相對情況，如有天有地，有男有女，有冷有熱，有黑有白。①

康有爲進一步推論，「陽爲濕熱，陰爲乾冷。濕熱則生發，乾冷則枯槁。」由濕熱之氣生而成爲天。濕熱之氣摩勵很久，產生熱重之力，產生光電。原質變化，於是近天而得濕熱之氣，乃成爲日、月、地球。地球得濕熱之氣而生草木，而生禽獸，而成人類。他這種宇宙起源與發展的想法，已建立他初步的進化觀念。這個宇宙，不是上帝在幾天之內造成的。光緒十年（一八八四年），他由宇宙的發展，「根元氣之混侖，推太平之世。」

人與「天」②的關係如何？康有爲認爲人與天皆爲魂質，地帶神氣而生萬物。神與魂魄又相似，皆爲「有知之電也」。故萬物有感覺，人尤然。此種感覺，他稱之爲「吸攝之力」。此點當爲康有爲採自萬有引力說。他又說：「人通氣於天，通質於地，通息於人。」「人是取天之氣，取地之質而成。」凡人皆如此，故能通息。由以上這些沒有明確界說與系統的言辭中，可以確定「萬物同氣而生」。至少人類的成分相同，生而平等的。

康有為的宇宙觀，將元氣混為一談，似無嚴格的先後次序。至於說到「理」，他將「理」歸之於陰陽，氣以陰陽為用，「天地之理，陰陽而已」。就先後次序而言，「理」在氣之後。

朱熹的說法，先有理，後有氣，氣為物質，此乃萬物之所以能成。物成之後，理寓其中。康有為反對這種說法。他認為先有氣而後有理，理隨氣而生，理隨氣而滅。這種爭論，正是今日唯物唯心之爭，永無結果。不過康有為反對以往的說法，其目的在建立他自己的一套政治哲學。他認為理是後來產生的，至少在氣之後，無氣則無理。他說：「權勢者，天也，氣也。聖人受形於氣，受理於天，……故曰：勢生道，道生理，理生禮。」如果康有為承認先有理，此理天定，而非人世間演變而來，則無法加以改革，目前人類不平等之事，將會視之為當然而永遠存在下去。

前人謂理氣為二事，二者可合而為一，程朱等即以理氣合一立說，或為一物之兩體，或為一體之兩面；或以仁智為理，以物質為氣。康有為則認為理氣合一，且理附於氣而存在，舍氣質之外，不會再有他物存在，仁智亦然，存於氣質之中。

總之：康有為的宇宙觀，建立三點基本觀念：

(1)宇宙是由發展而來的。
(2)人生而平等，皆自濕熱之氣而成。
(3)有氣才有理，理在氣之後。

•人性論

康有爲認爲人得濕熱之氣而成，以此濕熱之氣，上養其腦，下養其心。濕熱之氣有善有惡。濕氣之善者產生仁愛，熱氣之善者產生智勇。仁愛出，而有禮樂政教、倫理綱常等教化產生。智勇出，則發明製造，利用環境，改造環境，因而有物質文明的出現。濕氣之惡者，則產生貪佞、柔懦、無能。熱氣之惡者則成強梁、暴戾、殘酷。依此看來，濕熱之氣是構成人性的基本成分，有善有惡。

除了濕熱之氣外，康有爲又說，人有魂魄，魂氣與天同，魄氣與地同；魂氣是愛，魄氣是貪。如果魂氣勝魄氣，則成爲有德性之人；反之，則成爲小人。此亦爲康有爲主張人性中有善有惡的說法。

康有爲認爲萬物皆有知覺，人尤然。知覺禀陰陽之氣而生。人有大腦小腦，腦氣筋有靈，因之有感覺及感情反應。當人與外界接觸時，即有宜與不宜、適與不適的感覺。適宜者，神魂快樂，不適宜者，神魂痛苦。所以人的基本感情有二：適宜者愛之，不適宜者惡之。此與陰陽之氣有關。由陽氣產生愛、喜、樂，進而發展成爲仁。由陰氣產生惡、懼，進而發展成爲義。人的性情，受惡仁義而已。人的分別，愛質惡質之多少而已。教化可以調和人性，平其氣，減緩其惡質。

康有爲採取二元論，謂人性中有善有惡，同時亦顧到人與人之間，善惡之心相差甚大。此種說法，自較一元論的性善或性惡爲佳。康有爲的說法，多沿自張載③，而與程朱等說法有別。④

孟子主張性善，荀子主張性惡，按照理論，康有爲應該反對，但他認爲兩者皆有可取，孟子的目的在鼓勵人向善，荀子的目的在加強教化。康有爲最欣賞的是孔子所說的「人之初，性相近」的說法。「性相近」的說法與康有爲的人生而平等的觀念相合，故極爲推崇。性既相近，則各人所得的天賦相同，無所謂高下智愚，人之所以有智愚之分是因爲後天的教育使然。性既相近，則同樣可以加以教化，去其私心，走向大同。

• 倫理觀念

人類欲望的由來是天賦的。耳目百體，血氣心知，天所賦予。嬰兒無知，已有欲望。康有爲說：「欲者天欲也」，此爲人性之自然。孔子曰：「食色性也」，無待於學。喜怒哀樂亦性之自然，無所節制。康有爲主張順性、因性、適性。《中庸》謂「率性爲之道」，「聖人因民性之所利而利導之，不廢聲色」，唯在調和而已。這是康有爲對欲望的看法。

人與人之間，往往因爲需求不同，難免發生衝突，如何使社會安定，解除人類相爭相鬥的煩惱，則產生理，理是人類行爲是非的標準。這種標準是由兩種因素造成，一爲智，一爲勢。分述如下：

康有爲說：物質有相生之性在於仁，但仁充其力所能到的地方甚爲有限，人必須自己設法解決問題。解決之法則曰義。義者正當的行爲。人與人相欺則難以相處，故須講信修睦。禮與信合而成爲人情。仁義信禮四者之所以產生，皆起源於智。智是人與其他動物所不同之處。因爲人的智力大，經過長期的知識累積與生活經驗，因而產生理。理者歷代諸聖諸賢的產物。聖賢的神識聰明，得以開物成務。聖賢的氣質清粹，得以修道立教。所以理並非由天所定，而是人爲的。康有爲一反過去「天理人欲」的說法，而主張「天欲人理」。此點與他所主張的理在氣之後的說法相呼應。

理的另一成因是勢。康有爲認爲：人有強弱，物競而天擇，此爲天的不公平，所以「人事之義，強弱而已。」有以力爲強弱之別，有以智爲強弱之別，因之人世間的事情，以強欺弱而已，「富貴貧賤之相役，大小上下之相制，衆寡健羸之相乘。」人智之強，而能馭牛馬，食雞羊，這並非不講仁道，而是勢所造成。強者能手定法律，「尊君卑臣，重男輕女，分良別賤。」皆視爲義。他說：「勢生理，理生道，道生義，義生禮」，「勢者人事之祖」，而禮與理，皆爲勢的產物。⑤

理的成因如比，照現在的話來說，一爲理性（即智），由聖人的教化中表現出來；一爲權勢（即勢），由現實的政治中表現出來。前者導人走向「人道之至」，即大同理想社會；後者引人依靠權勢，改革政治，從實際的改革中走向大同。這是一種雙軌進行的方式。兩者之間又有密切的配合關係，那就是教化必須就實際政治情況而定其理想的程度，政治改革也要看國人教化的程度而定其改變的程度。他有一種依時勢而改進的觀念。此種觀念，推衍下去，即成爲他後來的循序漸進的觀念。康有爲自始至終不是一位激烈改革論者。

康有爲認爲人道以智爲導，以仁爲歸，義、禮、信三者，不能與仁智相提並論。朱子言「義者仁之斷制，禮者仁之節文，信者仁之誠實，智者仁之分別。」康有爲初時亦接受此種說法，但後來發現人之異於禽獸者全在智。有智所以能「慈愛以為人，斷制以為義，節文以為禮，誠實以為信。」他說，孔子亦以仁智並重，常以仁智對舉，而很少以仁義並舉。⑥聖人的教化在調和人間的不平等。以勢而成的法律，積久習非成是，而後成為道義，欲加改革，亦非一蹴可就，聖人亦得因之，既順人之情，又節人之性，更示人類應走的方向。

綜合康有為的意見，他認為倫理係後世理性與權勢所定，雖有不公平的地方，但亦有其存在遵守的價值，唯可依勢而加修改。聖人之所以偉大，是在修改中求進步。此點為其政治社會改革的基礎，亦為其大同理想的基礎。

・變的歷史觀

康有為對歷史的看法，先有變的歷史觀，後有進化的歷史哲學。光緒十二年（一八八六年），他作《康子內外篇》時，即認定人事義理在變。他說：「義理有定而無定。」有定係指聖人已定之法，循其故常。無定則依學術而言，學者「鑒古觀後，窮天地造化之故，綜人物生生之理，探智巧之理，極教治之道，則義理無定。……觀其變之動，知後之必有驗也；求其理之原，知勢之必有至也。」光緒十四年（一八八八年），康有為第一次上書變法，所持的理由是古今時勢不同，治平世與治敵國並立之世當異，「宜酌古今之宜，求事理之實。」此時他尚未提出「三世」之說，所以在《長興學記》中特別推崇《易經》，因《易經》主張窮則變，變則通，通則久的道理。

「三世」之說是康有為在編著《孔子改制考》時發現的。《春秋》書中沒有三世的文字。

《公羊傳》中「所見世」、「所聞世」、「所傳世」，僅此而已。何休衍爲「據亂世、昇平世、太平世」。康有爲則配以進化的觀念。康有爲說：夏殷無徵，夏殷周之制安在？孔子預立三統以待變。每一世中皆有三統，窮變通至千統、萬千統可也。天下不可安其所習，蔽於一統。他將變的觀念與三統、三世之說混合，成爲進化論的歷史觀。其時達爾文的進化論，自甲午戰後，由嚴復陸續介紹來華，康有爲在完成《孔子改制考》時，已受到其影響，但康有爲自云，在甲午之前治春秋時，已有三世的觀念。

康有爲既有三世進化的觀念，則如何進化？至何程度？大致而言，自孔子立制之後，已走上小康的局面，是爲據亂世與升平世時期，此後進步，則入大同的局面，是爲太平世，達到人類的理想境界。他在《大同書》中列有三世進化比較表，種類繁多，範圍亦廣，簡略綜合如下：

據亂世	升平世	太平世
人類等級多	人類等級少	人類一律平等
族分貴賤，仕官就業皆有限制，並禁止通婚	族分貴賤，仕官就業無限制，婚姻暫通	無貴賤之分，一切無限制
種有黃白黑棕之分	棕黑漸少，化為黃白	黃白交合為一
婦為夫之私屬不得為平人	婦不為夫私屬，但仍無獨立權，不得為公民	女子有獨立權，一切與男子平等
一夫多妻	一夫一妻，男仍為主	男女平等，立約而婚

買賣奴婢	無奴婢有僕役	無奴婢，無僕役，人人平等
專制政治	立憲政治	共和政治
官制階級多	官制階級少	官級極少
國別多	聯合小國而成大國	無國別而為世界
主國屬國人民貴賤懸殊	主國屬國漸平等	無主屬之分

康有爲雖然只分爲三世，但這三世之中又可分爲三小世，三小世之中又可再分爲三小世，如此分下去，則世界永在進步之中，何時走到理想的境界，則無法知道。總之他的歷史觀構成了兩個基本的概念：一爲政治可因時而變；一爲人類歷史是進化的，可以走向大同。

• 宗教觀念

宗教觀念多牽涉到人死後的問題，必先從人的靈魂的有無及其出處歸宿說起。康有爲對靈魂的想法，並未有何特出之點，完全依照當時流行的說法。他說：人有魂，魂與天之魂相同，但他未說明魂爲何物。他將人分成兩部分，一爲體魄（肉體），一爲神魂（似指精神與靈魂），兩者同樣重要。他不贊成各教視身體爲靈魂暫住之所，重視靈魂而不注重肉體。他也反對曾子過分重視肉體，以肉體受自父母，不能損一毛一髮。他遵從孔子的主張，「性命交修，魂魄並養」，這樣才合乎人道。

康有爲認爲人死之後，魂魄分離，肉體腐化，至於魂的存在與否，則依其人的德性及死亡的情況而定。有德者其魂存在較久，寃死者亦然，最後，或投胎，或歸於消滅。投胎再生是佛教的說法。佛教強調因果報應，康有爲亦相信此說。

康有爲的報應說是迷信與理性的混合體。他著有《福禍實理全書》（即《萬身公法》中的一部分），認爲報應有三：一爲人事的禍福，有罪必罰，有善必賞；行善於人，人必報答；以惡待人，人亦報之。二爲鬼道的禍福，寃殺他人，鬼魂必報復。無故而爲鬼魂所侮弄，其人必非善類。有德的人，鬼魂反而害怕。三爲自致的禍福，如戕賊自身，必多病，必短壽；立心不善，則處事必亂，招致精神不安，或發病成狂。

孔子的「不知生焉知死」、「敬鬼神而遠之」，以及不語「怪力亂神」的態度，是一種理性主義、現實主義，康有爲完全接受，他的宗教觀，純由現實人道主義爲出發點。

康有爲的宗教觀是入世的，而非出世的。他從現實的觀點來看宗教，所以將孔夫子的教誨視爲宗教。光緒十二年（一八八六年），他認爲世界上有孔教、佛教、回教、基督教等，但綜合分類，不過兩種：一爲入世的教，即孔教，一爲出世的教，即佛教、基督教等。孔教的目的在「立國家，治人民，興士農工商之業，倡詩書禮樂之學，行神鬼之俗。」出世的宗教是出乎人情，重視靈魂，將希望寄託在死後的天堂。康有爲認爲聖人之教，順乎人情，是陽教；佛教逆乎人情，是陰教。「孔教之倫學民俗，天理之自然者也；佛教之去倫絕欲，人學之極致者也。」人皆有不忍之心也，「佛教戒殺生以成之，聖人則陽遠庖廚以養其仁心。」人好色，佛教戒之，不結婚，聖人陽設禮教以束之。兩者相較，孔教自不如佛教之徹底。至於基督教，康有爲認爲，既不如佛教之徹底，又不如孔教之適合民俗，唯既立爲宗教，對人的道德有促進加強的功能。康有爲主張立孔教爲國教，純從其能維護社會良善的風俗著眼，有實用的價值，可以補助法律力量所不能到的地方。

社會進化，宗教觀念也會隨之改變。到了大同的世界，人人相愛，無所爭奪，亦無罪惡的發生。大家知道天演的自然變化，對天亦無敬畏的必要。到了那時，各種宗教皆不能存在，唯有神仙與佛學而已。仙學者，求長生不死；佛學者，求不生不滅，去人境而入仙境，則爲另外一種境界。

康有爲認爲人的魂氣與天同，故人的力量可以改變天所造成的不公平的事情。他想將天堂建立在人間，以解決人間的痛苦，不像基督教，將希望安慰寄託在渺茫不可知的天國。由此可知，他是一位自信力極強的人，加上他幾次死裏逃生，更相信天降大任於他，故能振作精神，繼續奮鬥。但是到了晚年，他經過無數次失敗之後，加上歲月對精神的影響，他的宗教思想也起了變化。

民國六年復辟失敗後，康有爲的作法與想法，遭到國人的指責，甚至唾罵，康有爲對國事的興趣爲之大減，事實上亦無能爲力。民國十年，康有爲六十四歲，在杭州西湖丁家山下築屋，將山名恢復爲「一天山」，名其廬爲「人天廬」，名其堂爲「天遊堂」。他對人間事務的興趣減低，對天的興趣則增加。他以前相信人的命運及禍福多由社會政治法律所造成，此刻他對幸福的看法有了改變。人的幸福有兩方面：一爲物質方面的幸福，一爲精神方面的幸福。在《大同書》內，他認爲人所追求的幸福主要的是在物質方面的快樂，涉及精神方面者不多。物質方面的快樂，自然與社會政制的關係重大，改革政治，發展工業，自然有助於人類幸福。精神方面的快樂，與人的心理關係至爲密切。他既然在改革政治方面失敗，但他仍可從事幫助個人在心理方面獲得安慰。以前他專心致力於物質上的幸福追求，但並非一蹴可就，倒不如先設法減輕個人的痛苦。如何減輕，則唯有從心理上著手，超越世俗，尋求精神上的慰藉。此一轉變，與佛教超脫的想法已極爲接近了。民國十五年四月，他在上海設立天遊學院，自稱「天遊化人」。他的目的在「欲爲吾同胞天人，發聾振聵，俾人人自知爲天上人，知諸天之無量，人可乘爲以太而遊，則天人之電道與天上之極樂自有在矣。」至此，他承認改革現實的失敗，解除痛苦的辦法就是逃避現實，神遊諸天，這是精神上自我幻覺。以往他在萬木草堂講學時，學生有多至千人者，但此刻尚不及二十人。

康有爲多接觸西方的思想後，對上帝的存在亦有了多方面的了解，因而相信有上帝的存在。康有爲並未提出他的看法與證明，只說中國古籍中也提到上帝的存在。他相信「天下之物至不可測，吾人至渺少，吾人之知識至有限，豈能以肉身之所見聞而盡天下之事理乎？」他認爲反對上帝存在說者，是自不量力的人。他這種想法，自然得自西方哲學家。

2 大同思想

康有爲是一位政治思想家，他主要特出的思想便是大同思想。研究他的大同思想的人很多，此處不必詳加介紹，唯就他這種思想的發展與其內容大要，略爲敘述，並一評其價值。

·大同思想的發展

康有爲自稱在光緒十年(一八八四年)二十七歲時,思想發生很大的變化,他已有了大同思想的雛型,合國合種合教的想法,全地球統而爲一。一統之後,人類語言、文字、飲食、宮室將大大改變,男女平等,人類平等。康有爲願以救世爲心,救世爲事。次年,他以「幾何著人類公理」,定大同的制度,十二年(一八八六年),康有爲著《康子內外篇》時,又作《人類公理》,想創造「地球公議院」,定「合國之公理」,並統一地球語言。次年仍繼續考慮有關人類合一後的問題。此四年中,康有爲的思想已大致確定。他的思想有兩大特點:⑴他以世界眼光看人類文化與前途,超越國界與種界。在他的心目中,不發生夷夏之辨的問題,只有文化進步與否的問題,以及世界如何走向大同的問題。⑵他的思想中,同時存有理想與現實兩種不同層次的思想。這兩種思想,並不相矛盾,可以各自存在,也可以相輔而行。貫串這兩種思想的基本精髓,便是前面所述的哲學思想。

就現有的資料來看,以《萬身公法》⑦代表這個時期的大同思想。此時的大同思想,完全是一種試探性的提出,列舉他思想的大綱而已。《萬身公法》包括:⑴《公法會通》,此爲《萬身公法》的導論,討論如何講求萬身公法,如何推行萬身公法,如何修改萬身公法。⑵《福禍實理全書》,發明禍福原理,以補公法之不足。⑶《實理公法》,此即《萬身公法》的主體。⑷《地球正史》。⑸《地球學案》等五部分。

《實理公法》是《萬身公法》的主體、根原與實質。所謂「實」字者,有「實測」,指格致家考明的實理；有「實論」，指過去確有的事實或言論；有「虛實之實」，指幾何公理的法則，其理較實，爲「一定之實」；出自人立的法則，其理較虛，則爲「兩可之實」。「公」字者，有公眾之公，有幾何公理之公。康有爲以「幾何著人類公理」，即以數理方面的定律法則，推論或演繹人類公理，有如幾何學上證明題的演算方式所得到的結論。

光緒二十八年（一九〇二年），康有爲著《大同書》，對大同思想更加以有系統的發揮，內容較前充實，思慮更爲周密。在《實理公法》中，重點在說明人皆由天地的原質而成，故人生而平等。民立君主，爲保衛自己，有如兩人之事，立一中保而已。換句話說，君主不過人民的公僕，故政治宜民主，立議院。對於「死節」，康有爲也有不同的看法，他反對自殺以示貞節，反對從容就義以示慷慨捐生，事先不加預防，雖死，亦非全節，他認爲能逃則逃，能不死則不死，甚至爲道受辱亦所不計。爲道受苦之功，其功最爲偉大。

在《實理公法》中，沒有「去產界公生產」、「去國界合大地」、「去類界愛眾生」、「去苦界至極樂」等想法。此即均富思想、世界主義，及佛教的極樂世界，但在年譜中，已述及合世界各國一統的想法，也談到佛教的普渡眾生至極樂世界的觀念。均富思想則發生較遲，到光緒二十八年始有。在《實理公法》中，絕無此種觀念。他定休息時日的多少，尚以貧富爲標準定之，富者多休息，貧者少休息，因爲富人不必工作太多，康有爲認爲這是「幾何之法」，意即這是絕對的公理，有益於人道，七日休息一日，這是人定的法則，未顧及到人的貧富，難以實現。由此足證康有爲在當時尚無均富的觀念。

康有爲的《大同書》成立於光緒二十八年，與〈禮運大同〉篇有很密切的關係。康有爲是年注〈禮運〉篇，發現該文新的意義。康有為過去讀禮運篇時，並未引起他的注意，在以往的著作中，皆未特別提出。此時他重讀此篇，大為驚奇。他說：「讀至〈禮運〉，乃浩然而嘆曰，孔子三世之變，大道之真在是矣。大同小康之道，發之明而別之精。古今進化之故，神聖憫世之深在是矣。時聖之變通盡利在是書也。」由此可知：康有為在光緒二十八年以前，已有三世進化的觀念，已有大同小康的想法，但對大同的含義則未確定，惟在平等博愛，政治民主，行議院制，合地球各國為一統，至此，則採用〈禮運大同〉篇的內容，作為他大同思想的架構，並加上他自己烏托邦式的推想，而完成《大同書》。

•大同思想概要

康有為的《大同書》分為十部。第一部：入世界觀眾苦。他認為人生有六苦：一為人生之苦，如投胎、夭折、廢疾、蠻野、邊地、奴婢等。二為天災之苦，如飢荒、蝗蟲、火焚、水災、火山地震、屋壞、船沉、車禍、疫癘等。三為人道之苦，如鰥寡、孤獨、疾病無醫、貧窮、卑賤等。四為人治之苦，如刑獄、苛稅、兵役、家庭、國家等。五為人情之苦，如愚蠢、仇怨、愛戀、牽累、勞苦、願欲、壓制、階級等。六為人所尊尚之苦，如富、貴、壽、帝王、神聖、仙佛等。總之諸苦的根源皆由九界所造成。九界者即國界、級界、種界、形界、家界、業界、亂界、類界、苦界等。欲去苦，則唯有除去以上各種界限。

第二部：去國界合大地。他認為國家的存在是導致戰爭的基本因素。按照歷史的發展，國界自分而合，民權自下而上，已顯示進向大同的趨勢。宜先弭兵，然後可走向大同。大同之世，地球上一切歸公，各地區自組政府，政府中只有議員及行政官員。

第三部：去級界平民族。各民族內多不平等，有階級之分，宜去之，並刪除奴隸制度，使人類平等。

第四部：去種界同人類。各種族之間不平等，宜以通婚、改良食物、遷地居住等方法，使人類體質膚色一致，而走向大同。

第五部：去形界保獨立。婦女地位低落，男女不平等，與人類生而平等的原則不合，而婦女又最有功於人道，抑壓婦女，有害立國傳種，宜男女平等，使婦女有獨立自主權，可就學，可仕官，婚姻尤爲自由自主，男女聽其訂立交好之約，量定限期，期滿亦可續約，但不得結爲永久夫妻。

第六部：去家界爲天民。康有爲認爲父母愛其子女出於天性。不但人類如此，其他動物甚至植物亦如此。無父無母亦人生大痛苦。父母撫育子女，備極辛勞，人類有此親情，得以延綿，子女孝順父母，亦情理之自然。有父子之道，人類乃能強盛。但是他又認爲外國人不太重視孝道，而中國人的孝道多變爲空義，力行者已少。他又說：家人強合在一起，亦多痛苦，如婆媳不相悅，婦姑交惡，兄弟不和等。有家室的人，先愛其子女家人，因而有私心，以致害性害種，尤其妨礙大同世界，故宜去家。生下子女，交由公育；父母年老，由公恤養。一切醫院、育幼院、養老院、學校、殯儀館等，皆由地方政府辦理。有功者，則立金石之像以爲表揚，大智大仁者，亦給以勛章，藉此鼓勵人類向善的心，爲社會服務。

第七部：去產界公生產。康有爲主張公產，然後可以均分均養，無所爭奪，無所私藏。

第八部：去亂界治太平。亂界者即人類有不通不同的律例制度，至爲不便，他主張硬性規定，以經緯爲界，劃分地區，設立自治政府，各地交通等建設，皆歸公辦公有。

第九部：去類界愛眾生。人類相愛之後，應推而廣之，愛及他類動物，如孔子所云「愛物」，佛教所謂「戒殺生」等，但侵犯人類的動物，仍當殺之。

第十部：去苦界至極樂。人類走向大同之後，已去盡苦界，可享受快樂。

·大同思想的評論

大同思想的基本觀念有二：一爲平等博愛，一爲去苦求樂。這也是康有爲哲學的基本精神之所在。平等博愛的思想，中國傳統中由來已久，孔子講仁，墨子講兼愛。外來的宗教，佛家講慈悲爲懷，基督教講愛人如己。在在皆以仁愛爲主，唯愛的方式略有不同。平等的觀念，在中外先聖前賢亦可找到此類哲言，不必一一枚舉。　孫中山先生便是繼承中國的傳統，加上西洋的宗教思想，而高倡平等博愛。康有爲亦然。去苦求樂原爲人生的一大目的。不過何者爲苦，何者爲樂，則人各有志，看法不一。苦樂既不一致，則求法更難相同。在理論上，這兩種基本的觀念，並無不當，但後者頗有苦樂本質上疑問。

康有爲所謂人生的痛苦，多數爲自然界加諸肉體的痛苦，或爲天災，或爲意外，或爲人生難免者，如生老病死等，或因人口增加太快而糧食不足以應付。這些痛苦，自古以來，能預防，能避免，能減輕，無不在努力改善之中，是一種自然進步的現象。至於人事方面的痛苦，有屬於社會政治制度方面者，可以用改革制度的方式解決。有屬於感情方面者，可以用教育方式變化人的氣質，氣質改變，則對苦樂的感受就不同。唯感情方面的痛苦，如仇怨、愛戀、願欲、尊尚等，難以得到徹底的解決。

康有為思想中最劇烈的想法為去家界、業界。兩者之中，又以去家界為解決痛苦最根本的辦法，以此可以除去人類的私心。這種思想導源於佛教的出家而求達到六根清淨的想法，唯其方法不同而已。康有為認為家為私心之根源。他說：去產界「或亦能倡共產之法，而有家有國，自私方甚，有家則一身而妻子待養，有國則陳兵而租稅日增，以此制度而欲行共產之說，猶往南而北其轍也。」但是康有為又承認父母愛其子女，是為「天性也，人之本也。」如果強行去之，豈不違反人性？這是康有為自相矛盾之處。違反人類的本性是否即能去苦得樂，亦是問題。康有為舉出去家的理由有兩大要點：一為現代的子女多未能真正孝順父母；一為家人相處不易和睦。就前者而言，不孝的人究為少數，大多數的人則以能孝順父母為一樂事。康有為本人即如此。他祖父死後，「三日水漿不入口，百日內食鹽菜」，在山上守靈半年，不食肉，無非表示他的敬愛之心而已。他本人做法如此，而其思想又如彼。就後者而言，家人難以相處，係就大家庭而言，小家庭則無此煩惱。至於夫妻間的不和睦與痛苦，康有為認為與男女不平等、婚姻不自由有關。此點自易解決，但即使男女平等，婚姻自由，亦未必能使人人滿意對方，必須藉道德力量以維持。整個的人際關係亦如此。

人之私心，並不能像康有為所說的那樣，去家即可去私。獨身主義者並非即能人人毫無私心，和尚尼姑亦多爭廟產者。人之私心，首在自身，愛其妻兒子女，孝敬其父母，亦係基於其自身關係的原故。人之私心，與生俱來。康有為亦云，人性中有善有惡，唯善惡強弱不同而已。

人的欲求不同，同一追求快樂，其要求的程度也不同，要求的內容也不同。私心的存在，即使無家，即使共產，亦會尋找發洩的機會，唯表現的方式不同而已。有人追求精神上的享受，樂善好施。有人追求權力上的享受，或作威作福，或喜人奉承。有人追求色慾上的享受，勾三搭四。這些皆與家庭無關。相反地，有了家庭，加重其責任心，更能使其循規蹈矩，努力上進，在事業方面，不但不會敷衍、懶惰，反而更爲積極，力求表現，社會因之而更爲進步與繁榮。合理的自私，不僅有益自身，更有益於社會。

康有爲也知道人的私心難以除去，即使到了大同世界，一切歸公，已無所求，但正因爲如此，人的私心以惰性的方式表現出來，社會也就會停止不動。康有爲建議獎勵勤勞及有貢獻的人之外，亦不得不防止惰性的產生。此外，人的精神方面的自私仍難除去，有野心的人，不免想獨攬大權，因此，康有爲的大同世界，仍有四禁存在：禁懶惰，禁獨尊，禁競爭，禁墮胎。

康有爲在《大同書》中所謂的快樂，以衣食住行爲主，其他方面，仍以肉體快樂爲主，如淨香之樂（剃去人身上毛髮鬚眉），沐浴之樂，無疾病之樂，煉形神仙之樂。最後提出靈魂之樂，指專養神魂，學神仙，修佛學，以至於不生不滅，不增不減的地步。能否作到，實在不敢相信。綜觀他所提出的快樂，沒有一項是精神上的快樂。這些快樂，都是一些物質上的享受。社會繁榮，經濟進步，人人即能享受到，無待去家界之後。

如果提到精神上的快樂，則苦樂的感受各有不同。康有爲亦深知此點。基督教徒之殉道，佛教徒之苦修，寡婦之守節，壯士之成仁，表面看來皆爲苦，實則各人皆爲求樂，或求現世的快樂，或求死後的快樂，不論怎樣，在精神上，並不以爲苦。

至於實行的方法，康有爲採取一種自然發展的方式。康有爲在寫《萬身公法》時，對於他自己的幻想，亦深知其困難，所以主張推行公法時，採取自動自願的方式，並特別強調緩變，不可驟變而傷害他人，亦不可強迫實施。能推行一二端亦可，不必全行。若因強行公法而引起傷害者，公論當轉論其罪過。康有爲的態度，主張採取一種自然發展的方式。公法亦非一成不變，宜五年修正一次，以便與時勢環境並進。

光緒二十八年（一九〇二年）完成《大同書》時，康有爲的大同思想較前更爲激烈。梁啓超曾要求付印，康有爲拒絕。他認爲時期未到，如欲行之，則反而招致禍害。民國二年（一九一三年）始在《不忍雜誌》上發表第一及第二兩部，此爲全書中較輕的部分。民國八年（一九一九年），海牙組織國際聯盟（League of Nations），康有爲大喜，以爲其理想「去國界合大地」可以逐步實現，於是重印第一第二兩部，其餘部分，在他有生之日，皆未發表。至他死後九年，民國二十四年（一九三五年），始由其弟子錢安定發表全書。

康有爲在世時，不僅拒絕發表全文，且在書內說明，此種構想，係爲將來進化而設計，未至其時，不得謬援此例，「作者不願敗亂風俗，不欲自任其咎也。」康有爲深恐其思想中不妥當的地方，引起社會不安。

康有爲認爲貧者固然有苦，富者亦有苦，貴者亦有苦，做皇帝的人也有苦，凡人皆有苦，都是一些可悲可憫的人物，所以解決痛苦的方法，不在互相鬥爭，而在發展物質科學，滿足人類基本的需要。至於人與人之間的不平等，固然需要除去，但他認爲中國自秦漢之後，社會上已無階級存在，「貴族盡掃，人人平等，皆爲齊民。」所以在他的思想中，根本無階級鬥爭的觀念存在。他是一位博愛主義者，對人類的看法一視同仁，故主將採取和平的漸進方式，以達到大同世界。此與 孫中山先生的思想極爲相近。

康有爲認爲大同世界實現的時期是在太平世。太平世有一段無法估計的路程。同時他堅決相信不可逾越前進，必須循序前進，否則將引起禍害。

康有爲的大同思想，在思想史上，確有超越前人之處。他根據一些零亂的知識，憑個人的想像力，勾劃出一幅人類理想的遠景，此種烏托邦式構想，雖然在實行上有許多困難，人類能否真正達到此一境界，固然問題重重，但其中若干觀點，與今日的社會主義思想比較，亦有其價值。可取之點，在他提倡平等博愛，人類無國界種界的分別，公辦養老院、醫院等社會福利事業，政治民主，以和平的方法推進社會走向大同。至其缺點在違反人性的去家思想與公產制度。家是順應人性的自然而存在，且其存在有益於人類社會。爲人父母者，立意向善，以慈愛撫育子女，對子女的心理亦有良善的影響。愛有等差，亦爲人性之自然現象，唯當合情合理，兼愛他人的父母子女。合理的自私，亦有益於社會之進步。推己及人，原爲孔子仁恕思想的基本想法，發揚此種精神，亦可走向大同世界。

3 經學見解

康有爲第一次上書請變法失敗之後，且使屠仁守丟了官，自然感到變法不易，非在學術上建立他的理論基礎不可。他受到當時今文學派的影響與廖平的啓示，因而建立他的經學見解。他的見解可由三方面代表：一爲《新學僞經考》，二爲《孔子改制考》，三爲《春秋董氏學》及四書等注解。第三部分不過加強前兩部書的說法而已，無新的創見，故其經學見解，以前兩書足可代表。茲分述如下：

•《新學僞經考》

康有爲認爲東漢以來的經學，多爲劉歆所僞造，所以稱之爲僞經，與孔子無關。劉歆是王莽的新臣，僞經是新莽一朝的學問，所以稱之爲新學。後世所目爲漢學者，就是新學，非真正的漢學。宋人所尊的經學，多爲僞經，非全爲孔子的經典。

西漢時以六經爲主，即《易》、《禮》、《詩》、《書》、《樂》、《春秋》，其篇幅則根據《史記》所述，凡《史記》未道及者，則爲劉歆所僞造。各經範圍如下：

《詩》——只有三百零五篇，無所謂《毛詩》。

《書》——只有由伏生背出的二十八篇（非《史記》所述二十九篇，《史記》中之九字係後人所改），孔安國所得《古文尚書》，皆爲劉歆僞造。

《禮》——只有高堂生傳的十七篇，〈逸禮〉、〈周官〉、〈明堂〉、〈陰陽〉等皆爲劉歆所僞造。

《易》——以伏羲畫八卦，文王重六十四卦，孔子爲之〈繫辭〉上下兩篇，十翼中的其他八篇皆非孔子所作。

《春秋》——爲孔子所作，唯有公羊、穀梁二家之傳。《左傳》多爲劉歆自《國語》中抄出。

上述五經，未及《樂經》。《樂經》失傳，或云無經，其〈儀法〉篇章散見於《詩》《禮》。

經學的研究，清時大盛，《皇清經解》及《皇清經解續編》，所收之書，共一五七家，書籍三八九種，共二七二七卷，對於各經，都詳加考證。由於各經頗有問題，引人疑其真僞，加上今文學家又專攻擊古文經說，因之康有爲對古文經亦感到懷疑。尤其受廖平影響之後，集中於古文經的考證，於光緒十六年（一八九〇年）著《王制義證》、《毛詩僞證》、《周禮僞證》、《說文僞證》、《爾雅僞證》等書，次年即著成《新學僞經考》。該書的要點如下（據梁啓超所云）：

(1)西漢經學，並無所謂古文者，凡古文皆劉歆僞作。

(2)秦始皇焚書，並未厄及六經。漢十四博士所傳，皆孔門足本，並無殘缺。

(3)孔子時所用之文字，即秦漢間篆書，即以「文」論，亦絕無今古之目。

(4)劉歆欲彌縫其作僞之跡，故校中秘書時，於一切古書，多所羼亂。

(5)劉歆所以作僞經之故，因欲佐莽篡漢，先謀湮亂孔子之微言大義。

劉歆雖有僞造，但康有爲的缺點是以一概全，過於武斷，論證極不嚴謹，以致難服人心。

康有爲的考證法，先有一套是非標準，合乎此標準者則是，否則全非。他所定的標準是：凡《史記》中所未言者，皆爲劉歆僞造。《史記》、《楚辭》中有與康有爲見解相反的文字，康有爲也認爲是劉歆羼入的；後世出土的鐘鼎彝器，他也認爲是劉歆預鑄埋藏以欺騙後世者。

康有爲著《新學僞經考》的目的，在於打倒古文學派，而定今文學派於一尊。他認爲劉歆僞造經文的目的在奪孔子六經以與周公，抑孔子爲傳，以古文僞傳攻今文學之口說，以左氏破公羊之微言大義，掃除孔子改制的聖法，使《春秋》視爲「斷爛朝報」。康有爲則反其道而行，欲尊孔子，復《公羊傳》，則必先打倒僞經，然後可以推出《孔子改制考》。

•《孔子改制考》

康有爲自得廖平的啓示之後，已有意著《孔子改制考》，據他自稱，幾與《新學僞經考》同時開始。《新學僞經考》完成出書後，已爲改制考作了鋪路的工作，因之《孔子改制考》即於光緒十八年（一八九二年）定下編裁體例：

(1)孔子定說，以《春秋公羊》、董氏《繁露》、《禮．王制》、《論語》、《孟子》、《荀子》爲主。

(2)三統說，孔子每立一制，皆有三統，託之夏殷周者，制雖異，而同爲孔子之正說，皆可從。

(3)周初遺制，諸國舊俗，皆雜見於諸子，劉歆所採以爲禮者，可供以參考舊制故次。

(4)劉歆僞撰《周禮》、《左傳》及諸古文經，向來竄亂於諸經中者，辭而闢之。

(5)自劉歆以後諸儒輾轉附會訛傳者，宜加以說明。

此書於光緒二十二年（一八九六年）完成。康有爲立論的方式如下：

(1)上古茫昧無稽，周末諸子並起，各自創教，除孔子外，他列舉管子、晏子、墨子、道家、法家、名家、陰陽家、縱橫家、兵家等十六類，又列舉十四人託古改制。既然各家皆可創教，證明當時百家爭鳴，並無一定學說爲世人遵循。

(2)孔子亦於當時創立儒教，自戰國以後八百年間，天子、學者、大夫等，皆尊孔子爲制法之王，如尊之爲新王、素王、文王、聖王、先王、後王。孔子託王於魯，託制於三代，其實皆爲孔子所創。

(3)孔子立儒教之後，其弟子受其道而傳其教，或以書傳，或以口傳，以行於天下，轉移社會風俗，如冠服、三年喪期、親迎、井田、學校、選舉，皆孔子所創。

(4)六經皆孔子所作。在此之前，康有爲唯認孔子作《春秋》，其餘《詩》、《書》、《禮》、《樂》、《易》，皆伏羲、夏、商、文王、周公的舊典，孔子僅明述刪贊編輯成書。康有爲認爲漢代以前，皆知孔子爲教主，自劉歆僞造經文後，漸漸改變此種說法，唐時以周公爲先聖，而黜孔子爲先師。六經皆孔子所作，則孔子之教主，自應有其崇高地位。

何以孔子於當時要託古改制？康有爲認爲有三大原因：(1)孔子以人情「榮古而虐今，賤近而貴遠」，能使人尊敬，有一種神秘的力量。(2)「無徵不信，不信則民弗從」。孔子欲徵信，故須託先王之名。(3)孔子著書，批評時政，恐招致禍害，爲安全計，或以口傳、或以微言、或託古而言之。當時不僅孔子託古，其他各家亦然。

孔子創制之後，當時人有隨而習之者，有疑惑而質問者，有起而攻擊者，康有爲由此證明孔子之制是新創的制度，所以才有這種現象。

孔子託古改制不過是改革的方法而已。至於改革的內容方面，則應依微言大義來求得。康有爲認爲孔子的基本想法有二：孔子的三統之說，代表制度當隨時因革；歷史的發展進步，由據亂世、升平世，走向太平世，即由小康走向大同。孔子之制爲小康而立，故主張正名分，「君君，臣臣，父父，子子」，有五倫綱常，社會始能安定。邦國之間，孔子倡「尊王攘夷」，亦在維持社會秩序。康有爲認爲孔子改制的目的雖在維持現實政治社會的秩序，但亦昭示人類進化的太平世。

•當時人的批評

當時及後來批評康有爲這兩本著作的人甚多，不一一敘述，僅介紹當時的朱一新、葉德輝、洪良品、王仁俊等人，綜合他們的意見，分別僞經考與改制考兩方面：

批評《新學僞經考》要點如下：

(1)既以《史記》一書爲根據，又指該書有僞造。康有爲以《史記》爲根據，凡《史記》未提及者，皆爲劉歆僞造。但《史記》中亦言及古文，康有爲指爲劉歆羼入。康有爲以同樣方式引《漢書》支持他的說法，但是《漢書》中有不合康有爲的說法者，康有爲便指爲僞造。此種考證方式，自難令人信服。既然劉歆可以僞造，何不將《左傳》、《毛詩》等書名加入《史記》中，則更可免人攻擊。康有爲辯稱，將該書等名目加入，恐太暴露而引起當時儒者的攻擊，不過略加一二語，使當時人忽略而留下暗筆。此種解釋，亦太牽強。《史記》中未提及之書，不能即謂爲劉歆所僞造。

(2)《春秋左傳》以記事爲主，太史公十二諸侯年表即多據左氏，司馬遷當時應已看到該書，自非劉歆所能僞造。如其中部分有僞造，又當以何本校正？

(3)今文十四博士並不同條共貫。康有爲謂今文與今文，古文與古文，皆同條共貫。但今文並不盡同。西漢立十四博士即可資證明，立魯詩，又立齊、韓詩。一詩所傳如此，何況六經，故共立十四博士。

(4)若干經文，明見各籍，而康有爲一概斥之。

(5)傳說與口說至少同樣重要可信，而康有爲獨重口說。

對《孔子改制考》的批評要點如下：

(1)孔子改制之說，《春秋》及《公羊傳》中並無明文言及改制之事，秦漢之際亦尚無此說，董仲舒、何休立此說以說《公羊》，純爲後人臆說，不可盡信。

(2)《公羊》改制不包括六經大義，六經各有所長。康有爲將六經亦盡入歸於公羊改制之說。《論語》與《公羊》亦難相合，康有爲亦云各有大義，但又將《論語》牽合在改制之說內。

(3)尊敬孔子爲素王可也，但不必強孔子背周而改制。孔子爲聖人，恐不會如此的僭妄，可以稱之爲從眾而改制。孔子素王之說，爲其弟子推察孔子的學說而稱呼的，非孔子自居於王的地位。

(4)託王於魯的說法，起源於《春秋繁露》，係對文字的誤解所致。孔子據《魯史》而作《春秋》，從周文王正朔以記月次，故日「王正月」等，王者指周文王，非託魯為王也。

(5)口說無一定文字，而《公羊》、《穀梁》、《繁露》及秦漢諸儒所引的文字及意義各有不同，康有為遁其詞，謂之「遺漏錯置」，或謂之曰：「如據事直書，恐其義不顯明，故常變其辭，變其實，以箸其義。」如此一來，則可以自由解釋，無所拘束，如何能令人心服？

當時人的攻擊，表面上固然是批評康有為的學說，實際上反對變法的意味尤為重要。葉德輝指出康有為的罪過，「僞六籍滅聖經也，託改制亂成憲也，倡平等墮綱常也，伸民權無君上也。」亦有謂《公羊》有三科：一為張三世，二為通三統，三為異內外。就通三統而言，固然必須求其制度，但後世亦無法實行此種制度；就異內外而言，則不應以夷變夏，效法西洋，甚至也不能援儒入墨，兼愛天下，康有為並未遵守公羊家法。

康有為原想建立學術理論，以利變法的推行，沒有料到反而引起守舊派的反對。光緒二十年（一八九四年）七月給事中余聯沅劾奏康有為「惑世誣民，非聖無法」，請焚《新學僞經考》，旨令兩廣總督李瀚章查報，在各方營救之下，李瀚章代為開脫，遂令自行毀板。《孔子改制考》一書，則於戊戌政變後及庚子年間，兩度查禁。查禁的原因雖為政治關係，但亦有學理的因素在內。

今古文之爭由來已久，原來只有今文，西漢末年有古文經傳出現，劉歆欲挾王莽之力以立官學，至東漢末年，古文學大盛。當時爭論的焦點在《春秋公羊傳》。及古文大家鄭玄偏注羣經，晉朝杜預、王肅皆衍其緒，今文學遂衰。平情而論，先秦古籍，不出於一時，不成於一手者很多，後人託孔子、周公之名以自擡身價者有之，古文經傳中，自不免有僞造者，劉歆僞造者有之，他人僞造者有之，此其一。西漢時，今文經傳口說，距孔子時代已遠，亦有相互歧異矛盾之處，各字句的解釋亦不一致，可能已不能代表前人的原意，此其二。而康有爲想建一套完整的說法，統一各種矛盾，自非易事，遂將矛盾的地方指爲劉歆僞造，自不免過於武斷。其立論方式，亦有問題，如引《淮南子》云：「孔子修成康之道，述周公之訓，以教七十子，使服其衣冠，修其篇籍，故儒者之學生焉。」康有爲解釋「儒者之學生焉，爲孔子創教之確據」，而將「修成康、述周公，以爲孔子之道，……皆劉歆所據作僞經以奪孔子者也。」如此立論，自難令人心服。就古文經傳而言，其中有問題者頗多；就孔子改制而言，多爲後人臆說，孔子是否如此，則難以定論。

・康有為對經學的態度

康有爲認爲中國學術的發展，分爲兩支：一爲宋學，走向心學；一爲漢學，走向訓詁。兩者愈走愈偏，以致失去其原來的真義，到清朝時，漢學、宋學幾乎亡失。他推本此二學，皆源於孔子。宋學本於《論語》，《孝經》亦爲其一，以發揮義理之學爲主，義理者即德行的學問，朱熹成爲其嫡嗣。漢學本於《春秋》、《公羊》、《穀梁》三傳，以發揮經世之學爲主，經世者即有關政事的學問，董仲舒爲其嫡嗣。

以往宋學，注重《論語》、《孝經》，而康有爲推展到《易經》，擴大義理的範圍。漢學以

《春秋》爲主，康有爲專主《公羊》、《穀梁》二傳，此外與《禮》、《詩》、《書》相交發明，由此可知孔子經世的真義所在。康有爲初時的目的在注重改制之義，故特重公羊學。

孔子改制之義，可以說成了康有爲變法的理論基礎，也可以說成了他變法學說的工具，因爲他並非百分之百遵從公羊「家法」，而只採用合乎他的意見者，不合者或去之⑧，或自行解釋，加以發揮，反正微言大義給予他自由發揮的方便。何休將《春秋》與《孝經》同等看待，但康有爲因爲有大同的思想。所以很少提到《孝經》。康有爲極爲推崇董仲舒，但亦未完全接受他的觀點。董仲舒謂「屈民而伸君，屈君而伸天，春秋之大義也。」康有爲以此不合民權思想而未接受。康有爲一生中最尊敬孔子，欲立孔教爲國教，但亦未完全接受孔子的說法，他只接受孔子仁恕的思想，小康大同的見解，而不重視孔子禮的思想。由此可見，康有爲是一位政治家或政治思想家，自己有一套想法，先有主見，然後在中國傳統學術中找尋根據，他從公羊學中得到兩種重要的觀念：一爲改制之義，一爲三世之說。

康有爲對於某一經，或某一言的重視程度，依他所需要的時地而不同。在《長興學記》中，他推崇《論語》最爲可尊，以其言便於立學之宗旨。⑨當他推崇《易經》時，言其爲孔子所作，最爲可靠，謂《論語》爲後世語錄之書，不可盡據，此爲同一書中對一書有不同的評價。康有爲初時尚認爲《詩》、《書》、《禮》、《樂》是孔子輯先王之籍刪定而成，只有《易》與《春秋》全爲孔子所作，稱孔子爲萬世師表，讚美黃帝、堯、舜開物成務，以厚民生，周公孔子垂教立學，以進來士。到了《孔子改制考》時，則將《詩》、《書》、《禮》、《樂》視爲孔子所作，並認爲堯舜等人的存在與否，頗值得疑慮，至少堯舜的盛治爲孔子所託，並非真正如此，至此一變其前說。此時所推重的書自然是《春秋公羊》傳。茲就康有爲的著作中，有關六經及四書者，分爲三類：⑴未完成者，零碎不全者，或未知其著作時間者；⑵完成而未出版者；⑶出版者。列表如下，亦可看出康有爲的重視各書的程度。⑩

書名	《春秋》	《易》	《禮》	《樂》	《詩》	《書》	《論語》	《孟子》	《大學》	《中庸》
⑴	4	2	3	1	3	1				
⑵	5						1	2		
⑶	2		1				1	2	1	1
合計	11	2	4	1	3	1	2	4	1	1

由上表可知，《春秋》方面所佔的比例最高，其次是《孟子》一書。

康有爲逃亡海外時，對四書加以注解，將書中意旨注成合乎他自己的意見，如將《中庸》書中的「三重之道」解釋爲「三世三統」的意思。⑪他注解《論語》在發明曾子的學術，專主守約，未能發揮孔子的聖仁大道，故評《論語》未盡孔子之學。《大學注》在重視「平天下」一語。孔子用「平」而不用「治」，即含有世界大同平等的意思。康有爲此時特別重視《孟子》一書，著有《孟子微》、《孟子注》兩書，且皆出版，因爲孟子的民權思想合乎大同的旨意。

由此可見，康有爲對經學的態度，常在變動中，以他自己的意見爲評論的標準，合則重視，不合則棄之，無客觀性之可言，其間發展，約可分爲四個時期：

⑴光緒十四年（一八八八年）以前，康有爲受傳統經學影響，注重漢學，排斥宋學，以宋學僅言孔子修身的學問，不明孔子救人經世的旨意。

(2)自光緒十四年至二十七年(一八八八——一九〇一年),康有爲排斥歆學,以其作僞,使今文學不得彰揚,孔子改制之學不得顯明。康有爲在此期內,獨重今文學,尤重《春秋公羊傳》。

(3)康有爲的大同思想固然起源很早,但只有一些片斷的觀念,至光緒二十七、八年左右,他在《小戴禮記》中發現〈禮運篇〉,給予他新的刺激,因而完成《大同書》,同時排斥荀學,以其僅傳孔子小康之統,而不傳孔子大同之統。

(4)民國元年,因見國內動亂不安,道德衰微,康有爲主張尊孔讀經,不論今古文,不分宋學漢學,都有價值。

康有爲對經學雖有所發明,但此不過是儒家思想的一部分而已,似不必專爲此而說成是孔子唯一的思想系統,自立門戶,排斥他學。他的貢獻是在建立一套三世進化的孔子學說,由小康而至大同。他的缺點是過分排斥他學,而不能兼容並蓄,以致產生許多不必要的曲解與武斷。

康有爲的經學見解,很顯然的是從實用的眼光去解釋,想建立一套適合他自己所期望的系統,所以前後變更他自己的意見的地方也很多。孔子的思想包羅很廣,其弟子所記所傳也不少,不論康有爲如何的變,都可以在儒家思想中找到相似的說法,換句話說,康有爲的思想是以儒家思想爲本,旁摻其他思想。所以康有爲的一生,有一不變的思想存在,那就是「尊孔」。光緒二十一年(一八九五年)四月,康有爲第二次上書,建議設「道學」一科,「發明孔子之道」,各鄉落淫祠悉改爲孔子廟,各善堂會館俱祀孔子,目的在「扶聖教而塞異端」。光緒二十三年（一八九七年），他與唐景崧等人在桂林創辦「聖學會」，供奉孔子，逢庚子拜經，是爲尊孔的具體表現。康有爲周遊歐美之後，認爲中國的倫理道德與人情風俗，自有其優點，至少不在歐美各國之下。「中國數千年以來，受聖經之訓，承宋學之俗，以仁讓爲貴，以孝弟爲尚，以忠敬爲美，以氣節名義相砥，而不以奢靡、淫佚、爭競爲尚，則謂中國勝於歐美人可也。」不過各國俗尚不同，不易比較，「亦只得謂互有短長耳」。中國人不可因西洋「器用之巧美，章程、兵政之修明，而遂一切震而驚之，尊而奉之，自甘以爲野蠻，而舉中國數千年道德、教化之文明一切棄之，此大愚妄也。」

民國初年，康有爲大力推行立孔教爲國教。孔子雖不語鬼神，但重人道。文明世界的宗教，應以人道爲重。且孔子兼存鬼神，尊天敬鬼，可立爲教。中國實際上奉孔教爲國教已數千年，故能守信尚義，孝弟敬愛。孔教立爲國教之後，以孔子配天，跪拜祭祀，明令學校讀經，則中國固有的道德可以光大，國家因此而強盛。

4 政治革新

康有爲的政治思想有二：一爲大同理想，一爲現實的政治革新。康有爲認爲孔子的志向雖在大同，而其行事則在小康。康有爲本人亦可以說如此，大同只是他的理想，而他真正的行事則在改良現實的政治，所以他的政治革新論是他行事的重點所在。

·革新的理論

除了上述理在氣之後及孔子託古改制的學術理論之外，康有爲對現實政治的改革，亦有他實際的看法。康有爲作《康子內外篇》時，以實際的眼光看人類制度與人欲的矛盾。各人的欲求不同，導致人類無止境的爭奪與殺戮。強者戰勝羣雄，自立爲王，定下法律制度。這種法律制度，自然以強欺弱，所以有尊君卑臣、尊長卑幼的說法，無非是尊強卑弱而已，但是這也是勢之所趨。大勢既成，壓制既久，不僅變成了法律制度，而且成爲社會上的道德規律。以此規律表現於外者，即爲人際關係的行爲標準，而成爲義與禮。到了這種程度，雖然有像孔子一類的聖人出現，亦無能爲力而驟然加以改革。孔子也只好因勢利導，依時勢風俗而定制度，目的在安定社會，順應人事之自然，以爲綱紀。但孔子亦同時提出變的觀念，三世之義與大同理想，指示人類應走的方向。

聖人因見習俗過深，因勢利導，不得不假借帝王的權勢，以行其道，所以孔子周遊列國，希望說動政治領袖；在學術上，亦必託古而改制。聖人欲行其道，尚且須假借權威，康有爲欲革新政治，亦非走此老路不可。他相信「以天子之尊，獨任之權，一嚬笑，若日月之照臨焉；一喜怒，若雷雨之震動焉；卷舒開合，撫天下于股掌之上。」若能「挾獨尊之權，如闔闢之術，……中國治強，猶反掌也。」所謂「闔闢之術」，即立教派，發議論，以說動天下。由此可知，康有爲欲變法強國，其基本方法有二：一爲假君權以臨天下；一爲著書立說，自成一家之言，然後可驅使眾人隨同贊助變法。康有爲採用後法時，亦爲假借權威的方式，他自廖平處得到啓示後，便假借孔子託古改制的學說，想建立他的學術理論權威。

法何以要變？康有爲就實際的情況，提出三點理由：

(1)法久則弊。康有爲說：物久則廢，器久則壞，法久則弊，此乃自然之理。歷史之所以進步者在此，亦即《易經》所謂變通之理。法爲後天之法，非先天所定之法，因時勢而成，亦當因時勢而變。法弊的原因有二：一爲人爲的因素，法久必衰，欺飾成風，或採敷衍的態度，或走法律漏洞，以致法失其效。一爲時勢不同的因素。古今時勢不同，則立法亦應有異，始能因應。今日時局，前朝所未有。昔時四夷交侵，以強兵相陵而已，未有治文學之事。今泰西諸國，以法治相競，以智學相上，此誠爲古夷所未有者。治平世與治敵國並立之世不同。治平世可以奉行故事，蕭規曹隨。治敵國並立之世則應以競爭爲主，當以開創之勢治國，不當以守成之勢循舊；當以列國並立之勢治國，不當以一統垂裳之勢因循。開創當更新百度；守成則率由舊章。列國並立則爭雄角智；一統垂裳則拱手無爲。如今時局不同，安得不變？

(2)變則強，以日俄爲顯例。日本小國，變法興治，百廢俱舉而成強國。俄皇彼得，親遊歐洲，學技藝，拓識見，行西法，教化文明因此大開。以中國之大，物豐民眾，智慧高超，只要綱紀一變，三年則規模成，十年則治法大定，可致富強，二十年則久道化成，可稱雄世界。

(3)不變則亡。世界上不求變法而亡國者甚多，如土耳其，曾稱霸一時，後各國叛立，分割其地，其國已不成國矣。印度、緬甸成爲英國的殖民地，可爲殷鑑。中國若狃於積習，仍不變法，五年之間，江浙閩廣滇桂恐不保，十年之內，皖楚遼藏蒙回亦慮變生，二十年後，敗壞非所敢預知。這還是以常測度，若瓦解之患，旦夕可致。這是康有爲在光緒二十一年（一八九五年）第四次上書時所作的估計，以後事驗之，內容雖不合，但清廷之亡，並未超過二十年。所以康有爲主張大變、速變。他說：「不變則削，全變則存，小變仍削。」「能變則全，不變則亡；全變則強，小變仍亡。」在戊戌以前，康有爲未考慮到漸變或循序而變。漸變及循序而變的想法，是他在光緒二十四年（一八九八年）始有的想法。

●政治革新的內容

光緒十四年（一八八八年）康有爲第一次上書，提出「變成法，通下情，慎左右」三點。慎左右的意思是辨忠佞，察賢愚，談不上是變法，爲人君者所應當作的事，所以康有爲初時只想到兩點：變成法，指出行政吏治方面的法則宜變；通下情則頗有設立議院的想法。到了光緒二十一年（一八九五年）第二次上書時（即公車上書），除詳陳權宜應敵之謀外，尤詳論變法的理論與方向，應行改革的內容可分爲四方面：㈠議院方面，㈡行政制度方面，㈢教育科舉方面，㈣經濟財稅方面。此時已確定他對政治改革的範圍，分別介紹如下：

㈠議院方面

康有爲初時有設置議院的想法，但以「通下情」爲其主要的目的。他的理論是：「天地交則泰，天地不交則否。」他並由歷史上觀察，謂成一代之治者，君皆與臣民相親，危敗之君則君臣相隔。他第一次上書時，極言上下否塞不通之害，建議採取漢代「議郎」的辦法，

「增設訓議之官，召置天下耆賢，以抒下情。」皇帝高坐宮中，可知天下大勢，方能立法行事。

光緒二十一年，康有爲有進一步的君民共治的想法，倣漢代「徵辟有道之制」，主張開武英殿，令天下公舉「博古今，通中外，明政體之方正直言之士」，每府縣十萬戶舉一人，名曰「議郎」，輪班入直武英殿，以備顧問，「上駁治書，下達民詞。凡內外興革大政，籌餉事宜，令會議於太和門，三占從二，下部施行。」「議郎」每年改選一次。此種想法，已與設置議院無大差別，「議郎」有議政的權利。同年第四次上書，他再提出「開門集議」的方式，議論政事。省府州縣亦同樣設立，似乎又進了一步，設立地方議會。康有爲此時想到議院與君主之間權責劃分的問題，「集議」雖可表決政事，但一切決定權仍歸於皇上，開門集議的目的只在「集思廣益，稍輸下情，以便籌餉」，與皇權無損。其設置議院與真正民主制度相差尚遠。

光緒二十四年（一八九八年）正月，康有爲應詔統籌全局，建議用南書房會典館之例，設制度局，選天下通才爲修撰，派王大臣爲總裁，每日討論，將舊制新制斟酌施行。此種思想由光緒二十一年（一八九五年）的「闢館顧問」開始，二十三年（一八九七年）再提此事，而將原先注重的「開門集議」一項除去。光緒二十四年所提的設制度局，較「議郎」的想法更爲退步，更爲現實，他的利用皇權以行改革爲主，改革的重點在官制方面，而非政體方面。

光緒二十四年二月，康有爲進呈〈日本變政考〉，並且旁加按語。他雖然對日本議院極爲贊成，曾說：「議員權力之大，而選徵士庶人貢士爲之，蓋必如此，而後能用賢俊之人才，合天下之輿論也。」他認爲此爲「民選議院之良制，泰西各國之成法，日本維新之始基也。」但是他認爲「中國風氣未開，內外大小多未通達中外之故，惟有乾綱獨斷，以君權雷厲風行，無有不變者，但當妙選通才，以備顧問，……用人議政，仍操之自上。」他相信以皇權即可達成變法的目的。他說：「人主意之所向，如牧者之養羊，惟鞭所指，隨意東西，升原降阿，無不如意。」如今「學校未成，知識未開，遽興議會者，取亂之道也；學校既成，知識既開，而猶禁議會者，害治之勢也。」康有爲此時方有循序漸進的變法思想。他並舉出日本「亦至二十四年後（作者按：實爲二十二年後），始開議院。吾今於開國會，尚非其時。」康有爲也知道議政立法的重要，所以主張倣日本設「集議院」之例，以備顧問。

戊戌失敗之後，最初數年，康有爲以受恩深重，保皇爲先，惟有力謀起兵勤王，脫其禁錮，恢復皇權，其他則不甚注意。對於立憲，雖有提及與贊成的言論，但不甚重視。勤王失敗後，尚以民智未開，未便即行設立議院，唯地方可先設立。光緒二十九年（一九〇三年），他完成〈官制議〉，將地方行政分爲二級，即道與縣。縣以下設鄉或邑。以萬人以上的地方（約十里）設爲一局，每局立局長一人，總任局事，兼管學校；設判官一人，管理訟獄；設警察一人，巡捕奸盜；設稅官一人，管理戶籍稅收；設郵官一人，主通訊並兼管印花。以上五人皆由議員公舉。議員設議事會，以決一鄉或一邑之政制賦稅大事。每三、四百人舉一議員，則一鄉約有議員二、三十人，由公民舉之。公民者，以能納稅十元者即可。議員以有學識財力者充任，不支薪水。此種構想，完全是地方自治的方式。

縣設縣民議會，每年由鄉（邑）舉代議士參加。道設道民議會，每年由縣舉代議士參加。

康有爲逃亡海外，初時不甚注意設議院，光緒二十八年（一九〇二年）時，主張中國只可行立憲，不可行革命。康梁是以立憲對抗革命立論。康有爲是否真主張即開國會，則尚未可知。光緒三十年（一九〇四年），康有爲得悉歐洲小國寡民、「智民富族」是產生議院的條件，認爲中國可以學習，但仍必須從地方自治著手。光緒三十二年（一九〇六年）秋，康梁擬定改保皇黨爲「國民憲政會」，次年又改爲「中華帝國立憲會」，至此方才走向真正的立憲運動，至少康有爲個人是如此。其政治綱領：尊敬皇室，擴張民權，要求善良之憲法，建設有責任的政府。公啓中主張「君民同治，滿漢不分。」國內早已主張立憲，康有爲勤王早已無望，大勢所趨，康有爲不得不改弦更張，但已落在現實的後面。

光緒三十三年（一九〇七年），康有爲代表海外憲政會僑民上書請願，「請立開國會，以實行立憲。」此時他已不再言「民智未開」，相反地，他認爲人才已足。民國成立後，康有爲改「中華帝國憲政會」爲「國民黨」，他的政治觀點，走向「虛君共和」的想法，又與現實脫了一節。總之，康有爲雖有高遠的政治理想，但在實際的政治改革中，並非是一位激進革新的人物，甚至過分遷就現實，往往落在現實的後面。

㈡行政制度方面

康有爲主張變法的實際理由是古今時勢不同，官制應加改革。中國以往爲大一統的局面，環列四周者皆爲小夷，無須對外爭雄長，故立國的重點在防亂弭患，保住江山最爲緊要。傳至明代，治法尤密，以八股取士，以年勞累官，務使明智之士無所長進，有功有勇的人不能盡量發揮其所學，此皆愚民政策。一職數人，一人而兼數職，務求分權掣肘之法，使官吏不能盡量發揮其才能。交通不便，人才散居四方則易治；上下不通，皇尊而易威。此爲數千年來爲政爲治之道。清代承襲明制，有加無改。康有爲綜合清代官制的缺點如下：

(1)職責不明。職責不明的情形很多，或爲數人一職，或爲一人身兼數職，或爲冗員，閒散無事。同時缺少分層負責的觀念，上官常侵下權，下官唯有依意行事，無可發揮。

(2)法則不當。法則不當者，或以時勢不同而仍舊行之，失去時宜，如吏部以選才爲主，而仍似銓敘方式行之。翰林以儲公卿爲職，猶講究詩學。科舉以勵學爲主，仍以八股試驗。案例繁瑣，不僅影響效率，且胥吏多借例以行奸。

(3)組織不良。組織不良者，在中央政府，無新機構以推行新政，而集於辦理外交的總衙門。其他六部，或名實不符，或閒散無事。在地方者，層次太多，有省、道、府、州縣等四級。道府不過承轉公文而已，徒使上下隔閡，閉塞已極。督撫權重，掌兵財大權。知縣位卑責繁，負一縣之全責，其下則巡檢典吏一二人而已，皆出雜流，求其教民養民，實不可得，因之知縣所事，唯訟獄錢糧而已，餘則不管，亦無法管。

(4)人才不洽。人才不洽合需要者有四：八股取士，所學非所用。捐納得官，志在財勢，難利民治。官資限制太嚴，新進人才不易。歷大位者，年高體衰，精力不濟，既無法任事，又無法求知。

康有爲針對著上列四方面的缺點，力謀改進。人才方面者，除停捐納，引用新人外，餘多爲教育改革方面的事，留在後面再述。此處綜合康有爲的意見，可分爲兩大重點：

(1)加強中央集權制。調整中央各部司的組織，或合併，或裁撤。爲了配合新政實施，另立新機構，重劃各部局職責，以掌管全國兵權財權及郵電交通等設施。

(2)調整地方政府的層次與組織。康有爲主張地方政府採二級制，初時主張只設道縣二級，去省府二級。至民國年間，認爲以道爲單位仍嫌過大，主張行府、縣二級。這是康有爲遊歷歐洲各國所得的印象。他說：即以府而言，亦比歐洲若干國家爲大。他之所以主張小區域制的理由有二：①省大權重，有礙中央集權。②府小易治，興革較易。至於採二級制的理由在使上下通情。他說：天下之治，必由鄉始。周則百里封侯，直達天子，漢以太守領令，直達小民。

康有爲建議以道代省時，每道設一巡撫，其下增設參議、參事、支判。總督一職，即由巡撫兼領。光緒二十四年（一八九八年），建議每道設一新政局，選通才爲督辦，准其專摺奏事，聽其自選參贊隨員。康有爲想以增加新機構而改變原有的組織與功能，舊有的機構仍然存在。光緒二十九年（一九〇三年），康有爲建議：原有的省垣仍舊保留其總督或巡撫，領治首道，並監督全省。其他各道自立，與首道平等。府亦存在，知府領首縣，其他縣與首縣平等。表面上仍爲四級，實際上已改爲二級制。由此可見，康有爲的改革，顧及現有的制度，並未主張作激烈的改革。他是一位相當遷就現實的人。

康有爲非常重視縣治，主張提高知縣的地位，升爲四品，以給事中、御史、編修等官及府道愛民的官任之。其下分設公曹、決曹、賊曹、金曹，以州縣進士分補其缺。其餘諸官吏，由諸生考充。光緒二十四年，康有爲建議每縣設民政局，聽由督辦委員擔任，會同地方紳士，推行新政，諸如地圖、戶口、道路、山林、學校、農工、商務、衛生、警捕等。知縣仍管刑獄與賦稅。康有爲想以增設機構方式，改變縣府的組織結構，以便發揮其推行新政的功效。在任期方面，原爲三年一任，徒使縣署如傳舍，官吏如過客，自然無法發揮知縣的才能。宜倣效日本制度，改爲十二年爲一任，但每三年可考察其成績，黜其庸惰，使有才能的人久安其位。

㈢教育科舉方面

科舉制度，八股取士，敗壞人才，莫此爲甚，其缺點有三：一爲禁錮才智。使聰明才智之士，沉溺於八股時文小楷，變成了呆滯庸腐無用的人。二爲毀人志節。八股取士，以功名利祿誘之，得之者長人虛驕，失之者無用無聞，終身不振，因之嗜利無恥之徒充滿科場，蕩然成風。三爲浪費人才。才智之士，所學非所用，浪費精力，此其一；科舉名額有限，得之者尚可仕官，失之者終生不懈，多少高才老死科場，此其二。科舉有此三害，影響之大，不僅個人無才無德，且國家無可用之人。士民不學，則工商不興，製器不精，國家自然無法強興。康有爲已深深了解，才智之士多，國家則強盛。

針對以上缺點，康有爲提出改革的方案：

⑴將傳統的科舉制度改變考試的內容與方式，試以四書、五經、策、詩，不限名額，不限格法，殿試不論楷法，但取直言諫對者。

⑵另設專門考試。康有爲建議各省設立「藝學書院」，教以新式學問（如天文、地、

礦、醫、律、光、重、化、電、機器、武備、駕駛、測量、圖繪、語言、文字等），每歲舉行考試一次，除專門學科外，另試以經、史、掌故、策等，「通半即中選，謂之舉人，貢於京師」。錄取時，不限名額，但限以五年爲期，屢試不中者出學。京師亦每年考試一次，中者謂之進士。參加三年考試而不中者，出學。此與前法合成一種新舊雙軌制的想法，亦爲因應現實情況而設計。

(3)獎勵發明。凡有著作發明者，可依其成就，納入翰林院。

(4)設立新式學堂。康有爲建議京師設大學堂，各省設高等中學，府縣設中小學及專門學校。

(5)爲了開通民智，康有爲又建議開報館，設圖書館，譯書，出國遊歷、留學等。

以上建議，多爲當時人所道及，無何特殊之點，唯有他的雙軌考試制度，是一種漸變的想法，有與現實妥協的意味。

(四)經濟財稅方面

康有爲非常重視人類的經濟活動，他作《康子內外篇》時，即對人類欲望予以合理的承認，更非常稱讚管子的話「衣食足而知禮節，倉廩實而知榮辱，是即聖人厚生正德之經，富教之策也。天下爲治，未有能外之者也。」他承認「天欲」的正當。人的欲望既然來自天，則滿足人的物質欲望亦極爲正當的事，所以他非常注意經濟問題，他年輕時也閱讀不少有關經濟方面的書籍。光緒十四年（一八八八年）他第一次去北京時，代屠仁守撰疏，其中有關經濟財政者，有〈鑄銀錢摺〉、〈築鐵路摺〉。光緒二十一年（一八九五年）公車上書中，他提出新經濟計劃有二：

(1)「富國之法有六：曰鈔法，曰鐵路，曰機器輪舟，曰開礦，曰鑄銀，曰郵政。」

(2)「養民之法：一曰務農，二曰勸工，三曰惠商，四曰恤窮。」

以上兩點是康有爲提出經濟近代化的內容，除恤窮一項⑫帶有社會救濟性質外，餘則純爲經濟發展問題，可總括爲二：一爲財政金融問題，一爲工業化問題。

(1)財政金融問題。康有爲已認清財政金融問題關係到國家命脈及人民生活至巨。他主張由國家發行紙幣，自鑄銀元，日後多金時，再改用金幣。欲發展工業，尤須依賴銀行籌集資金。此一思想，在光緒二十四年（一八九八年）二月上〈日本變政考〉中亦多提及。光緒三十四年（一九〇八年），他在〈金主幣救國論〉中，強調萬國皆用金幣，而中國用銀，故受「銀落倒流之巨浸」。⑬改變的方法，先設全國性的銀行，集結準備金⑭，即可行金幣。民國元年，出版《理財救國論》，主要的方法在設立銀行，發揮金融的功效。他建議國家銀行設立之後，稍借外債以資挹注，發行紙幣公債以廣流通，鑄行金主幣，收回銀幣及銅元，並大量購金，以爲準備金。

(2)工業化問題。康有爲稱呼有關工業化的學問爲「物質之學」。此項學問在他的心目中佔有很重要的地位，包括的範圍也很廣，諸如交通、製造、開礦等，農商的發展亦包括在內。發展工業，不僅可以解決中國的貧窮問題，更可促進中國於富強之境。康有爲對工業化的基本觀點有二：

①各種交通與工業，甚至兵器製造，以民營爲主，故宜發展民營資本。

②政府的責任是在保護獎勵民營企業，訓練企業人才，設立有關補助與推動機構，如學校、考工院、商務局、地質局、農會、學會等。他對政府主辦企業缺乏信心，流弊甚多。

康有爲的經濟思想是資本主義的想法，與他所處的時代有關。光緒二十八年（一九〇二年），他著《大同書》時，又突然轉到社會主義的經濟想法，但是他始終認爲此種思想不可提前實施，必須社會進化到具有大同條件時始能實行，否則適足以亂國擾民。所以他對現實經濟的改革與發展，仍然以資本主義爲主。光緒三十一年（一九〇五年），康有爲著〈物質救國論〉時，依據遊歐美的心得，體味到歐美之所以強盛，全在「物質之學」。「物質之學」（工業化）是由農業社會走向工業社會必經之路，更是走向大同世界必經之路。他認爲中國的道德並不比西洋差，且有超越的地方，所應該向西方學習的，唯有「物質之學」，即自然科學與工業技術。欲救中國，也只有工業化一途。爲了工業化，應該籌措資金，改革政治，方能予以配合進行，地方自治尤爲重要，以地方之財建設地方，資金最易籌集。

康有爲主張農工商並重，他說：「萬寶之源皆出於土，富國之策咸成於農。」農業方面也可以利用「物質之學」予以改良，增加生產。不過僅注意農業是不足的，必須向工業化方向前進，國家才能強盛，才能並立於競爭的時代。工商是富強之本，非此莫行。他的重點在民生，以富民爲主，不在富國，所以他主張發展民間企業，實行資本主義。他懷疑政府的能力，政府自設的工廠，往往變成敷衍貪汚的場所。綜合康有爲的〈物質救國論〉，約有下列四點：

(1)人之生存不能離開形體，物質生活也決定人的幸福。此點仍本其哲學觀點而來。

(2)中國向西方學習，以物質科學爲主。康有爲又回到「中體西用」的老路上去。

(3)物質建設是全面的，非單方面的；是長期的，非一蹴可就的；物質發展與物質科學是分不開的。此種見解較諸清末若干人士大爲進步。

(4)物質科學爲強國富民之本。

康有爲強調「物質救國」，對工業化問題尚未能有深入的看法。他主張發展民營企業，採資本主義方式，就同時代人物的經濟思想而言，大致相同，多主張重工重商，經由工商之路走向富強；交通、郵電、教育、金融制度、政府獎勵等應同時配合進行。孫中山先生亦主張全面工業化，但已看出工業化後的社會問題，而康有爲則尚未能臻此境界。

㈤虛君共和説

就實際政治改革而言，康有爲並非是一位激進主義者，光緒二十四年（一八九八年）初的態度可以證明。其後一再受到守舊派的阻撓，尤思利用皇權鎮壓反對者。光緒二十四年初他尚不主張立憲開國會，則其反對革命並非偶然。庚子以後至辛亥之間（一九〇〇—一九一一年），康梁等以立憲來反對革命，一面替滿人辯護，一面倡言革命的害處。康有爲認爲中華民族是混合各民族而成，歷來常有外族主治中國，實難分夷夏。孔子以文化來分夷夏，惟德是親，「夷而有禮義則中國之」。滿漢之別，有如土籍客籍而已，其教化文義皆從孔子，可視爲一家人，且滿漢平等，立憲之後將更爲平等。革命係對無道之君而言，如今光緒皇帝聖明，自不必革命；革命所言者爲公理，何以將現成的國種加以畛域之分？就革命的害處而言，革命後必以兵刃相見，禍國殃民，實非淺鮮，而中國人心，公理未明，舊俗俱在，革命以後，必將日尋干戈，偷生不暇，何能變法救民，整頓內治；內治未興，而外患更日迫。瓜分之禍不遠。

辛亥革命後，康有爲對共和並不表樂觀，認爲內外困難重重。他說：革命由於感情衝動所致，誤師法國；革命者多無通識，學士大夫尚難知治國的道理，則農工士商者盲從而已。目前政治革命已經成功，如停止，中國尚可保；若不罷休，則外人起而干預，中國必亡。綜合他的意見，共和政體不能行於中國的理由如下：

(1)三世之法應以適時爲主，而共和者，羣龍無首，不適時宜，且中國積四千年君主的習俗，一旦廢除，則必起爭亂。清末專制失道，不聞悍將驕兵之亂，共和後反見國危民悴，足資明證。這是康有爲三世之說不可踰越的想法。他說：「爲治有序，進化有級，苟不審其序，而欲躐級爲之，未有不顚蹶者也。」

(2)立憲君主與立憲民主，兩者所相同者爲國會與總理大臣，所不同者，一爲君主，一爲總統。無權的君主，人不爭之，國可長治久安。總統雖由民選，每爲爭總統而率兵相見，死傷無算，反不如有君主而不亂。爭總統則內爭不已，亦影響到內閣之爭。世界上行共和政治者，除美國外，多逃不出內亂一途。法國共和後大亂八十三年，墨西哥共和後內爭三百年。康有爲認爲中國難逃中南美的形勢。

(3)實行共和須國民知識通達，道德高尚，交通便捷，而後易行。中國土廣民眾，窮鄉僻壤，邊遠異域，民多愚塞，不知政治爲何物；大亂之後，紀綱掃地，廉恥棄絕，尤不宜實行共和。

(4)以往一統之時，稍有錯誤，人民受害尚淺，今則各國競爭，而驟行所未經之路，稍有錯亂，受害則大。爲政之道，有重民重國的分別：重民者仁，重國者義；重民者對內，重國者對外。今共和以重民爲主，分權者重，無全力以立國；少數人別立主張，則黨爭劇烈，亦無暇以爲國，兩者皆無能以對外。就重民而言，內亂頻仍，民受害最深，亦無力以對內。

康有爲仍不忘君主立憲的優點，他認爲晚清已詔行立憲，不待革命，國已由私變公，可謂不費一兵，不折一矢，不動聲色。僅以筆舌而收革命之功，君舉其國而歸於民，中國既安可強。立憲的君主，實爲一「奇妙之暗共和」。君主不能用一私人，立法權在國會，君主又不負實際政治的責任，實爲一極無權的人，尊之如神，可在有無之間，可免兵爭而傷國計。今既革命成功，但爭亂正盛，爲謀國安民福起見，康有爲建議「虛君共和」。

康有爲心目中的「虛君」自然以滿清皇室爲主。滿清宗室貴族皆降爲平民，改姓改服，中國又多一歸化之民。虛君僅存一虛尊而已。除了滿清皇室之外，康有爲尚考慮到立孔子之後衍聖公爲虛君，尊之爲皇帝，迎立北京，或遷都山東、南京等地，移資政院從之。民國四年五月間，康有爲又想以黎元洪爲「虛位總統」，傳之後代，爲無限制的總統。足見他對虛君的醉心。民國六年又有復辟的一場鬧劇，由其思想發展看來，當不足爲奇。

康有爲雖主「虛君共和」，但堅決反對袁世凱稱帝。反對的理由，不在於帝制與共和的問題，而在於袁世凱之過於專制，解散國會，借債，苛征，承認二十一條，言行不一等行爲。

康有爲主張「虛君共和」，在心理上亦有其原因：他對清室存有一種微妙的感情，一直以臣自稱。梁啓超説他主張復辟是爲了報「先帝」光緒皇帝知遇之恩。加上他長期間對革命共和的懷疑與失望，每思以對抗之法，不免走火入魔。虛君共和雖爲救國救民，但亦不免含有發洩個人感情的成分在內。復辟失敗之後，康有爲並未改變他的想法，他著《共和平議》一書，一則爲他的思想辯護，一則攻擊共和，使之體無完膚。⑮民初政治固然混亂已極，但恐非「虛君」所能解決。真正愛好共和者，自不願接受虛君，有野心想恢復帝制者，亦非虛君所能滿足其慾望。即使立一虛君，此君又能奈軍閥何？虛君無能無力，權在總理，則總理一職仍將引起爭執，虛君並非即能安邦定國。平復內亂，非藉革命力量不可，唯有　孫中山先生領導革命，才能徹底解決中國的內亂。康有爲何不作如此之想，贊成　孫中山先生？亦不免受感情所影響。

①其實冷熱、黑白等並非相對，而是程度的差別。

②康有爲天的觀念，像董仲舒一樣，含有兩層意義：一爲物質界的天，一爲宇宙的起源。康有爲用「天」字，有時代表前者，有時代表後者，有時係將此兩種意義混合而言。

③張載認爲天地之性有善無惡，氣質之性有善有惡。康有爲則主張魂氣是愛，魄氣是貪。

④程伊川主性善才（氣）惡説。朱熹主理善氣惡説。這種説法，本身有矛盾，因爲理即氣之理，氣即理之氣，何能分開爲善爲惡。

⑤此處所引爲《康子內外篇》之言，與前引之「勢生道，道生理，理生禮」不同（此爲《董氏春秋學》所言），但大意相同，道、理皆爲勢所生。

⑥孔子曰：仁者樂山，智者樂水。智者樂，仁者壽。仁者安仁，智者利仁。子貢亦稱讚孔子，仁且智，既聖矣。

⑦《實理公法》書內雖有一八九一年法國巴黎離婚數字及私生子數字，此數字可能爲康有爲後來加上去的，因爲《實理公法》不過列出其思想大綱而已，唯有此處則詳列具體數字，故其著作年代應以其自編年譜爲可信。羅榮邦將《實理公法》列爲一八八四年作品，大致說得過去。蕭公權先生亦云此書爲一八八四——一八八七年的作品。

⑧光緒五年(一八七九年)康有爲《注老子》，以老子主張無爲而治，一切聽其自然，與他的入世救人的思想不合，故棄之。次年，攻擊公羊學，著《何氏糾繆》，後因特別利用公羊學，不能自相矛盾，亦棄去。

⑨孔子曰：志於道，據於德，依於仁，游於藝。

⑩諸子及通論性的著作未計入。

⑪朱子注「王天下者有三重焉」，指有三項重大事件，即該書前文所述之「非天子不議禮，不制度，不考文。」

⑫恤窮的方法有三：1.移民墾荒(罪譴、認耕、貿遷等)，2.教工(對失業遊民施以工技訓練)，3.養窮(各州縣市鎮設院收養貧病殘廢)。

⑬康有爲說：光緒三年(一八七七年)金與銀的比價爲一比一七。光緒三十四年(一九〇八年)，則爲一比四六。

⑭康有爲認爲準備金(即金塊)之收集法有三：1.內府藏金，2.民間藏金，3.國外購買。第一二兩法，收集國內藏金爲很自然的辦法，唯國外購買之法，不僅所佔比重很大，且須購買，康有爲並無旁的辦法(如增加出口等)，只是在有華僑的地方設銀行，每年僑匯一萬萬圓以上，收其現金，而在港粵以紙幣付之。即以此一萬萬圓在當地購金，運歸回國，每萬圓可得金三百六十兩，共可得三百六十萬兩，約合三千餘萬鎊。這當然是一種很如意的算盤。

⑮「共和平議」的要點如下：求共和適得其反，而得專制，而得帝制，有憲法而不能行。武人只有爲君主之翼戴，或自爲君主，與民主不相容，既不愛民，又不愛國。民國之興，只可自亂，民國之官，只同盜妓。民國之政俗醜亂，人莫不厭之，憤之，憂之，怒之。以上皆爲民初軍閥橫行時之寫照。

三、結論

康有爲在戊戌變法中的領導地位，是無可否認的，將與歷史共存。戊戌失敗之後，逃亡海外，則漸漸失去其重要性，他本人也漸漸走向保守的路上去。他對立憲運動，初時並不太熱心，不過作爲對抗革命運動的工具。他個人在這方面發表的文字不多，對立憲運動並無大助益。梁啓超的立憲宣傳，卻對海外革命運動打擊甚大。民國成立後，康有爲更趨於保守，一則因爲民國初年袁氏政府的胡作非爲，使得國家不安，民不聊生；一則基於他私人的感情作用；辛亥革命成功者，是康梁海外的政敵；袁世凱出任總統，又是出賣維新分子及光緒皇帝的仇人。康有爲自然會找尋機會，發洩他心中的恨意。復辟一劇，他是主要策劃人，張勳雖未遵照他的意見去作，與他的理想未合，但即使完全遵照他的意見，亦難服人心。他對共和也有太多的誤解。政府爲了衛生健康的理由，禁止販賣戒煙丸，禁止停棺太久，禁賣補腎丸；爲了改良風俗，禁止賭博，禁止娼妓，禁納妾蓄婢等。康有爲認爲這些是干預民俗，妨害自由，破壞人民財產。他保守的程度竟至如此，與他自己的理想亦相違背。設非感情用事，豈能到如此地步？自由豈能如此使用？何況他本人尚反對過分自由。他所高唱的「虛君共和」的大道理，其中亦不免感情成分與遺老思想在作祟。他在〈康氏家廟碑〉中，自稱「賜進士出身，誥授光祿大夫，頭品頂戴，弼德院副院長」。七十歲時，退位的宣統皇帝賜以匾額及玉如意一柄，康有爲感激萬分，上謝恩摺，自稱老臣。由此足見其遺老的情懷。

康有爲是一位政治思想家，在哲學方面的觀念，與前人頗多不同之處，或爲其思想的基礎，或爲其理想而建立的自我解釋。他的哲學思想缺乏精密的系統，是一種多方面的混合體，可視爲唯心論，亦可視爲唯物論：可解釋爲一元論，也可解釋爲二元論。他與前人最大的不同之處：一爲理在氣之後，即先有氣而後有理，理隨氣而生而滅；一爲「天欲人理」之說。此兩點成爲他的歷史進化論的基礎。人類生而平等，故主張博愛，此點成爲他大同理想的基礎，也是他政治與社會發展的最高理想，其精神在平等博愛，與　孫中山先生的政治理想極爲相近。就大同思想本質而言，是超越時代的，但他堅決相信社會進化，不可逾躐，以致他改革社會政治的方法與　孫中山先生有異。

理在氣之後及天欲人理兩說，並不像康有爲所說的那樣簡單。前者爲唯物唯心之爭，由來已久。後者涉及理欲的內涵及界說。康有爲所稱的欲望多爲生理上的基本需要，如食色之欲，物質之欲，但人尚有精神上的欲望。即就物質欲望而言，亦不止於生理上的滿足，尚有無止境的追求享樂，此種欲望，則非天定。至於理，除了人定之理外：尚有自然之理，如物理化學之各項基本定律，人類生而平等之學說，皆爲天定之理，康有爲亦知之，但他所指的人理，則僅限於人際關係之理，所以這兩種說法，並非無缺點。

政治革新是康有爲一生精力行事之所在，雖然可分爲四方面，但其重點首在改革官制，次則發展經濟，其他立憲設議院及教育科舉方面的改革，並無特出之點，若干地方尚落在當時人的後面。他堅守改革先後有序，即須先改革官制，然後才可以開國會立憲法。官制改革的重點，並非完全將舊有的除去，重新建立一套新的，而是在舊有的架構之中，增加新的機構，而發揮其行使新政的效能。這是一種逐漸改革法，也是一種向現實妥協的辦法。清廷初時並未接受他的辦法，至光緒三十二年（一九〇六年）九月，清廷改革行政機構，由孫家鼐等起草，分析行政的缺點，大致與康有爲的看法相同；改革的方式，將若干部的名稱加以變更，尚書侍郎不分滿漢，但其基本精神未變，高官中仍以滿人較多，地方政府層次及各級政府組織及職責，多原封未動，唯有增設檢審兩廳而已。地方自治及資政院的設立，亦多未超過康有爲所主張者。康有爲主張改革的影響，仍可看出。

經濟發展方面，康有爲與當時人的想法大同小異，主張發展民營企業，政府予以補助，尚未主張施行社會主義的辦法。大同思想中的經濟思想，康有爲從未考慮到實施問題，且堅決反對提前實施，一切俟其進化至成熟時始能行之。孫中山先生有「平均地權、節制資本」的想法，並且準備付諸實施，這點又較康有爲進步。

康有爲的思想，在當時自有其影響力，推動變法運動即爲其明證。大同思想的影響，因爲發表很晚，當時社會主義思想已很流行，談不上有何重大的影響。但是康有爲對其弟子則常提及大同思想，在其弟子中自不無影響。而梁啓超並不熱衷於社會主義，唯對民權思想極爲嚮往，戊戌以前的言論至爲激烈，遠超過康有爲本人。梁啓超與譚嗣同友善，自會將大同思想告知。早期的大同思想尚無共產的說法，唯以平等爲基礎，因而刺激譚嗣同反對名教，主張衝決利祿的網羅、俗學的網羅、全球羣學的網羅、倫常的網羅、君主的網羅、天的網羅、全球羣教的網羅，與大同思想中的破界幾乎有異曲同工之妙。這些激烈的思想對革命卻有很大的幫助。

康有爲的三世說，亦爲梁啓超、譚嗣同等維新分子接受，並加以發揮。康有爲的氣理之說，亦爲維新分子反擊守舊派阻撓變法的思想武器。反對變法者認爲法制並無缺點，缺點在行法的人無義理之心，故治國之道在正人心。維新分子則搬出「道器一源，體用合一」的說法，既變其器，亦變其道。

康有爲對文化的觀察，係採取一種世界性的眼光，認爲中西文化各有其優點。中國應該向西方學習者是物質科學，唯此而已。文化的發展，原可依賴文化的交流而發揚光大，故學習西方物質文明，亦爲人類走向大同必經之路。這點與民國期間的「新青年」所提倡的「賽先生」完全相近，但康有爲僅限於「賽先生」，與清末的「中體西用」論極爲相似。康有爲在思想上有倒退的現象，梁啓超、黃遵憲等就不表贊同。

康有爲的思想是雙層式，在上者爲烏托邦的理想，在下者爲現實的改革論、進化循序說，看起來有點脫節的感覺，如以理想的層次去衡量其現實的一面——行事，則矛盾百出，極不調和。如康有爲極力提倡男女平等，一夫一妻，這原本極易作到的事，但康有爲並未做到。康有爲除了正室之外，又娶了兩位姨太太，最後一位是他在五十歲時娶了一位十七歲的少女，似乎有點不倫不類之感，至少不適合一位高唱大同思想的人。不過康有爲自己也說得非常明白，時期未到，絕不可能實行大同理想。如欲行之，反而招亂。孔子有大同理想的一面，也有小康實際的一面。所以康有爲的行爲與理想雖有矛盾的地方，也能安之若素。康有爲的思想與行爲，代表理想與現實的兩極端。理想陳義太高，而現實行事又太低，形成兩個不相調和的極端。

參考書目

有關康有爲的書目，羅榮邦（Jung-Pang Lo）先生在其編著的*K'ang Yu-wei: A Biography and A Symposium*（Tucson, 1967）中已有一詳細的書目，本人能增加者極爲有限。玆爲讀者參考方便起見，將康有爲本人著作擇要錄之，其他有關之資料，如中日西文檔案、文集、報刊等，一律略去。研究康有爲的著作亦多，凡已見於羅書者，亦略去。該書出版後之研究著作，則略爲補充。

㈠康有為的著作

《大同書》 上海，中華書局，民國二十五年再版。

《日本書目志》 上海，大同譯書局，光緒二十三年。

《日本變政考》 見黃彰健：《康有爲戊戌真奏議》，頁九九—四三四。

《公車上書記》 上海，文陞閣刻本，光緒二十一年。

《不忍雜誌》 上海，民國二年、六年。

《不忍雜誌彙編》 上海，廣智書局，民國二年。

《不幸而言中不聽則亡國》　上海，長興書局，民國七年。
《中庸注》　臺北，商務印書館，民國五十五年影印本。
《孔子改制考》　北京，光緒二十年。
《戊戌奏稿》　宣統三年。
《共和主義》　上海，民國七年。
《金主幣救國議》　上海，廣智書局，宣統二年。
《長興學記》　上海，大同譯書局，光緒二十四年。
《物質救國論》　見徐高阮輯注：《康有爲的物質救國論、理財救國論》，臺北，天下圖書公司，民國五十七年。
《南海先生詩集》　上海，長興書局，民國二年。
《南海先生四上書記》　上海，時務報本。
《南海先生五上書記》　上海，大同譯書局，光緒二十三年。
《南海先生七上書記》　上海，大同譯書局，光緒二十四年。
《春秋董氏學》　上海，大同譯書局，光緒二十三年。
《春秋筆削大義微言考》　民國六年。
《俄彼得變政記》　見黃彰健：《康有爲戊戌真奏議》，頁八一——九三。
《桂學問答》　北平，北京大學，民國十八年。
《康子内外篇》　抄本，微捲。

《康南海先生詩集》 上海，商務印書館，民國二十六年。
《康南海官制議》 上海，廣智書局，光緒三十一年。
《康南海先生演講錄》 西安，民國元年。
《康南海先生文集》 上海，民國三年。
《康南海先生文集彙編》 上海，交通圖書館，民國六年。
《康南海先生文鈔》 上海，共和編譯局，民國五年。
《康南海自訂年譜》 臺北，文海影印本，民國六十一年。
《康南海諸天講》 上海，民國十年。
《理財救國論》 上海，長興書局，民國元年。
《萬身公法》 抄本，微捲。
《新學僞經考》 廣州，萬木草堂，光緒十七年。
《廣藝舟雙揖》 上海，廣智書局，民國五年。
《歐洲十一國遊記》 上海，長興書局，光緒三十一年。

(二)研究康有為的著作補

何　朋 《論康有爲文學》，香港，崇基學院，一九六八年。
沈雲龍 《康有爲評傳》，臺北，傳記文學社，民國五十八年。
黃彰健 《戊戌變法史的研究》，臺北，中央研究院歷史語言研究所，民國五十九年。

黃彰健〈康有爲戊戌真奏議〉，臺北，中央研究院歷史語言研究所，民國六十三年。

徐高阮〈戊戌後的康有爲〉，《大陸雜誌》卷四二，期七，民國六十年四月。

陳蘭蓀〈康有爲與袁世凱〉，《暢流》卷三十八，期三，民國五十七年九月。

曾克耑〈康有爲先生〉，《大學生活》卷一，期一，民國四十五年五月。

Hsiao, Kung-Chuan: In and Out of Utopia: K'ang Yu-wei's Social Thought, *Chung-Chi Journal*, VII: 1（Nov. 1967）, VII: 2（May, 1968）, VIII: 1（Nov. 1968）.

——: The Case for Constitutional Monarchy: K'ang Yu-wei's Plan for the Democratization of China, *Monumenta Sirica* XXV, 1965.

——: Economic Modernization: K'ang Yu-wei's Ideas in Historical Perspective, *Monumenta Sirica*, XXVII, 1968.

——: Administrative Modernization: K'ang Yu-wei's Proposals and Their Historical Meaning, *Tsing Hua Journal of Chinese Studies*, N. S. VIII, August, 1970.

——: *A Modern China and a New World: K'ang Yu-wei, Reformer and Utopian, 1858–1927*, London, 1975.

譚嗣同

林載爵 著

目次

一、傳略……200
1 青年時代與浪漫的性格（一八六五─一八九四）……200
2 時勢的衝擊：覺醒與圖變……205
3 理想與奮鬥……214
4 矛盾與結局……225
二、《仁學》的思想體系……229
1《仁學》的哲學思想……231
2《仁學》的政治思想……242
3《仁學》的經濟思想……250
三、譚嗣同與晚清思想的趨勢……254
1 道器論的演變……254
2 晚清的調和思想……260
3 由傳統到反傳統……265
參考書目……272

譚嗣同

清季以來，列強攘奪與動盪混亂的局勢，正是波濤洶湧的歷史主流，我們承受著龐大無匹的力量的衝擊，在外在勢力如此猛烈的衝擊下，傳統中國的一套固有理念體系及經濟結構逐漸崩解，社會的發展逐漸偏離原來的軌跡，這種現象反映在文化上，就是文化大解體的局面。

生存在文化大解體局面中的傳統士人，遭遇了雙重的困境，對內，士人的傳統社會角色和行爲模式，在延續了二千年的中國帝制及以儒家爲主導的社會中，原本呈現了相當穩定的情況，在那種穩固的社會地位中，他們知道權利與義務的劃分，職責所在，而且有一套典範可資依循，它深入於他們的思想之中，支配了他們的行爲，確定了他們的目的，並且深刻地影響了他們所做的選擇，但在外力的衝激與中國一連串自強措施的影響下，舊日的社會逐漸崩潰了，人們所熟悉的社會特色逐一消逝時，昔日的角色遂亦失去原來的意義，因此，一方面要在舊體制面臨崩潰時，進行各種維護傳統的努力，一方面又要反省本身的地位，做一番角色調整的工作；對外，這些能夠思考的士人，又必須迎接來自外力的嚴重挑戰，在槍砲的陰影下，思索著中國復興之路，而使他們陷入最深困境的是，在沉重的壓力與有限的條件下，如何觀察了解西方文化？對西方文化採取何種態度？固有文化如何圖變？如何吸收融合西方文化？爲傳統文化注入新的成分，產生新的力量？

晚清知識分子就在這雙重困境下，不斷的反省、掙扎、奮鬥，爲救亡圖存、爲建設新中國而努力，他們的心路歷程與行爲思想，放在廣闊的歷史之流中觀察，是承先啓後的，對此後的中國歷史有重大的影響。在這些分子中，譚嗣同是相當突出的一個人物，無論其出身背景、性格、經歷、時勢衝激下的圖變、改革行動及悲劇的結局，或者其突創性的思想，均具有充分的時代意義，我們對大時代的了解，能夠落實到這個具有豐富生命內容的個別人物上，具體而微地觀察出來。

一、傳略

1 青年時代與浪漫的性格（一八六五——一八九四）

譚嗣同字復生，晚號壯飛，湖南瀏陽人，同治四年春二月十三日（西元一八六五年三月十日）生。先世以武功傳家，後又棄武習文，就儒家，祖父教授鄉里，父親譚繼洵官至湖北巡撫，譚嗣同的出身背景就是在這種傳統官紳階級的基礎上，這個階層爲他提供了一套必須遵循的立身行事原則及正當的行爲規範，成長是對那些種種典範努力學習的結果，思想方式、學習對象、價值標準、社會人倫關係、禮俗習慣、經濟生活也都是受到這個階層長久以來認可的方式、標準所制約，依照固有的觀念和進陞途徑，他可以取得被族人期許的地位。秉承祖先的餘蔭，父親的官位，譚嗣同的青少年時代就是置身於這種環境中——那是一個傳統士大夫性格與理念成長的環境。

譚嗣同的少年生活並不愉快，七歲那年，離開母親，在不快樂的生活中，鎮日沉默，「人問終不言」，光緒二年春（一八七六年）十三歲時，北京瘟疫流行，母親病卒，他幸而在「短死三日」後，復蘇痊癒，所以取復生爲字，自喪母後，在庶母的歧視下，孤苦地過著毫無溫暖的家庭生活，他自己說：「吾自少至壯，徧遭綱倫之厄，涵泳其苦，殆非生人所能任受，瀕死累矣」。在十九歲那年，奉父命與李閏結婚。

從光緒元年一直到二十年，譚嗣同的青少年時代都在漫遊的生活中渡過，隨著父親的遷任及自己的應試、返鄉而四處遊歷，足跡遠至新疆、甘肅。這一段自幼年至青年的生活，以他自己的話來說，就是「家更多難，弱涕坐零」，而有綱倫之厄，「身役四方，車輪無角」，而有漂泊之情，家世如此，對時局也有深刻的感觸，二十六歲時有一段回顧的文字：「少更多難，五日三喪，惟親與故，歲以凋謝，營營四方，幽憂自軫。加以薄俗沴氣，隱患潛滋，遷學孤往，良獨悵然！夫內顧諸家既如此，外顧諸世又如彼，故發音鮮宣平之奏，摛辭有拂鬱之嗟」。

譚嗣同從五歲開始從蒙師畢蒓齋受書，「即審四聲，能屬對」，同治十三年，十歲的譚氏又從歐陽中鵠讀書，歐陽中鵠於學服膺王夫之、黃宗羲、劉繼莊，復精研數學，從此脫離了啓蒙時代，開始吸收各種學術思想，以後又拜同鄉涂大圍爲師，在歐陽中鵠、涂大圍的教導下，他開始讀古典經籍，並研習算學及格致之類的自然科學基礎常識，譚氏的性情是活潑的，以廣闊的胸襟求取知識，「於學無所不窺……故無所沾滯，善能舍己從人，故其學日進」（梁啓超《譚嗣同傳》）。

把譚氏的學術思想在傳統的範圍內帶領到新境界的人是劉文熙（蔚廬），光緒十五年（一八八九年）他赴北京應試，從劉蔚廬爲師，從此「始識永嘉之淺中弱植，俶覩橫渠之深思果力，聞衡陽王子精義之學」，博覽羣書，「困而求亨，翻然改圖」，吸取張載的思想精華，作《張子正蒙參兩篇補注》，愛好焦循的著作，研習兵學，著有《劍經衍葛》和《兵制論》。讀黃宗羲《宋元學案》、《明儒學案》、《明夷待訪錄》，他更心向王船山，認爲「五百年來學者，真通天人之故者，船山一人而已」，因「私淑船山」而作《王志》。黃、王二人的思想對他的影響最大，《明夷待訪錄》〈原君〉篇、〈原法〉篇是他日後《仁學》君民觀念的思想源泉，又從王船山那兒得到了「道器合一」、「理欲一元」的觀念。

二十九歲那年，他上北京道經上海和傅蘭雅（John Fryer）相識，並廣購當時江南製造局翻譯館譯出來的自然科學書籍，廣學會譯出的外國歷史、地理、政治和耶穌教神學等書讀之，從此在傳統學術思想之外，又致力於吸收「西學」的知識，然而這已經是圖變的前奏了。

青少年時代的譚嗣同也是屬於中國傳統文人的典型，儘管他鄙薄時文，但他依然勢必要在「舍之無以操業」的壓力下就範，掊其精力於此，仍然要以考試作爲進身的工具，但他在科場上是失敗的，從二十一歲到三十歲，「十年中，九赴南北省試，幾獲者三，卒坐斥」。同樣的理由，儘管他認爲「與達官往還，哇言尸貌，實違鄙心，署中度歲，薪米要會，性尤不近」，可是他仍然不得不求仕進，因爲這是傳統士人的固定道路，三十歲以前的譚嗣同就是如此地帶著強烈的傳統士人的色彩。

譚嗣同在少年時代就學技擊劍術，他自己說：「弱嫺技擊，身手尚便，長弄弧矢，尤樂馳騁」，並有〈雙劍銘〉：「橫絕太空，高使天穹，矧伊崆峒。蕤賓之鋏，蟻鼻有烈，服之有截」，豪氣十足。

譚嗣同的性格是不羈的，「神形疏放，靡有羈束」，同時「性急而又不樂小成」，經常「欲速躐等」。也是豪邁而勇往直前的，他自認是一個「縱人」，「志在超出此地球，視地球如掌上，果視此軀曾蟣虱千萬分一之不若。一死生，齊修短，嗤倫常，笑聖哲，方欲棄此軀而遊於鴻濛之外，復何不敢勇不敢說之有」，所以他認爲「人須具橫強之氣，而後可以有爲」，因此「任俠精神」是他所推崇的，把這種精神視作亂世中最有效用的行事作風：「志士仁人求爲陳涉楊玄感，以供聖人之驅除，死無憾焉，若其機無可乘，則莫若爲任俠，亦足以伸民氣，倡勇敢之風，是亦撥亂之具也」。

心胸是廣含而活潑的，「恒妄冀不即棄於大雅，時復攻所闕略，飢渴情慉，匪伊朝昔，往所酬畣，尚未饜其侈心」。也是充滿著熱情的，「遇於所觸，歌哭縱橫，獨抽之繭，那復成緒」，如此性情，表現於詩歌，就成了「拔起千仞，高唱入雲」的氣勢。

這種不羈無束、勇敢豪邁、錚錚烈鳴、意氣昂揚的性格，在漫遊的經歷中完全發揮出來，如水奔騰，如鳥飛翔，成就了絕對浪漫的性情。譚氏從光緒元年（一八七五年）開始漫遊生涯，光緒四年（一八七八年）至十五年（一八八九年）間，五度往返於蘭州、長沙之間，十六年（一八九〇年）侍父到湖北，自是又南北往來。漫漫風雪，莽莽原野是他馳驅意志，感情抒放的天地，在高昂的狀態中，他「斗酒縱橫」，「講霸王經世之略」：

東遊江海，中郎之椽竹常攜；西極天山，景宗之餓鴟不釋。飛土逐肉，掉鞅從禽。目營浩罕所屯，志馳伊吾以北；穹天泱漭，矢音敕勒之川；斗酒縱橫，抵掌游俠之傳。戊己校尉，椎牛相迎；河西少年，擎拳識面。於時方為馳騁不羈之文，講霸王經世之略。墨釀盾鼻，詭辯瀾飜，米聚秦山，奇策紛出。狂瞽不思，言之騰笑。

那一片空曠的天地是自由的，正適合於他的浪漫情緒與行爲：

時私出近塞，通西北風大作，沙石擊人，如中強弩。明駝咿嚘，與鳴雁嗥狼互畣。臂鷹韇弓矢，從百十健兒，與凹目凸鼻黃須雕題諸胡，大呼疾馳，爭先逐猛獸。夜則支幕沙上，椎髻箕踞，匊黃羊血，雜雪而咽。撥琵琶，引吭作秦聲。或據服匿，羣相飲博，讙呼達旦。

或者：

嘗於隆冬朔雪，挾一騎兵；間道疾馳，凡七晝夜，行千六百里，巖谷阻深，都無人跡，載飢載渴，斧冰作糜。比達，髀肉狼藉，濡染褌襠。

漫遊中的青年譚嗣同，有著置身於天地之間的茫然，也有面對歷史浪濤的感懷，在四處的遊歷中，他「察視風土」，物色豪傑，廣察民情，認識了民生困苦，也目睹了一些下層人民的現實生活，他更心懷壯志：「一朝馬革孤還日，絕勝牛衣對泣時」。而整個的生命情調是那種「長歌短劍豪」，「壯懷消不盡」的悲歌慷慨，意氣縱橫：「撫劍起巡酒，悲歌慨以忼」，「拔劍欲高歌，有幾根俠骨，禁得揉搓」。這就是譚氏的浪漫性格，自由豪放，神情高昂，再加上他少年時代培育的任俠精神，使他能在驚濤駭浪的時代中，參與歷史的潮流，散發他的力量，成爲具有影響力的人物。

2 時勢的衝擊：覺醒與圖變

帶著傳統士人色彩的譚嗣同，在甲午戰爭前的思想和主張也是帶著強烈的傳統性，這是指在面對局勢的變化時，他的反應與思考仍然站在「中國本位」的基礎上，而不能以廣闊平等的世界觀來審視國際大勢及中國前途。

光緒十一年（一八八五年），譚氏感憤於中法戰爭，撰〈治言〉一篇，這是他最早的政論，也是他日後所愧悔的「於中外是非得失，全未縷悉，妄率胸臆，務爲尊己卑人一切迂疏虛憍之論」，但這篇論文，卻是他三十歲前思想之本源。他認爲文化形態的演進是由忠向質再變爲文的過程，今日夷狄文明憑陵華夏，是其忠質的效果，而華夏正處於文勝而質不存的階段，處在當前局勢，言戰、言和、言守都不是治本之道，其根本在於中國必需返忠以救文勝之弊，恢復到質存的境域，而忠乃誠意正心修身齊家治國平天下的儒家道德之實踐，換言之，中國之道不可變，「立中國之道，得夷狄之情，而駕馭柔順之，方因事會以爲變通，而道之不可變者，雖百世而如操左券」，這是他最後的結論。

光緒十七年（一八九一年），在〈記洪山形勢〉，也發揮了道之不可變的觀點：「變者日變，其不變者，亦終不變也」，所以必定要「先立天下之不變者，乃可以定天下之變」，立不可變之道已經是他確鑿不移的定論了。

譚氏從二十九歲開始盡心致力於吸收西方知識，《石菊影廬筆識》代表了他在這方面學習的成果，〈學篇〉七十六則，多爲考證之作，表現了他在傳統學術上面的造詣，〈思篇〉五十四則，以他所學習到的西學常識，參雜或融合了中國傳統學術思想，是傳統士人在西潮的影響下，於有限的範圍內的思想表現。他提出西學「實皆中國所固有」，以中國固有學術（如張載《學說》、《內經》、《周髀算經》、《大戴禮記》）來論證地圓之說，並由中國哲學發展出他的宇宙論，也有有關聲、光、電、氣的西方科學常識，及他個人的歷史觀，和地球進化、政治演變之大勢，他認爲歷史是治亂循環的，而聖人具有撥亂返治的功用。

《石菊影廬筆識》裏最重要的是依然保持了立不變之道的觀點。〈思篇〉十五：「中國聖人之道，無可云變也」，雖然他承認變革之必要，排斥「深閉固拒」的態度，但他所謂的變是在不變的基礎上才行得通的，三十之前的另一文〈史例自敘〉說得更清楚：「變者，周流六虛不可爲典要，所謂新意變例，歸趣非例也。……不變者，質文損益，萬變不離其宗，所謂發凡正例也」。在〈學篇〉五十四中批評魏源「以夷攻夷」的主張時，又重申此一「立天下之不變」的觀點，謂：「……有動即應，至於應不勝應，營營四顧，目眩手束，將安歸也？則莫如先立其不變者，而患之變以定」。我們概括言之，立天下之不變，以定天下之變是譚氏所認爲的根本之道，也是甲午戰前譚氏思想與主張的最重要內容。

光緒二十年（一八九四年）七月中日戰爭起，這一戰暴露了清廷在局勢遽變下的無能而註定了它失敗的命運，對譚氏個人而言，這一次戰爭的打擊也使他在思想上產生了劇變。

他深刻地感到：「日本乃亞細亞之小國，偶一興兵，即割地償款，幾不能國，而德國又起而乘之，瓜分豆剖，各肆侵淩，凡有人心，其何以堪？」就在同一時候，他對時局也有了深切的反省和憤慨，在「風景不殊，山河頓異，城郭猶是，人民復非」的慨嘆中，他寫了〈三十自紀〉，〈仲叔四書義自敘〉，〈莽蒼蒼齋詩自敘〉等文章，自定三十以前的詩文叫做〈秋雨年華之館叢脞〉，輯三十以前的詩叫做〈莽蒼蒼齋詩〉，總結地回顧了過去，他後悔「三十前之精力，敝於所謂考據辭章，垂垂盡矣」，以及「爲此無用之呻吟，抑何靡與？」這些在「天發殺機，龍蛇起陸」之世，「無一當焉」，在這種心情下，沉重的表示了對過去生命的虛擲的悔恨，他也不願再奢求那種「升峻遠覽以寫憂，浮深縱涉以騁志，哀鳴篇於淩霞，翼疊鼓於華輈」的個人浪漫行徑，而將個人情緒的發洩移向對民族前途與廣大社會的更大關心。

二十一年（一八九五年）四月，中日和約成，他對因戰敗而簽訂的馬關條約感到深惡痛絕，於是更強烈地自覺到非變法將無以挽救，中國必須重新考慮強國強民的大計，戰前的想法與主張亦因此而隨之改變，他說：「平日於中外事雖稍稍究心，終不能得其要領，經此創鉅痛深，乃始屏棄一切，專精致思。當饋而忘食，既寢而累興，繞屋徬徨，未知所出。既憂性分中之民物，復念貨患來於切膚。雖躁心久定，而幽懷轉結。詳考數十年之世變，而切究其事理，遠驗之故籍，近咨之深識之士。不敢專己而非人，不敢諱短而疾長，不敢徇一孔之見而封於舊說，不敢不舍己從人，取於人以爲善。設身處境，機牙百出。因有見於大化之所趨，風氣之所溺，非守文因舊所能挽回者，不恤首發大難，畫此盡變西法之策」。

寫於乙未年閏五月初的〈上歐陽瓣薑師書二〉與寫於八月的〈思緯壹壹臺短書——報貝元徵〉，就是「畫此盡變西法之策」的兩篇文章，〈上歐陽師書〉曾被歐陽中鵠加批加跋，命名爲〈興算學議〉，用活字版刊行流佈，湖南新政係以此信爲起點，〈短書〉則是於〈上歐陽師書〉有未盡意處，加以更詳盡的論略。

他痛心於「利權兵權製造之權，駸駸乎及於用人行政之權，一以授之敵，無短籬之不撤，有一網而俱盡」，而「天下大局，破裂至此」，他更是「割心沉痛，如何可言！」在這種破裂的局勢下，他看清了君主絕對權威的虛假性，認識到「君以民爲天，民心之渙萃，天心之去留」的以民爲本，人民乃國家之主體的進步觀念，他也看清了存在於全國，由於制度僵斃，觀念偏執而來的普遍敗壞情形，軍隊鬥志喪失，不堪一戰，侵扣軍餉，朝廷重息貸款，括盡小民脂膏，中國之生死命脈，盡授之於人，而捲天下所有，又不能供前敵之一敗。

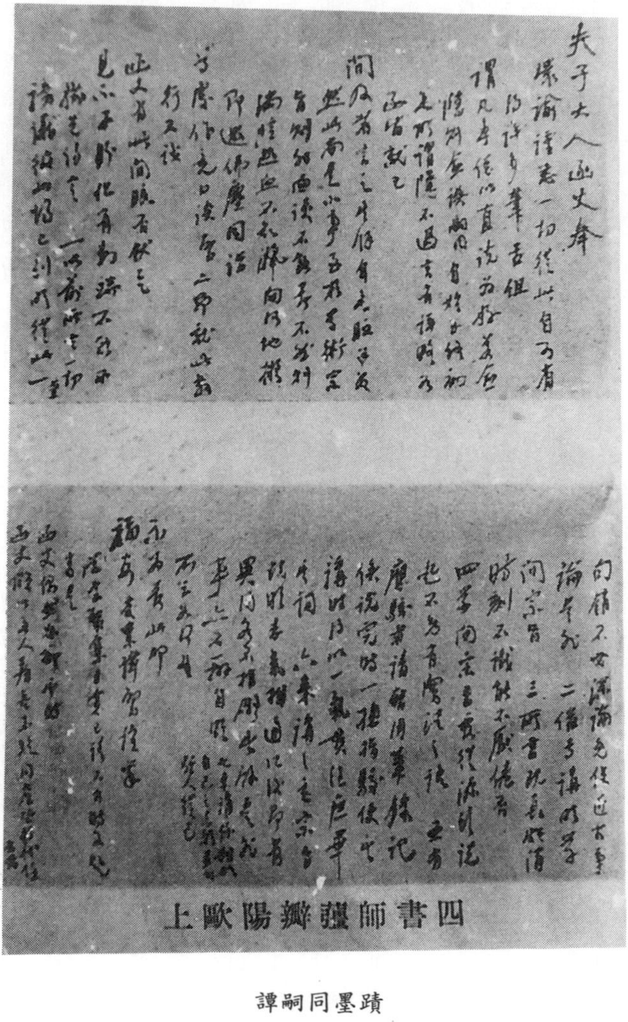

譚嗣同墨蹟

古有亡國之君，亡國之臣，今則有亡國之民，燒教堂、打洋人，快於一逞，盲目排外，阻開礦，毀電線，頑固守舊；又有亡國之士，鶩空談而無實濟，又堅持一不變法之謬論，溺於考據詞章，以議論爲經濟，以虛驕爲氣節。他更推翻傳統士大夫階層的優越地位，認爲所謂士，實際上是「養民不如農，利民不如工，便民不如商賈，而又不一講求維持挽救農工商賈之道，而安坐飽食，以高談空虛無證之文與道」，到了生民塗炭，萬眾水火，奪殘生於虎口，招餘魂於刀俎的時候，又智不足以研幾，勇不足以任事，惟抱無益之憤激，而嘵嘵以取憎。

即以自咸豐末期以來所推行的洋務而論，也是絕無成效，因爲所講所做的都只是一些枝葉，而非法度政令之根本措施。而且主事不力，用人不當，處處都是弊端，最嚴重的莫過於受到那些徒高空談，清流養望，以辦洋務爲降志辱身的士大夫之不遺餘力的攻擊，他認爲中國虛度此數十年而無能自強，實皆士大夫引嫌自事，不務實事之過，這是士大夫的最大罪惡。

反過來，他看到了西洋槍礮之利，以及法度政令，工藝器用之精美，贊揚西方的民主和倫理，攻擊中國綱倫的虛僞桎梏，爲此，他一改其以前立不變之道，道爲中國所私有的「中國本位」觀點，而承認西洋文化的平等地位了，他說：「今中國之人心、風俗、政治、法度無一可比較於夷狄，何嘗有一毫所謂夏者」，即以中國爲夏，西洋爲夷，中國亦無一物可並列於西洋，「公平言之，吾實夷也，彼猶不失爲夏」，而且性無不同，性無不善，聖人之道貫徹天人，直可彌綸罔外，放之四海而準，處於如此局勢，猶安援攘夷之說，安援用夏變夷之說，實乃大愚不靈。

與華夷之分同被非難的是道器之離，他引王船山之義說明道是用，器是體，「體立而用行，器存而道不亡」的道器合一論：「道者器之道，器者不可謂之道之器也。……無其器則無其道，……洪荒無揖讓之道，唐虞無弔伐之道，漢唐無今日之道。……未有弓矢而無射道，未有車馬而無御道，未有牢醴壁幣鐘磬管絃而無禮樂之道。……治器則謂之道，道得則謂之德，器成則謂之行，器用之廣則謂之變通，器效之著則謂之事業」。如果誤以道爲體，脫離了器單獨存在，那也只不過是虛懸於空漠無眹之際的迷離徜恍的幻物，所以「器既變，道安得獨不變？」時勢際會的客觀環境改變，文化的內涵和進展方向當然也要隨之改變。

就是在這種「道器合一」論的基礎上，譚氏提出了他的變革論以及變革的急迫要求，「不變今之法，雖周孔復起，必不能以今之法治今之天下，斷斷然矣」。但，這種變革論又回到學西洋即復古的境域上，其基本意義在「不得不酌取西法，以補吾中國古法之亡」，因爲三代之法、周孔之法是中國理想之所存，而今日所行之法，是「暴秦所變之弊法，又經二千年之喪亂爲夷狄盜賊所摻雜者」，以至「蕩然無存，聲明文物，後世無從摹擬」，他肯定地說，西洋政令法度無不合周孔者，所以不得不取範於合於「周孔」的西洋，如是，「變法者又蘄合乎周公之法度而已」。

那麼，又將如何變？譚氏認爲只有存在安定的環境下，變法才有可能有效地進行，而動亂中的中國如何才能得到安定的環境？因此他主張將內外蒙古、新疆、西藏、青海賣給英俄，以所得償還賠款，建設中國，又有二十年計畫，在第一個十年，首先遷都中原，與文下更始，發憤為雄，汰去壅蔽，去滿漢之分，廣興學校，大開議院，慎科舉，改官制，練陸海軍，開礦產，造鐵路汽船，立商部商會，振興商務，收回利權，改訂刑律，定預算，定稅制，講學術，興機器，辦公共事業，博通各國語言文字，造就使才，四出遊歷，以長見識。同時去漕務、河務二弊，改為鐵路運輸，並移民開墾，興鑄錢、鈔票二利，以便貨幣流通。變衣冠也是根本之一端，而變科舉尤為「旋轉乾坤轉移風會之大權」，採用西洋方法，求得專技人才，而後可變一切之法。「利必興，凡害必除，如此十年，少可自立，不須保護，人自不敢輕視矣」，然後援萬國公法，只許海口通商，不得闌入腹地，加重貨物進口稅，這是後十年的政策，如此又十年始可由富而強，利權盡操之在我，治定功成，禮樂可復興矣，以中國地寶之富，人民之眾多而聰慧。必將為列國之冠。

處在那種風雲險惡的局勢裏，譚氏也看出了那是一種「中西不兩立不並存之勢」，他深悟「適者生存」之旨，大概那時候他已接觸到了社會達爾文主義的思想：「故西書《物類宗衍》中有『爭自存宜遺種』之說，謂萬物必爭而後僅得自存，以綿延其種類也」，以這種觀念出發，他主張「商戰」：「西人雖以商戰為國，然所以為戰者即所以為商，商之一道足以滅人之國於無形，其計至巧而至毒，人心風俗皆敗壞於此，今欲閉關絕市，既終天地無此一日，則不能不奮興商務，即以其人之道還治其人之身」，礦務商務即是商戰之下手處。

但是譚氏對於這些根本的改革，並不期望於當政的統治者，他甚至說：「劇除內外衰衰諸公而法可變」，憤怒的情緒顯然已經高漲至近乎要求革命了，再進一層看，他這時已有很深的反滿意向，他看清滿人將中國視作獵物，只圖自己的安全，而不考慮漢人之生存：「滿漢之見，至今未化，故視爲儻來之物，圖自全而已，他非所恤！」

從二封信函看來，譚氏在腦海裏已勾劃出一個危急之際的自立國，其變法的目的也是著眼於此：「苟變法，猶可以開風氣，育人才，備他日偏安割據之用，留黃種之民於一線耳」，他想在湖南推行新政，作爲以後行事的基礎，倡議設立算學格致館的用意也在此：「算學格致可以試之而有效者，斷不可不一心講求，以供賓融錢鏐之用……誠不忍數千年之聖教，四百兆之黃種，一旦斬焉俱盡，而無術以衛之耳」。

譚氏在《上歐陽師書二》與〈短書〉中所呈現的一套政治理想，不免帶有濃厚的書生論政氣息，這在主張賣地償債，藉強國保護以得十年安定，以行變革措施中最可看出來，但若不計較這點，則譚氏的變革主張。仍具有濃厚的時代意義。

儘管他拋棄了原來「立天下之不變，以定天下之變」的觀點，但他變法論的基礎——「道器合一論」仍是源自中國的傳統學術思想，也就是他與傳統仍然保持著認同的關係，至其「西法源自中國說」，「變法即復古論」更是從傳統的遺產中，尋找變的根據，並融合在晚清「托古改制論」的思潮裏。以「道器合一論」爲基礎的變法論，表示了近代中國從洋務運動到變法維新思想素質上的轉變，而譚氏對洋務運動的攻擊，也表示對前一代的自強政策的否定，這是甲午戰後維新志士的共同趨向，也是晚清政治演變的一個環節。

我們還能在譚氏改變後的思想中，發現他已受到了社會達爾文主義的進化論的影響，由於如此，他知道那是一個彼此競爭的世局，所以在經濟上他也同晚清其他部分人士一樣，提出「商戰」的觀念。去除夷夏的主客之分，而認識到中國需以平等的地位加入萬邦林立的國際社會時，他也同其他變法派人士一樣，對「萬國公法」有著近乎盲目的信賴。

譚氏自身的改變，還代表了一個很重要的意義，那就是他表現了一個在傳統士紳階段中成長的傳統士大夫，在面臨危亡的局勢壓力下，對自身地位的反省，他一方面對傳統之士提出批判，一方面重新思考士在圖變過程中應有的責任與地位，這是從傳統之士轉變到近代知識分子間的一個過渡期。

3　理想與奮鬥

圖變後的譚嗣同開始將他的認識付諸行動，我們可以分湖北時期「乙未（一八九五年）五月至丙申（一八九六年）一月」、北遊訪學「丙申（一八九六年）二月至六月」、金陵時期「丙申七月至丁酉（一八九七年）十月」、湖南時期「丁酉十月至戊戌（一八九八年）五月」四個階段來看他的奮鬥歷程。

譚氏首先倡議設立算學格致館於家鄉瀏陽，欲以此作爲革新之起點，他認爲「試辦一年之後，生徒于算學之淺近可見諸施行者，俱已精熟」，然後令其試習槍砲，講求蠶務及水利新法，使經費充裕，再議添聘教師，購買儀器，講求地學、化學，並集股開礦，「礦務興，則汽機製造、水火電力、聲光、工商諸學」，皆可陸續付諸實現。這項計畫初遭鄉紳的反對，後得巡撫陳寶箴、學政江標的支持，於光緒二十二年（一八九五年）十一月成立瀏陽算學社，算學社是甲午戰後湖南維新人士所組成的第一個學術團體，也是湖南講求新學的起點。梁啓超在《戊戌政變記》中說：「甲午戰役之後，湖南學政之新學課士，于是風氣漸開，而譚嗣同輩倡大義于天下，全省沾被，議論一變」，足見譚氏於瀏陽興算學，在整個湖南新政運動中的地位了。

在湖北的這段時間，譚嗣同還議立強學分會，作更廣泛的活動，並議辦《湘報》，欲利用報紙的教育功效，但由於環境的限制，未克實現。

譚氏爲算學社事奔走於湖北、湖南，來往中接觸並看到了行政機關的老大無能，官吏的昏庸諉卸，民亂教案四起，社會不安及糧荒嚴重、幣制混亂、幣值下跌的經濟混亂情形，這是一幅衰敗的圖象，譚氏在痛心之餘，大聲疾呼：「上下古今如一邱貉，不有大英雄出而滌蕩廓清之，中國殆終於自斃」。

陳寶箴欣賞譚氏的才情，乙未年底有意延攬譚氏至湘，陳的邀請雖得到譚的父親同意，但終令譚氏緩行，先送譚氏的姪子傳贊入都考蔭，由於父親的囑咐，譚氏不得不於丙申（一八九六年）二月在複雜的心情中離開湖北，困而求亨，只好借此行機會，訪問海內碩德多聞之士，虛心受教，多見多聞世間種種異人異事異物，增加見識。

他首先道經上海，往訪康有爲，而康已於乙未十二月離上海回廣東，遂不獲見，同時也拜訪了傅蘭雅，順路在天津參觀了李鴻章所創辦辦的各種事業，並曾接觸當地的民間秘密組織在理教，深知其對民眾的功用，而途中那些「棲止堤上，支蓆爲屋」的水災難民，更令他觸目驚心，淒然於懷，於是「自念幸生豐原，不被此苦，有何優劣，致爾懸絕？猶曰優游，顏之厚矣！遂復發大心：誓拯同類，極於力所可至」。

到了北京，拜見翁同龢，大談洋務，翁說他「通洋務，高視闊步，世家子弟中桀傲者也」（《翁同龢日記》），又認識了一些朋友同志，他首先認識吳鐵樵，由於吳鐵樵之稱贊梁啓超，譚遂往訪梁啓超，梁於丁酉年寫給康有爲的信提到：「（前脫）（敬）甫之子譚服生，才識明達，魄力絕倫，所見未有其比，惜佞西學太甚，伯里璽之選也，因鐵樵相稱來拜，公子之中，此爲最矣」。這是梁啓超對譚嗣同的初次印象——一個意氣高昂的人物，譚由梁處得知「南海講學之宗旨，經世之條理，則感動大喜躍」，遂自稱爲康的私淑弟子。

同時也從梁處得到一些佛學知識，並晤諸講佛學者：如夏穗卿、吳雁舟等，梁、夏、譚尤其過從甚密，譚氏從梁、夏兩位朋友那兒有形無形地受到了影響，由佛咒的修鍊而至於佛學的研究，重發大願，晝夜精治，不少間斷。在北京，他「又晤耶穌教中人」，相互參照之下，他發現「宗旨亦甚相合，五大洲人，其心皆如一轍，此亦一奇也」。因此，此次此行對他的影響最大的自是思想上的衝激：「京居既久，始知所願皆虛，一無可冀。慨念橫目，徒具深悲，平日所學，至此竟茫無可依！」於是在一番反省徹悟後，他吸納了這些衝激，成爲日後《仁學》思想的基礎。

譚氏在思想上的新認識，第一個便是心力的體悟。此行的第一站是上海，他在那裏拜訪了傅蘭雅，得見一萬年前的化石，遂覺：「天地以日新，生物無一瞬不新」，又見算器及愛克斯光照片，始聞科學的進步，遙遠的將來，人體必有變化，而可往來於星月之間。西洋不僅科學進步，政治亦「明且理」，人心風俗整齊，他覺得其中必有原因，但不得其解，回南京時復經上海訪傅蘭雅，適值其回國，但得到了《治心免病法》一書，「始窺見其本原」；

「讀之不覺奇喜」，他說：「以爲今之亂爲開闢未有，則亂後之治必爲開闢未有，可於此書卜之也」，而且此書「已入佛家之小乘法，於吾儒誠之一字，亦甚能見到」，「各國苟能講心學，一切殺人之具，自皆棄置勿復道」。

從佛學中識得「願力」，從《治心免病法》裏識得「心力」，新的體悟使他拋棄了舊有的認識，以爲那些都是虛幻的，而將人之心視爲絕對的東西：「自此猛悟，所學皆虛，了無實際，惟一心是實」。他也反省：「妄欲以雜霸之術，拼命而行之，將以救燃眉之急，使以此治天下，初必有奇效；久之患氣必將愈烈。何也？人心難靜而易動者也」，他已經把任何事物都放在人心之糾結上來觀察了。由對心的認識，他得到了感應之理，認爲一心之力量傳於空氣，使質點大震盪，而入乎衆人之腦氣筋，精神藉物質運動而相互感應，物質到最後也成爲靈之存在，於此感應之理乃得作用。

他又認爲心的力量雖不能與天地比，但天地縱大，亦可由心成之，毀之，改造之，無不如意，「至誠所感，可使飲羽，是理爲心所致，亦即天爲心所致」，而如今中國之劫運，是由人心製造而成，自必以心解之，心力之爲用亦在此。《治心免病法》係由心力免除個人疾病，但經過譚氏的轉化，心力卻成了免除國家及人類弊病的原動力，他說：「嗣同既悟心源，便欲以心度一切苦惱衆生」。

人心既是彼此感應，無所不通，他又從英人韋廉臣著《古教彙參》一書中獲知「不論何教，皆有相同之公理：一曰慈悲，吾儒所謂仁也，一曰靈魂，易所謂精氣爲物，遊魂爲變也。」因此他站在「世界主義」（Universalism）的立場看個人行動的目標和價值，及人類通往善美的道路，那就是懷抱天下的「參天地贊化育」的天下心，他說：「以心挽劫者，不惟發願救本國，至彼極強盛之西國，與夫含生之類，一切皆度之」並「當自命爲天人，俯視萬國皆其國，皆其民」。

整個地說來，譚氏從佛學悟得的不外是「除救人外，更無他事之理」，他指望的是中國的復興和人類的拯救，然而這些都要依靠心力，心力是促使革新得以實現的原動力，這種觀點在《仁學》一書裏仍然被繼承著，提倡心學，以集合眾人心力，共圖大業。

譚氏此行的另一收穫是透過梁啓超而認識了康有爲的學說，原來「不知有佛，不知有孔子」的譚嗣同，因著康的學說而由古文到今文，浸於《公羊》的微言大義，改變了對經學的態度，所謂知孔子，乃意指首倡民權的孔子。此外，在北京也跟著梁啓超、夏曾佑打倒漢學，攻擊荀子。他也提出孔子自立爲素王，興民權，春秋譏世卿等看法，比康氏更激烈的是他舉〈佛肸〉〈公山〉二章以示孔子非盲目地尊周，但「後儒於〈佛肸〉〈公山〉兩章，幾不能讀」，於是他慨嘆孔子真義的失傳，如此「聖教不明」，「臣罪當誅，天王聖明」之邪說乘間而起，深入人心，諸大儒亦不能出此牢籠，良可哀矣。

他對君權的攻擊，極其激烈，認爲「今日君臣一倫，實黑暗否塞，無復人理」，他非難歷代君主的利己作爲，自秦始皇益變本加厲，至宋末，帝王更以規範制人，以倫常文字制人身心，然則，何爲君？他認爲「生民之初，必無所謂君臣，各各不能相治，於是共舉一人以爲君」，既共舉之，則必共廢之，這才算是君臣原來的合理關係，君爲天下人辦事，並非竭天下之膏血，以供其驕奢淫縱，或制定酷烈鉗制之法，欲爲子孫萬世計。民只有死事的道理，斷無死君的道理。以後的《仁學》也都採納了這些政治觀點和主張，並加入「衝決網羅」的急進精神。

由識佛，識康有爲學說及受傳統士之言的刺激，譚氏亦興起大同的理想，他的想法是：於學則「悉改文字之象形爲諧聲」，於政則「行井田封建，兼改民主」，於教則「言佛教」，如此地球之學政教可合而爲一，成爲普遍的、統一的世界形態。

於是在各種思想的融合下，譚氏在思想領域裏又開拓了新境界，梁啓超說他「自是豁然貫通，能匯萬法爲一，能衍一法爲萬，無所罣礙，而任事之勇猛亦益加」。

譚嗣同北行期間，他的父親爲他捐納了一個候補知府的官位，於是不得不結束那與友朋論學，廣泛探索知識的思想旅程。譚嗣同未嘗不想在南京有所作爲，然而南京的官場氣氛，使他頗覺痛苦，處處都是腐朽老大的官僚作風，他說：「如此黑暗地獄，直無一法一政」。在這種環境的壓迫下，他感到「於世間出世間兩無所處」，似乎他不再能見容於社會，歸屬感嚴重的被打消了，深刻的放逐感躍然升起，他覺得甚至連個人生存的最基本的安全感也喪失了，橫天地，縱古今，豈有如此之事乎？他更痛切的說道：「嗣同求去湖北，如鳥獸之求出檻縶，求去中國，如敗舟之求出風濤」。這就是他在黑暗勢力壓迫下的放逐感，大概是這種放逐感使他覺得無可能大有作爲於拯救當世：「天愛黃種，當有人焉起而肩之，非弟之所克任」，原先「誓拯同類」的胸懷在這時似乎由於外在的環境壓力，個人的某些挫折，而使他覺得「如仙人降謫，困辱泥塗」，而無所施展，茫無所依了。

但即使有放逐感，覺得無所施展，也依然無法完全排除他的救國理想，這是譚氏在時勢的壓力下所表現出來的矛盾性，他知道那種遁隱的安寧生活，是已經不可能再現也不可勉強求之的：「世局如許，岸谷谷陵，意中事亦目中事，更何處覓深山以誦讀自娛？春酒一杯，秋琴一曲，于胥樂兮！求之今日，烏可得耶？」而且「作羲皇上人，脫生今日，益飢驅無狀而已」，一方面憤念於黑暗的環境，一方面又知道遁隱是不可爲的，這兩種心情如何調解，到最後也只好默默承受這種困厄：「不先不後，生吾與子，以身丁其厄，天實爲之，謂之何哉？」於不合理的環境中，儘量使自己成爲合理的，因爲這是個人安身立命的安慰，也就是他所說的：「知其無可奈何，而安之若命，愧負無既而已」。金陵時期的一大半時間就在孤獨與痛苦中渡過。

金陵時期的生活是不愉快的，在苦惱困厄、空無依倚的心情中，他走向了佛學的精深研究，從楊文會爲師，其學又一變，除了師事楊文會外，他也隨時到上海和梁啓超見面，二人的私交以及思想上的交流，也以這一時期最密。上海不僅是他排解苦悶的去處，而且從交友論學中所獲得的種種思想上的激勵，更是使他不致灰心而仍孜孜於救國事業的力量。

這時瀏陽正在辦礦，藉著評論官辦商辦的利弊得失，他提出了對資本主義的見解。他把毫無節制，毫無約束的壟斷行爲稱做「私辦」，而私辦不是「明於天下之大計」，私辦是西方資本主義獨有的形式，譚氏看到此種資本主義形式的商業行爲所帶來的利益：

> 西人於礦務鐵路及諸製造不問官民，止要我有山有地有錢，即可由我隨意開辦，官即予以自主之權，絕不來相禁阻。一人獲利，踵者紛出，率作興事，爭先恐後，不防民之

貪，轉因而鼓舞其氣，使皆思出而任事，是以趨利若鷙禽猛獸之發，其民日富，其國勢亦勃興焉。此歐洲各國政府倚為奇策者也。

但也看出了資本主義發達後的嚴重弊病，那就是富者剝削貧者，大資本家操縱經濟：

而其弊也，惟富有財者始能創事，富者日盈，往往埒於國家，甚乃過之，貧者惟倚富室聊為生活，終無自致於大富之一術，其富而奸者又復居積以待奇贏，相率把持行市，百貨能令頓空，無可購買，金鎊則能令陡漲至倍，其力量能令地球所有之國並受其損，而小民之隱受其害，自不待言，於事理最為失平。

如此，貧富對立，被剝削壓榨者當然要起而反抗：

於是工與商積為深讎，而均貧富之黨起矣。其執政深厭苦此黨而無如何，此黨亦日與執政為難。環地球各國之經濟家朝夕皇皇然，孜孜然，講求處置此事之法，而卒莫得其要領。

儘管他知道此種資本主義經濟形態不是「明於天下之大計」，儘管他看清它的弊病，但他環視中國當前情勢後，仍然覺得「夾乎各大國之間，欲與之爭富強，舍此無以求速效」，更且「以目前而論，貧富萬無可均之理，不惟做不到，兼恐貧富均，無復大有力者出，而與外國爭商務，亦無復貧者肯努效死力，國勢頓弱矣」。雖則必須以資本主義爲富強的速效手段，但他仍然堅持財富平均分配的理想：「然無論百年千年，地球教化極盛之時，終須到均貧富地步，始足爲地球之一法」。

譚氏手段與理想之間的辯證過程是這樣的，他認爲「凡辦事有創始之材，有守成之材，似相反而實相成，所爭者，先後之序不亂而已」：

創始當節目疏闊，重予人以利，而不多為否閉之法，但期風氣速開，而事速以舉，不問流弊如何，一於勇往直前，雖利歸一二人，致召不平之怨怒，有所不恤，此歐美之所由也。氣勢已盛，守成者出，乃始漸漸調劑其盈虛，周密其法度，過者裁抑之，不及扶掖之，始足以日臻於治理，歐美頗昧於此，故均貧富之黨出而警醒之。雖時時倡亂，為世詬痛，實歐美之功臣也，不可少也，二者相持不下，不知相反有相成之理，夏葛而冬裘也，春播種而秋收穀也，時之先後異也，相持不下，不亦悲乎？

譚氏此函觀察中外，並提出自己的見解，是晚清經濟思想史的一篇重要文獻。

譚氏金陵時期的最大成就便是《仁學》的創作，這是他的思想的總合，《仁學》起草於光緒二十二年（一八九六年）九月，光緒二十三年（一八九七年）四月以前脫稿，譚氏將此書題曰：「臺灣人所著書」，「蓋中多譏切清廷，假臺人抒憤也」，此書成，他自藏其稿，而抄一副本交給梁啓超，梁逃亡日本時才付梓發布，始流傳於世。

這段時間他更計畫利用紳權，變相地實行議院民權。傳統社會結構，士紳是政府與百姓之間的橋樑，而在一個基層組織裏，士紳更是具有領導性的地位，譚氏即著眼於此，欲加以

譚嗣同與友人合照

葉覺邁、譚嗣同、王史、歐榘甲、熊希齡、韓文舉、唐才常、李維格

最適當的應用。他更想立學會，認爲「今之急務，端在學會。……上即不變法，而終不能禁下之無學。鍥而不舍，金石爲開，國存而學足以強種，國亡而學足以保教」。興議院，行民權，立學會是譚氏改革主張的最積極內容，此後活動亦以此爲最高目標。

譚氏的立會活動也是積極的，包括測量會、女學堂、農學會、不纏足會，任《時務報》董理等。

光緒二十三年九月底，康有爲、梁啓超、譚嗣同首在上海集議，這次會談的目的是想把他們亡後之圖的目標，作更進一步的推展，因爲這時湖南新政運動正熱烈進行，而梁又被聘爲時務學堂的教習，這是他們必需掌握的時機，帶著這些共同商議的目標，譚於十月棄官返湘，開始另一階段的改革行動。

譚嗣同抵湘前，湖南新政運動中以時務學堂最具意義，及譚梁返湘，新政運動更是積極展開，他們在課堂上宣揚民權、排斥君主專政，影響所及，湖南青年知識分子要求改革的情緒就更加激昂。

這年冬天，譚嗣同與梁啓超稟請開學會，以後在湖南官紳的共同發起下，於戊戌（一八九八年）正月下旬趨於成熟，是爲南學會，提倡民主政治的理想，以及平等、自由、質簡的習尚，保持反階級反陋俗的作風，確已盡到啓迪湖南人士聯合羣力，致力新學的效果。又與熊希齡、唐才常創刊《湘報》，採日報形式，是維新志士發表改革言論的園地，也是除《湘學報》外，與南學會、時務學堂陰相等應的刊物。此外又成立保衛局、團練與延年學會、羣萌學會等。

正當湖南新政運動蓬勃展開之際，以王先謙、葉德輝爲首的湖南守舊士紳結爲一強固陣線，從二十四年春間開始，對新政予以激烈的反對，當時嗣同仍保持著軒昂的氣勢，他說：「今日中國能鬧到新舊兩黨流血徧地，方有復興之望，不然，則真亡種矣。佛語波旬曰：『今日但觀誰勇猛耳』」。儘管如此，他仍漸漸感覺到新黨大勢已去，面臨絕路，就在湖南新政幾乎瀕臨絕境時，早有變法圖強之心志的光緒帝於四月二十三日頒定國是詔，決心求變改革，徵召譚嗣同等，這對他而言，不啻是生命的轉捩點，他似乎感覺到，他可以走另一條路，以另一種形式完成他的理想。

4 矛盾與結局

譚嗣同生命中最具有色彩的部分是他的革命情緒，表現在思想上就是「衝決網羅」的精神，在政治上是種族意識及對既有制度的徹底反叛，甚至指向專制王朝的統治者：「彼君之不善，人人得而戮之」。是人在決定政體與政策，如此，那批掌握權力的統治者自然就成了他反抗的對象，這樣的否定實際上也就是革命了，他認爲只有藉此反抗的行爲，時勢才有可爲：

或難曰：假使盡劃除諸公而易以賢才，而時勢已無可為，又將奈何？曰：苟盡易以賢才矣，又豈有不可為之時勢哉？

然而，譚氏畢竟深深浸濡於當時的政治系統、社會系統中，傳統的理念對他仍具有強大的作用，一方面覺得需要非常的革命手段，一方面又拋不開傳統的包袱，這兩種相反的理念糾纏著他，使他陷入矛盾的困境之中，在南學會，譚氏與畢永年的一次問答裏，譚氏悲痛地流露了源於矛盾困境的內心深處的苦楚：

永年謹再問：頃聞復生先生講義，聲情激越，洵足興頑起懦。但今日之局，根本一日不動，吾華不過受野番之虛名；鑾輿一旦西巡，則中原有塗炭之實禍，所謂保種保教，非保之於今日，蓋保之於將來也，此時若不將此層揭破，大聲疾呼，終屬隔膜，愈欲求雪恥，愈將畏首畏尾，或以西學為沽名之具，時務為特科之階，非互相勦襲，即僅竊皮毛矣，質之高明，當有良法。

（譚）答曰：王船山云：抱孤心，臨萬端，縱二千年，橫十八省，可與深譚，惟見君耳，然因君又引出我無窮之悲矣。欲歌無聲，欲哭無淚，此層教我如何揭破，會須與君以熱血相見耳。

畢氏所謂的根本當是指立國的大原則，那就是以天賦人權的民主理念爲根基的政體。畢氏從根本立論，意指對既有制度的全盤否定，這些見解也都和譚氏的主張相合，但對於根本的推翻，譚嗣同卻感到「此層教我如何揭破？」他只能表示「欲歌無聲，欲哭無淚」，他是陷在矛盾之中而苦惱於該採取什麼方法，另一方面，「會須與君以熱血相見耳」，滿腔熱血還是在翻騰著。

譚氏最後決定採取藉著一套權力系統進行改革的方式，以達到爲四萬萬黃種立命的目的，非常手段的主張與種族意識只好暫時隱藏，但並非消失，但即使權宜之計也不能爲他徹底解決難題，最後只是一步一步的走向悲劇的結局。

七月二十日，譚氏抱著孤注一擲的決心進入朝廷，這時，宮廷的權力鬥爭已激烈進行，帶有理想主義色彩的譚嗣同，自然無法清楚知道他已陷入權力爭奪的漩渦中，才不過十餘天的工夫，后黨穩佔上風的形勢已完全顯露，譚嗣同復鋌而走險，企圖勸說袁世凱發動宮廷政

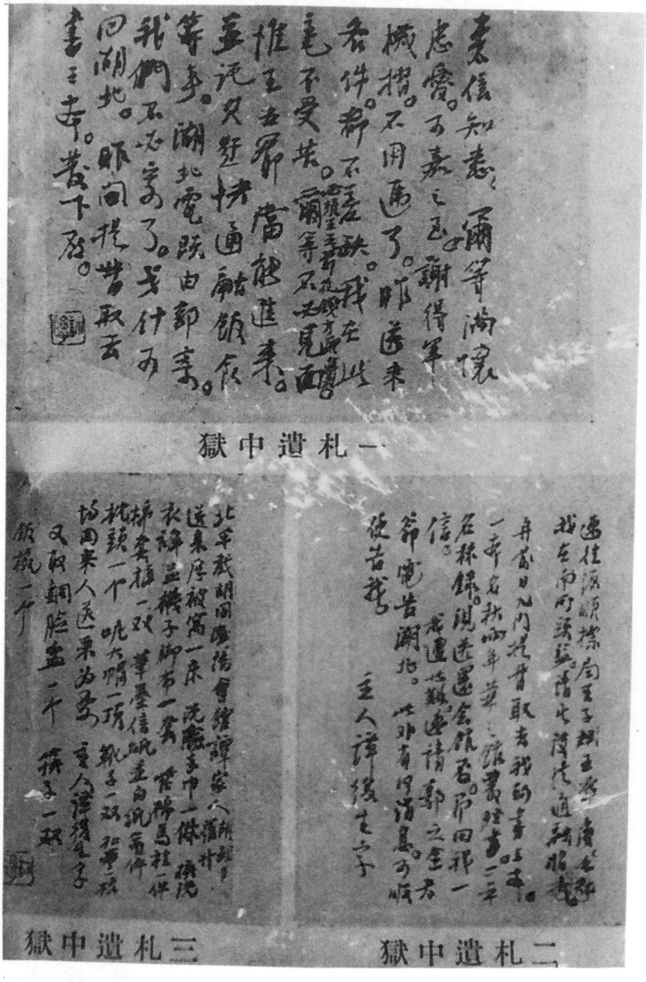

譚嗣同墨蹟

變，這項謀劃終遭大敗。八月六日，政變爆發了，他拒絕出走，曰：「各國變法，無不從流血而成，今日中國未聞有因變法而流血者，此國所以不昌也。有之，請自嗣同開始！」昂然氣魄英勇地貫徹到底，十三日，就在「有心殺賊，無力回天。死得其所，快哉快哉！」的慷慨激昂中，從容就義了，時年三十有四。近代大儒熊十力讚之曰：「戊戌政變，首流血以激天下之動者，譚復生嗣同。……嘗與友人林宰平梁漱溟言，自清季以來真人物，唯復生一人足當之而已」（《讀經示要》卷二），以後革命志士那種發揚蹈厲的革命精神，均是深受其影響。

二、《仁學》的思想體系

譚嗣同一直被認爲是戊戌六君子中最具有思想家氣質，又是一個最富有創造力的哲學家，使他獲得此一美譽的就是《仁學》一書，同時也由於這本著作而使梁啓超發出晚清思想界之一彗星的讚詞：「僅留此區區一卷，吐萬丈光芒，一瞥而逝，而掃蕩廓清之力莫與京焉」（《清代學術概論》）。

《仁學》一書呈現了譚嗣同的整個思想面貌，也是甲午思想一大變後的豐碩成果。從歷史的背景來看，十九世紀中葉太平軍武力革命結束以後，知識分子開始醞釀改革思想，指出救國的道路，到了九十年代，平穩的改革時期結束了，內部的制度愈形僵化，外來帝國主義的侵略更變本加厲，各肆侵凌，瓜分豆剖，把中國推向深重的痛苦深淵中，這步境地正是譚氏在丁酉年所痛喟的：「世間無物抵春愁，合向蒼冥一哭休。四萬萬人齊下淚，天涯何處是神州！」而《仁學》之作正是處於如此一個驚濤駭浪的時代背景，在悲痛中，譚嗣同熱烈地重新觀察學習西方的政教文物，艱苦地思慮著，探索著中國的道路，甚或世界的未來，詳考中國歷代政治得失、目前情勢，綜合各種學説，爲他所思索著的中國道路提供了一套哲學的基礎，並從而延伸出他對政治、社會、經濟等方面的各項觀點；到了一八九七年，這一套完整的思想體系就構成了。他提到創作時的熱烈情形：「每思一義，理奧例賾、坌涌奔騰、際筆來會，急不暇擇」，而整部著作的精神底蘊就是「衝決網羅」：「爲流涕哀號，強聒不舍，以速其衝決網羅」，「初當衝決利祿之網羅，次衝決俗學若考據、若詞章之網羅，次衝決全球羣學之網羅，次衝決君主之網羅，次衝決倫常之網羅，次衝決天之網羅，終將衝決佛法之網羅」，充滿了衝創意志。

《仁學》寫作的時代是一個新舊事物劇烈變動，西方新思潮激盪的時代，同時也是梁啓超所說的是「學問飢荒」的時代，也因此，《仁學》所表現出來的譚嗣同的思想是駁雜的，幾乎每一個思想要素，都揉合了中西思想的成分。在西方思潮方面，除了資本主義的衝激外，自然科學的知識佔了最重要的地位，譚嗣同所學習到的自然科學，包括聲、光、化、電等基礎知識，以及格致、算學，除此，拜訪傅蘭雅時所見到的「種種異人、異事、異物」更有其決定性的影響，《仁學》中就以物理學上的「以太」做爲宇宙論根基，對人類的未來並充滿者「科學性」的幻想。往東方，他所找到的是佛教的唯識宗和華嚴宗，佛學於是被用來作爲他的哲學思想的基礎，但是我們更應該指出，《仁學》中譚氏卓越的社會政治思想幾乎完全生根於中國優秀而源遠流長的民本思想傳統，在譚嗣同思想形成的過程中，完整介紹西方政治社會學說的著作還沒有出現，梁啓超也說：「《仁學》下篇，多政治談，……彼輩當時，並盧騷《民約論》之名亦未夢見，而理論多與暗合」，這充分說明了在時代的巨大潮流和自覺的救國熱情的推動下，譚氏所具有之足以自豪的偉大創造能力。

駁雜的思想，形成了《仁學》的豐富面貌，譚嗣同亦自謂：「凡爲仁學者，於佛書當通華嚴及心宗、相宗之書，於西書當通新約及算學、格致、社會學之書，於中國當通《易》、《春秋公羊傳》、《論語》、《禮記》、《孟子》、《莊子》、《墨子》、《史記》，及陶淵明、周茂叔、張橫渠、陸子、王陽明、王船山、黃梨洲之書。」

1 《仁學》的哲學思想

《仁學》思想體系的基礎是哲學思想，而被譚嗣同用來作爲哲學思想之物質基礎的就是「以太」（Ether）。

「以太」是物理學上的名詞，代表了人類科學史上科學家對絕對座標之追求的重要中途站，最先提出這個觀念的是十六世紀的笛卡兒（René Descartes），他認爲物質與物質間的傳達，需要一個媒介，這個看不見的媒介，笛卡兒就稱爲「以太」，到了十九世紀，物理學家更進一步推論，當能量從一物體傳送到另一物體，必須有介質或物質的存在，作爲能量離開一物體而尚未抵達另物體前的存身之處，所以他們提出以太的假設，而認爲以太充滿整個宇宙的真空處。這個觀念隨著其他科學知識傳到中國，而被譚嗣同用來作爲他的哲學思想的基本範疇，在譚嗣同的哲學思想中，借著他豐富的想像力，「以太」一變爲是一種無聲、無臭、超感覺的、產生萬物的根源，不僅肉身賴以形成，宇宙亦賴以維繫：「偏法界、虛空界、眾生界、有至大之精微，無所不膠粘、不貫洽、不筦絡，而充滿之一物焉，目不得而色，耳不得而聲，口臭不得而臭味，無以名之，名之曰：『以太』」。像光線、聲音、電流的傳達，宇宙星球的相吸、人類心靈的感應，這些萬事萬物，不能從它們自身去求得解釋，而必須進一步去追求它們的「主其宰」、「司其動」，它們的「所以相通之神之故」，這就是「以太」，是「浪、力、質點、腦氣」運動的主宰，「法界由是生，虛空由是立，眾生由是出」。

以太也被譚氏認爲是不依賴人類主觀意識而獨立存在的客觀物質：「……任剖某質點一小分，以至於無，察其爲何物所凝結，曰惟以太」，推而廣之，就建立了他的「以太一元論」：整個大千世界「皆互相吸引不散去，曰惟以太」。

譚嗣同將「以太」的觀念發揮到最頂點，就是擺脫「以太」的物質性，而昇華爲精神的根源，父子、兄弟、君臣、朋友、家國天下等倫理關係、制度結構得以成立，也是以太的功能，更深一層的説：

> 其顯於用也，孔謂之「仁」，謂之「元」，謂之「性」。墨謂之「兼愛」，佛謂之「性海」，謂之「慈悲」，耶謂之「靈魂」，謂之「愛人如己」，「視敵如友」，格致家謂之「愛力」、「吸力」。

再具體精括之，就是「仁」：「無形焉，而爲萬形之所麗，無心焉，而爲萬心之所感，精而言之，夫亦曰『仁』而已矣」。「仁」是譚氏在觀察思考自然、社會各種現象後，在「以太」的基礎上，被提昇和抽象化了的宇宙總規律。

同「以太」之永恒遍在性一樣，仁也充塞於天地萬物之間：「夫仁，以太之用，而天地萬物由之以生，由之以通」。以倫理價值視之，仁是統攝一切德性的，天地間亦仁而已矣，無智、勇、義、禮、信之可言。智勇義禮信在他看來都是人爲的「名」，「名忽彼而忽此，視權勢之所積，名時重而時輕，視習俗之所尚」，只有仁才是本體的，當人陷於人爲的「名」，則不但失去了對事物的真實認識，而且破壞了本體，是故：「仁之亂也，則於其名」。「不識仁，故爲名亂，亂於名，故不通」，人只有依從本體，肯定本體的價值，才能認識真實。

破除「名」的限制，一切豁然開朗，又由此延伸出通的內容：「仁以通爲第一義」，「是故仁不仁之辨，於其通與塞。……苟仁，自無不通，亦惟通，而仁之量乃可完」。「仁——通」的首要內容就是事物的結合，世界不是孤立隔絕的，而是息息相關，他強調經過本體的「仁」的相通，一切事物都是「相維繫不散去」，「互相吸引不散去」，彼此結合，不相隔絕。透過「仁——通」的發展，就達到「平等」：「通之象爲平等」，「平等者，致一之謂也。一則通矣，通則仁矣」，這個「平等」就是譚嗣同由客觀物質的規律演繹出來的政治性、社會性的要求和目標。

「以太」是永恒遍在的，譚氏說是「不生不滅」，這也是譚氏對世界認識的根本基礎，他以原質不滅的化學原理來說明，水的化合，人類體魄之質點粘合，都是「生固非生，滅亦非滅」，雖則不生不滅，但其原質卻是運動的，所以譚氏認爲「以太」的不生不滅永遠只能存在於「以太」本身的變動中，譚氏把它稱做「微生滅」：「不生不滅烏乎出？曰：出於微生滅，……乃以太中自有之微生滅也。……求之過去，生滅無始，求之未來，生滅無終，求之現在，生滅息息，過乎前而未嘗或住」。於是借著「微生滅」而轉化出「生滅」的關於事物運動、變化、發展的觀點，「不生不滅」是本質上的不變，「生滅息息」就是事物的變化發展：「則日日生者，實日日死也，天曰生生，性曰存存，繼繼承承，運以不停」。

世界萬物不斷變動發展，時間也是如此，事事物物，川流不息，生生滅滅，滅滅生生，其結果一切都朝新的方向發展，這就是譚嗣同從「生滅」所演繹出來的「日新」觀點，而「日新」的根源就是「以太」的動機，動機來自兩種相異勢力的作用：「吾試言天地萬物之始：洞然窅然，恍兮忽兮，……俄而有動機焉，譬之於雲，兩兩相遇，陰極陽極，是生兩電，兩有異同，異同攻取……有有之生也，其惟異同攻取乎」，「動機」一發，其勢沛然浩然，莫之能禦，所以譚嗣同說：「以太之動機，以成乎日新之變化，夫固未有能遏之者也」。世界萬物都是如此不斷地變動著，基於這個觀點，譚氏闡述了宇宙人生的變化日新，他以進化論的觀點，說明宇宙之形成和發展：

天地萬物之始，一泡焉耳、泡分萬泡，如鎔金汁，因風旋轉，卒成圓體，日又再分，遂得此土，遇冷而縮，由縮而乾，縮不齊度，凸凹其狀，棗暴果膜，或乃有紋，紋亦有理，如山如河，縮疾乾遲，溢為洪水，乾更加縮，水始歸墟，沮洳鬱蒸，草蕃蟲蜎，璧他利亞，微值微生，螺蛤蛇龜，漸具禽形，禽至猩猿，得人七八，人之聰秀，後亦勝前。

從大的方面看，整個宇宙是不斷進化的，從小的方面看，人亦不斷變化日新，生命正是存在於不斷新陳代謝、成長茁壯的過程中。

不但生命，萬物都是如此，譚氏相信「變化日新」是萬物普遍而又絕對的進化定律，他認爲凡是日新的，便是好的，而不日新且開倒車，往後看的，便是壞的，他說：「夫善至于日新而止矣，夫惡亦至于不日新而止矣。天不新，何以生？地不新，何以運行？日月不新，何以光明？四時不新，何以寒暑發斂之迭更？草木不新，豐縟者歇矣，血氣不新，經絡者絕矣，以太不新，三界萬法皆滅矣」，又說守舊就是「自斷其方生之化機，而與於不仁之甚，則終成爲極舊極敝一殘朽不靈之廢物而已矣」。由「不生不滅」的「以太」發展出「生滅」的物質變化發展，再演繹出「日新」的事物普遍法則，最後借著「日新」而延伸出譚嗣同的政治性、社會性要求和目標。

「以太——仁——通——平等」是以太之用的累進發展，「以太——不生不滅——生滅——日新」是以太的性質和物質的變動規律，這兩條線相疊相融、相合相化的結果。即是譚氏更進一步提出的「辨對待」之說，在這一個觀點上，譚氏否認了相異事物的永恆和絕對性，他認爲相異（對待）只是暫時的、變易的、不穩定的、相對的，它不是真實的本體而只是虛假的現象和人爲的概念，它們可以互相依存並彼此轉化，像「大」「小」、「多」「寡」、「真」「幻」、「庸」「奇」，這些都是人爲的「名」，實際上它們都在「生滅」的變動中互相依存，是相對的，彼此轉化。此外，譚氏所見聞之十九世紀的科學成就，必然使他感覺到世界萬物之間沒有什麼絕對不變的，一切都在變化中，所以一切「對待」不論物理的或形上的皆可破之：「漲也縮之，微也顯之，亡也存之，盡也衍之。聲光虛也，可貯而實之，形質阻也，可鑒而洞之，聲光化電氣重之說盛，對待或幾幾乎破矣！」對待破則事物

「通」，彼此結合，所以萬物平等：「無對待，然後平等」，從而又衍生出譚氏的政治性、社會性要求和目標。

以「破對待」之說爲樞紐，譚氏開始進入東方哲學的領域，這個領域涵化了上述的思想基礎，藉著它的認識論，整個《仁學》的哲學思想便有了實質上的跳越，這就是被譚氏稱爲「西學之源」的佛學，精確的說就是佛教唯識宗的玄奧内心世界，它是企圖通過對世界諸現象的「分析」、「體悟」而達到否認世界萬物的真實性。唯識論認爲「阿賴耶識」（心）是一個人生命的中心，每個人最深奧的内面根據。感覺是我們「意識」的現象而已，所以我們的世界是意識性的現象而已，並非真實，一般人所以誤以爲世界萬物是真實，都是由於「我見」的迷妄，其實這一切乃是「識」所變現，反過來說，一切現象，是識性所顯的差別相，識有那麼多，其所變現的對象（世界）也有那麼多，所以認爲我們的世界是由於每個人的阿賴耶識所創造出來的外境形相，所以說「三界惟一心，心外無別法」。在這個地步上我們要捨離「對象化」的分別，由根本心的作用，來内感一切萬象，始能將「識」與「境」打成一片，不偏主觀及客觀，以體會宇宙的實相，如此才能轉「識」成智，達到至真的境界。在上述的唯識基礎上，譚嗣同建立了他的認識論，產生了「不生不滅——生滅」循環不已，破除我見，萬物無「自性」、萬物有「知」，獨任靈魂等含括在這個認識論下的觀點。

「不生不滅」的永恒性和「生滅」的變動性，經過認識論的再審視，兩者就有了循環不已的關係，他認爲：「昨日之天地，物我據之以爲生，今日則皆滅；今日之天地，物我據之以爲生，明日則又滅，不得據今日爲生，即不得據今日爲滅，故曰：生滅即不生不滅也」，

「以生爲我，而我倏滅，以滅爲我，而我固生，可云我在生中，方可云我在滅中，故曰：不生不滅即生滅也」。這種「但有回環，都無成毀」的循環論，很自然的就又成爲輪迴之說了：「無時不生死，即無時非輪迴」。

譚嗣同認爲世界萬物都無自性，物物間的「異性」，只是「質點之位置與分劑有不同耳」，不同原質的化合可以造成不同的物性，我們所感覺到的不同只是外在不同構造的物質作用於感官的感覺而已。

關於「知」的問題，譚嗣同也是從他的認識論出發來了解的，他認爲人和萬物都有「知」，「虛空之中，亦皆有知」，「人之知爲繁，動物次之，植物以下，惟得其一端，如葵之傾日，鐵之吸電，火之炎上，水之流下，……在人則謂之知，在物乃不謂之知，可乎？」「人知」和「物知」的性質是被他等同看待。他論證「知」不是出自於「心」或「腦」，「切而求之，心何以能司血？腦之形色何所於用？夫非猶是好惡攻取也歟？」「知」成了一種物理性的作用，是超於「心」、「腦」這物質實體之外而爲心之「能司血」，腦之有「所用」的「好惡攻取」的功能，正因爲如此，譚嗣同認爲萬物都有「知」，因爲萬物都具有這種物理性的功能：「人亦一物耳，是物不惟有知，抑竟同于人之知，惟數多寡異耳」。更進一步，他認爲「知」出自「以太」，宇宙間到處都有以太，所以「知」也是遍在、同一、不生不滅的，靈魂就是「不生不滅之知」，由這種了解，譚嗣同也就有了「獨任靈魂」的想法：「謂物無靈魂，是物無以太也，可乎哉？」「人既日趨於靈，必化爲純用智純用靈魂之人」，如此而落入玄虛之境。

譚嗣同認識論之最高發揮就是他抓住了變化萬千之現象界的複雜性，以及人們之無法充分正確了解這現象界，而來證明人們認識之不足恃、不可信：「眼耳鼻舌身所及接者，曰色聲香味觸五而已，以法界虛空界眾生界之無量無邊，其間所有，必不止五也明矣。僅憑我所有之五，以妄度無量無邊，而臆斷其有無，奚可哉！」物質世界是如此虛幻和多變，而人們卻常執幻爲真，以偏概全，固執一端，所以故，是因爲潛藏於人們內心且被視爲當然之「我見」的作用，有「我見」，則必產生「對待」：「對待生于彼此，彼此生于有我，我爲一，對我者爲人，則生二，人我之交，則生三。參之伍之，錯之綜之，朝三而暮四，朝四而暮三，名實未虧，而愛惡因之，由是大小多寡，長短久暫，一切對待之名，一切對待之分別，殽然闐然」。

繼續了上述由「仁——通」和物質運動規律而來之「辨對待」的認識，再經過唯識觀點之認識論這一層次的觀照，譚嗣同提出了「破對待」的根本之道，既然「對待」不是客觀存在的而是由於「我見」，那麼要破除對待以達到「通」的理想，就不需要認真的去研究對待，了解對待和改造對待，而只需要從排除造成對待的「我見」入手，他首先把人類的意識看作是一種巧妙的類似電流的物理運動：「偶萌一念，電象即呈，念念不息，其動不止，易爲他念，動亦大異，……於其異念則異動」，譚嗣同認爲正是由於不同的念，產生不同的腦氣動法，由腦氣之動各異，所以就產生「不通」，於此，他決定了求「通」的途徑，那就是斬斷意識：「今求通之，必斷意識，……意識斷，則我相除，我相除，則異同泯，異同泯，則平等出，至於平等，則洞澈彼此，一塵不隔，爲通人我之極致矣」。

而「欲斷意識，必自改其腦氣之動法」，那就是「外絕牽引，內歸易簡，簡之又簡，以至於無」，此爲根本之道，有了這種類似「直覺」、「領悟」的工夫，真理乃出，「斯對待不破以自破」，這正是譚嗣同認識論的最高理論，所謂「轉業識成智慧」，就是唯識論的一套轉識成智的修證工夫，同時，這個「智」，也被認爲是認識的頂點，一個絕對的真理：「識者，無始也，有終也，業識轉爲智慧，是識之終矣」。

就這樣，譚嗣同貫徹了他以佛教唯識論爲基礎的認識論，由此而推進到整個《仁學》哲學思想的最高峯，那就是「腦氣所由不妄動，而心力所由顯，仁矣夫」的「心力」。經過層層的探索，他終於找到人類心中某種神秘玄虛的力量，他說心力猶如力學上的凹凸力，「凹凸力一奮動，有挽強持滿，不得不發之勢，雖千萬人，未或能遏之而改其方向者也」，這樣的「心力」是雷霆萬鈞，無所不通的，「夫心力最大者，無不可爲」。

我們也可以更精確地說，「心力」是整個《仁學》哲學思想發展到最後的最高政治性、社會性的要求和目標，由於一切皆定於一心，所以譚氏也就把一切罪惡的原因歸之於「人心」的後天的不善、歸之於人因自私自利而起「機心」，「機心」生「我相」、「我識」，歸之於人類萬物的心力受阻而不能交通融匯，從而也就「不通」、「不仁」了，譬如他看中國，「知大劫行至矣，不然，何人心之多機械也」，「西人以在外之機械，製造貨物，中國以在內之機械，製造劫運，今之人莫不尚機心，……如釜中蝦蟹，囂然以鬨，火益烈，水益熱，而鬨益甚，故知大劫不遠矣」。

而這一切「劫運既由心造，自可以心解之」，若能先去機心，重發一慈悲之念，便可

「使心力驟增萬萬，天下之機心，不難泯也」，因爲「心力之實體，莫大於慈悲」，心力大顯則天下一家，譚氏在這裏提出「以心度一切苦惱眾生」，「以心挽劫」，要求大家「慈悲」，去除「我相」，「斷意識」，「泯滅機心」，使「心力」相通，人我合一，這樣「仁」也就能豁然體現了。

譚氏既以爲「心」能不依賴客觀事物而存在，並能創造、改變一切：「一切惟心所造」，於是也就「尊靈魂，培體魄」，認爲一切問題，皆可直接由心來解決，複雜萬變，豐富多采的世界萬物，被說成是爲一心所造，世界就被統一在一心的基礎上了。譚氏認爲如能求得人類萬物的「心力」相通，「仁」也就能實現，在這裏「心」反而又成爲「仁」的根本內容而爲宇宙本體了。於是，物質性的「以太」就成了只是彰顯「心力」的一個假借，所以譚嗣同說：「仁爲天地萬物之源，故唯心，故唯識」，「以太者，亦唯識之相分，謂無以太可也」，「以太也，電也，粗淺之具也，借其名以質心力」。

由萬物之物質性本源的「以太」演繹出「心力」的結論，正是譚嗣同「仁學」哲學思想的最高目標，在那種國勢衰弱的時代環境中，他仍然懷抱著中國可以復興的希望，這個希望的實現是依賴人心的改造，他相信，歸根結底，只有透過觀念、意識的改造，中國才有前途，此即「反躬自責，發憤爲雄，事在人爲，怨尤胥泯，然後乃得一意督責，合併其心力，專求自強於一己」。也就是在這「心力」的結論下，譚嗣同的哲學體系初步構成了。

熱烈地吸收廣博的知識，以敏銳的思考和豐富的想像力來構造他的哲學體系，這是譚嗣同具有思想家氣質的表現，從時代背景來觀察，則他的確表現出非凡的創造力，承繼了中國傳統學術思想，並注入新的成分，成爲開創新局面的一股堅銳力量、新中國誕生前的前奏。

他強調「道」「器」合一，認爲「道」不能獨立存在，必須有它的物質基礎，又將宇宙萬物的根基置於「以太」的物質性基礎上，這是譚氏思想最具突破性、獨創性的一面，並企圖從自然法則中抽引出人人應守、放諸四海而皆準的不變規則來，這就是「仁——通——平等」的一系列原則，如此，世界已從物質的聯繫，提升爲精神力量的結合。

「仁」之觀念爲儒學之神髓，到了康有爲、譚嗣同，他們爲「仁」提出新的解釋，固然譚氏對仁的觀念有一部分是源自康有爲，譬如仁爲「以太」，仁爲「通」等，但譚氏仍具有他的獨創性，譚氏在「以太」的功能（Function）和實體（Reality）的界說上就顯得更精微，其「天地間亦仁而已矣」，仁統攝智、禮的觀點更是超出了康氏的範圍。

從宇宙總規範的「仁」演繹出來的「通」，也是譚氏哲學理論中具有創造性的一點，康有爲所認爲的「仁」還是有著差等的性質，但譚氏則消除這種差等性質，人與人是通的，人與物也是通的，因爲「以太尤不容有等差」，「道通爲一」，所以要「有間者通之而無間，有等級者通之而無等級」，此即泯除因後天環境而產生的不平等現象，而達到平等的要求。

也許可以說譚氏哲學思想中最具建設性的就是對變動觀念的深刻了解，變動的連綿不絕和持續不斷形成了萬物的變化和發展，於是自然和社會就是一個永恒的運動、變化、發展的過程，「微生滅」、「生滅」、「日新」都是在體現歷史的延續和進化，而「日新」也就形成了譚氏改革思想的基礎。

但譚氏思想，由於過分普遍化了某些個別的事項，或從個別的事項做了誇大的推演，甚至經過佛家唯識宗認識論的轉化，結果也產生了不少弊端。像前面說過的，譚嗣同曾經見聞了科學發達的成就，於是以爲看到了世界萬物之間不存在著什麼不可逾越的鴻溝，因此走向了相對主義。同時對於概念和實際，名和實的主觀性了解，也使他走入相對主義的詭辯論的泥淖中而不能自拔。

按照譚嗣同的觀點，世界萬物之間的界限是不存在的，「凡對待之詞皆當破之」，這放在對當時倫理體制的批評上，是有其積極的意義的，但對宇宙現象的了解就不免有所偏了。他破除了「生」和「滅」的客觀界限，「動」、「靜」之別亦破之，他說：「精而言之，動即靜，靜即動，尤不必有此對待之名」，動靜的界限也是不存在的，差別沒有了，界限混淆了，變的觀點，成爲不變的觀點，這正是他所說的：「然其能衝決，亦自無網羅，真無網羅，乃可言衝決，故衝決網羅者，即是未嘗衝決網羅」。這麼說來，這個世界還有什麼能讓我們確切把握的？

2 《仁學》的政治思想

譚嗣同《仁學》的政治思想與其哲學理論保持著緊密的演繹關係，這也反映了其哲學思想體系和政治主張實質上之密切的關聯。從「仁——通——平等」，「生滅——日新」和「心力」之爲用等等觀念上引出了急進的政治批判的邏輯結論。同時，在局勢的壓力下，沉痛的心情，激昂的意志，使得他將批判的利劍刺向現實的制度和政權，而這些充滿了愛國思想和民本精神的對君主專制、倫常名教和滿清政權的勇猛批判，是譚氏政治思想中最重要的內容和特色。

譚嗣同對現實制度和政權的批判，是來自他對中國歷史演變的了解，他認爲整個中國學術、政治的發展在先秦由孔子集其大成，孔子以後，孔學衍爲兩大支，一支由曾子傳子思而至孟子，孟子宣揚民主之理，以繼承孔子之志，一支由子夏傳田子方而至莊子，莊子痛詆君主專制，不幸，這兩支都絕而不傳，「冒孔之名，敗孔之道」的荀子乃乘隙冒出，提倡「法後王，尊君統」，「有治人，無治法」，陰防後人的變法思想，「又喜言禮樂政刑之屬，惟恐箝制束縛之具之不繁」。「爲禍暴著於世」的李斯承襲了荀子的尊君思想，並全面地、有效地轉用於實際的政治制度上，在學術方面：「在下者術之，又疾遂其苟富貴取容悅之心，公然爲卑諂側媚奴顏婢膝而無傷於臣節，反以其助紂爲虐者名之曰：『忠義』，在上者術之，尤利取以尊君卑臣愚黔首，自放縱橫暴而塗錮天下之人心」，自此以後，學與政「二者相交相資」，倡邪說而壞萬世之心術，盡窒生民之靈思。而諸大儒亦卒莫能脫此牢籠，且彌酷而加厲，他很痛心的說：「自生民以來，迄宋而中國乃真亡矣！天乎人乎！」至明更不堪問。檢討了歷史的演變，環顧目前情勢，他激烈地說道：「二千年來之政，秦政也，皆大盜也；二千年來之學，荀學也，皆鄉愿也，惟大盜利用鄉愿，惟鄉愿工媚大盜」。譚氏的這番批判已經達到了驚人的程度，他堅決地否定了傳統的專制制度，指出被尊爲「忠臣」者，不過是「助紂爲虐」的奴僕幫兇，指出歷代「大儒」或知識分子也不過是「幫閒清客」的身分。

在這種激烈的批判下，譚氏提出了類似西方契約論的觀點來解釋君主的產生，他說：

「生民之初，本無所謂君臣，則皆民也。民不能相治，亦不暇治，於是共舉一民爲君」，君與民的關係是：「非君擇民，而民擇君也」，「因有民而後有君，君末也，民本也」，「君也者，爲民辦事者也，臣也者，助辦民事者也，賦稅之取於民，所以爲辦民事之資也」，因此，君主與人民的關係應該是平等而不應該是專制，對待君主也和對待一般人一樣，好的可以共舉他，不好就共廢他：「夫曰共舉之，則且必可共廢之」，「事不辦而易其人，亦天下之通義也」，一切以事理作合理的轉移，而不以君主爲對象作轉移：「一姓之興亡，渺渺乎小哉」。君主與人民站在平等的地位，所以譚氏反對傳統的君臣倫理，在他看來「二千年來君臣一倫，尤爲黑暗否塞，無復人理，沿及今茲，方愈劇矣」，他尤其指責所謂「死君」的愚忠，他說：「君亦一民也，且較之尋常之民而更爲末也，民之於民，無相爲死之理，本之與末，更無相爲死之理，……止有死事的道理，決無死君的道理，死君者，宦官宮妾之爲愛，匹夫匹婦之爲諒也」。從另一方面看，譚氏也指出，君主的專制心理是自私的、卑鄙的，既惡其爲前主死節，卻爲之祠禱崇拜，既強其守貞者爲仕，卻又訴其不貞，知識分子被其玩於股掌之上，不是被辱就是被殺，道出了傳統知識分子的悲劇經驗。

握有絕對權力的「獨夫民賊」，爲了有效地控制國家，使臣子盡忠，百姓服從，復更以綱常名教爲工具，制人身心。本此，他重新解釋了傳統觀念中的「盡忠」和「叛逆」，指出：「彼君之不善，人人得而戮之，初無所謂叛逆也，叛逆者，君主創之以恫喝天下之名，不然，彼君主未有不自叛逆來者也，不爲君主，即詈以叛逆，偶爲君主，又諂以帝天」，由「成則爲帝，敗則爲寇」的傳統政治形態說明「叛逆」僅是一種相對的價值觀念，確是一針見血的言論。至於「忠」，「忠者共辭也，交盡之道也」，「古之所謂忠，中心之謂忠也，撫我則后，虐我則讎，應物平施，心無偏袒，可謂中矣，亦可謂忠矣」，因此，他揭露對那些「視天下爲其囊橐中之私產」，「掊克聚斂，竭澤而漁」的「民賊」，「猶以忠事之，是輔桀也，是助紂也」，而「三代以下之忠臣，其不爲輔桀助紂者幾希！」

譚氏對民權主義的提倡，對滿淸政權的攻擊是《仁學》政治思想「以殉教的精神力圖傳播者也」，其詞鋒銳不可當：「馬足蹴中原，中原墟矣，鋒刃擬華人，華人糜矣，……錮其耳目，桎其手足，壓制其心思，絕其利源，窘其生計，塞蔽其智術，繁拜跪之儀，以挫其志節，而士大夫之才窘矣，立著書之禁，以緘其口說，而文字之禍烈矣」。淸廷既是如此踐食中國，他於是激烈地主張：「吾願華人，勿復夢夢引以爲同類」，如此急進的政治批判，把譚氏引到了排滿革命的方向。

淸廷壓制於上，淸軍復助紂爲虐於下，上下煎迫，他看到了遍處的殘殺罪孽，所以又提出了「公罪」的觀念，謀反是公罪，所謂公罪，譚氏意指：是一種由公眾共同所爲的行動，不是個人或少數人以私人利益爲動機所做的事，「公罪則必有不得已之故，不可任國君以其私而重刑之也，且民而謀反，其政權之不善可知，爲之君者，猶當自反，藉曰重刑之，則請自君始」，這等於爲造反提出了最有力的理論根據，本此，譚氏在理論上一貫地表示了對造反的同情，「洪楊之徒，苦於君官，鋌而走險，其情良足憫焉」。並大肆讚揚了法國大革命的「誓殺盡天下君主，使流血滿地球，以洩萬民之恨」的民權革命行動，把排滿的書籍秘密地介紹給他的學生朋友們。就是在這種反滿的結論，對「血流殆遍，徒自虐民」的魚肉百姓的極度憎惡中，譚嗣同升起了高度的革命情緒，這也正是《仁學》政治思想中最具震撼力的表現，也是由於這樣的革命情緒，使得當時的維新思想閃過一線異彩。同時在清季民族主義形成的歷史過程中，成爲洶湧的巨浪。

從十九世紀七〇年代開始，中國的國際局勢向前推進了一步，德、義在這時期完成統一。連同美、法、俄、日一起加入帝國主義向外擴張的行列，而原本雄踞一方的英國，在遠東開始遭遇到其他列強的競爭，爲著控制原料產地，拓張市場，爭取勢力範圍，列強之間交相競爭，其競爭的焦點正是中國，到了九〇年代，這種情勢更加惡化，中國益不能堪，處在這樣環境下，譚嗣同對國際關係到底抱持著什麼樣的看法？

基本上，他仍然站在「仁——通」的基礎上來看這個問題，即整個世界是天下一家，彼此相通：「全球者，一身一家之積也，……唧接爲鄰，鄰鄰不斷，推之以至無垠，周則復始，斯全球之勢成矣」，因此一種國際合作的方式是可能而且必要的：「可以通學，可以通政，可以通教」，更可以通商，「中外盡通，有餘不足，互相酌劑」，如此「眾生業力將消，中外必多同心者」。

對於國際政治問題，譚嗣同以各國贊成變法維新與否來決定該國對人類的貢獻，而基於「仁——通」的仁愛原則，維新的強盛之國對守舊的衰弱之國有義務「代其改革，廢其所謂君主，而擇其國之賢明者爲之民主」，把這種看法應用到中國來，則他認爲是「天仁之愛，陰使中外和會，救黃人將亡之種以脫獨夫民賊之鞅軛」，他覺得在中外會通的時候，正好是中國對外吸收外國優良文化，對內掃除異族專制統治的最好時機，他甚至說：「顧哀中國之亡於靜，輒曰此不痛不癢頑鈍而無恥者也，爲危詞以怵之，爲巽語以誘之，爲大聲疾呼以寤之，爲通商以招之，爲傳教以聒之，爲報館爲譯書以誨之，爲學堂爲醫院以拯之，至不得已而爲兵戈槍礮水雷鐵艦以大創之！」我們應該了解譚氏會有這種看法，一方面是對大同的理想，以及國際正義、國際合作懷抱了過分的信心，一方面是來自對中國變法自強的熱烈期望，而有以致之，此即他所說的：「反躬自責，發憤爲雄，事在人爲，怨尤胥泯，然後乃得一意督責，合併其心力，專求自強一己，則詆毀我者，金玉我也，干戈我者，藥石我也」。也因此他極力呼籲：「惟變法可以救之」，變法則「民智」，「民富」、「民生」。

變法何由始？在《仁學》一書，譚氏僅扼要提示，於習俗制度方面，則變衣冠、便言語、更法律、儉禮俗、去薙髮，於文化建設方面，則「曰學，曰政，曰教」，「而求保國之急效，又莫捷於學」。

清世公羊之學，導源常州而泛濫全國，在道光時代，龔自珍、魏源等先覺志士進一步的借公羊學以發揮改制變法的思想，發展到康有爲、梁啓超，就成了維新運動的理論根據，譚嗣同也是公羊學的一鉅子，理論多見精闢。

康有爲倡言孔子改制，以爲「凡大地教主無不改制立法也，諸子已然矣，中國義理制度皆立於孔子，弟子受其道而傳其教，以行之天下，移易其風俗，若冠服、三年喪、親迎、井田、學校、選舉，尤其大而著者」（《孔子改制考》卷九），譚氏繼承此論：

> 孔曰「革去故，鼎取新」，又曰：「日新謂之盛德」。夫善至於日新而止矣，夫惡亦

至於不日新而止矣。……孔子……刪書則斷自唐虞，存詩則止乎三百，然猶早歲從周之制作也，晚而道不行，掩涕於獲麟，默知非變法不可，於是發憤作《春秋》，悉廢古學，而改今制。

我們可以看到，譚氏把「生滅——日新」的哲學理論發揮在公羊學的論旨中，欲布新，則須除舊，變的觀念也就含蘊其中，這個變的觀念便是譚氏所掌握的孔子改制的真諦。又有「素王改制」說，詆排專制：

孔出而變之，刪詩書，訂禮樂，考文學，改制度，而一寓其權於春秋，春秋惡君之專也，稱天以治之，故天子諸侯，皆得施其褒貶，而自立為素王。又惡天之專也，稱元以治之，故易春秋皆以元統天。

「通三統」，「張三世」是清代公羊學的基本觀念，「三統」者，謂夏商周三代不同，當隨時因革，「三世」者，謂據亂世升平世太平世，愈改而愈進。譚氏對「三世進化論」也有充分的發揮，以《易經》之內外卦來解釋政治演變的大勢，是其特色，他說：「吾言地球之變，非吾之言，而《易》之言也」：

「初九，潛龍勿用」，太平世也，元統也。無教主，亦無君主。於時為洪荒太古，氓之蚩蚩，互為酋長已耳。

「九二，見龍在田，利見大人」，升平世也，天統也。時則漸有教主君主矣，然去民尚未遠也，故曰在田，於時為三皇五帝。

「九三，君子終日乾乾，夕惕若厲，无咎」，據亂世也，君統也。君主始橫肆，教主乃不得不出而劑其平，故詞多憂慮。於時為三代。

此內卦之逆三世也。

「九四，或躍在淵，无咎」，據亂世也，君統也。上不在天，下不在田，或者試詞也。知其不可為而為之者，孔子也。於時則自孔子之時至於今日，皆是也。

「九五，飛龍在天，利見大人」，升平世也，天統也。地球羣教，將同奉一教主，地球羣國，將同奉一君主。於時為大一統。

「上九，亢龍有悔」，太平世也，元統也。合地球而一教主，一君主，勢又孤矣。孤故亢，亢故悔，悔則人人有教主之德，而教主廢，人人可有君主之權，而君主廢。於時遍地為民主。

此外卦之順三世也。

由逆而順，即是由剝而復的進化過程，復之終極，就是大同的境地，他認爲「以心挽劫者」應當平視萬國，參天地，贊化育，他也描述了大同之境的美好理想：

地球之治也，以有天下而無國也。莊曰：「聞在宥天下，不聞治天下」，治者，有國之義也，在宥者，無國之義也。曰「在宥」，蓋「自由」之轉音，旨哉言乎！人人能自由，是必為無國之民。無國則畛域化，戰爭息，猜忌絕，權謀棄，彼我亡，平等出，且雖有天下，若無天下矣。君主廢，則貴賤平，公理明，則貧富均。千里萬里，一家一人，視其家，逆旅也，視其人，同胞也，父無所用其慈，子無所用其孝，兄弟忘其友恭，夫婦忘其唱隨。若西書中百年一覺者，殆彷佛禮運大同之象焉。

他也提到統一之法，如盡信佛教，盡行井田：盡改象形字爲諧聲，如此地球之教、政、文字可合而爲一。

發揚民權主義，鼓動排滿革命，提倡變法自強，最後就在「三世進化論」的大同理想中實現了他的政治思想。

3 《仁學》的經濟思想

譚嗣同經濟思想的展開，除了由於平日對中國經濟情勢的實際觀察外，也是來自「仁通」、「日新」的哲學觀念的推演。他從「日新」拈出「動」的意義來：動就是一種活力，一種活力，是社會進化，經濟發達的一切所自出的力量，確定了這種事物進步的原則，於是他反對「靜」，反對「柔」，靜和柔都是呆滯的狀態，不但不能「日新」，反而朝退化的方向走，所以他說：「李耳之術之亂中國也，柔靜其易知矣」。

放到經濟活動上來看，靜柔的表現就是儉，所以反對「黜奢崇儉」，他認爲「金玉貨幣，與夫六府百產之饒」都是「生民之大命」，將這些財富掩藏固鎖，不充分加以利用，其罪就是「力遏生民之大命」，富者「獨室家子孫之爲計」，然而外面社會卻「羸瘠盈溝壑，餓殍蔽道路」，其次，因爲儉，故「刻豁瑣嗇，彌甚於人」，從人羣的經濟關係來看，就演變爲專以「剝削貧民爲務」，譬如「放債則子巨於母而先取質，糶糴則陰伺其急而厚取利，扼之持之，使不得出，及其箝絡久之，胥一鄉皆爲所併吞，遂不得不供其奴役，而入租稅於一家」，結果「鄉里日益貧，則流而爲盜賊，伺釁劫奪焚殺，富室乃隨之煨燼」，這就是農民造反的原因，中國社會之亂源，他也看到西方國家的同樣情形：「夫以歐美治化之隆，猶有均貧富之黨，輕身命以與富室爲難，毋亦坐擁厚貲者，時有褊之心以召之歟？則儉之爲禍，視靜彌酷矣」。儉之禍，於文化上，則「愈儉則愈陋，民智不興，物產凋窳」，政治上，「自儉之名立」，人民的創造力喪失，安於現狀，不求改革，「然後君權日以尊」，而且，譚氏更進一步指出，這種「剝削併吞」的經濟狀態是循環的：富者「一傳而後，產析而薄，食指加繁，又將轉而被他人之剝削併吞」，中國之「至貧極窘」來自於此，擴而言之，也是世界上落後國家的敗亡之由。

綜合靜與儉的弊害，言靜會使社會趨於懶惰而暮氣沉沉，是「鬼道」，言儉會使社會安於簡陋沒有進取心而昏昏庸庸，是「禽道」。兩者均使人愚笨：「惟靜故惰，惰則愚，惟儉故陋，陋又愚，兼此兩愚，固將殺盡含生之類，而無不足，故靜與儉，皆愚黔首之慘術，而擠之於死也」。

棄靜從動，動的表現就是「奢」，另外「仁——通」的「通」在經濟活動上就是流通，通與動實際上乃是譚氏「奢」的意義，簡要地說，譚氏的「奢」，就是把財富做最佳的公共利用，「使之散之」，「流注灌輸」，不私藏於己，財富因流通而平等，則「通——平等」

在經濟層面上的發揮；也就是「毋言節流，開源而已」，「源日開而日亨，流日節而日困」，其表現出來的就是這樣：「有礦焉，建學興機器以開之，闢山通道濬川鑿險咸視此。有田焉，建學興機器以耕之，凡材木水利畜牧蠶織咸視此。有工焉，建學興機器以代之，凡攻金攻木造紙造糠咸視此。大富設大廠，中富附焉，或別爲分廠。富而能設機器廠，窮民賴以養，物產賴以盈，錢幣賴以流通，己之富亦賴以擴充而愈厚」。

把儉與奢做個比較，譚氏的結論是：「私天下者尚儉，其財偏以壅，壅故亂，公天下者尚奢，共財均以流，流故平」。

晚清的經濟思想事實上是主張儉約的，從馮桂芬的《崇儉節議》、湯壽潛的《危言》、陳熾的《庸書》，到張之洞的《變法奏議》、嚴復的《原富》案語，無不是主張「崇儉約說」，在這樣的思潮中，譚氏獨獨提出「黜儉崇奢」的看法，與其說譚氏認識錯誤，倒不如說他對「奢」有特別的定義，譚氏的「奢」是求貨物流通，把財富做公眾性利用，不私藏於己，因此他批判財富集中於少數人手裏，而這些少數人又剝削著大多數人的經濟現象，可以說「爲公」與「均富」是譚氏主張「奢」的重點，也是譚氏經濟思想的重要內容。

「通」對外的意義就是通商，譚氏認爲「通商者，相仁之道也，兩利之道也，客固利，主尤利也」。而且通商對中國是絕對有利的事情：「己既不能製造，愈不能不仰給於人，此其一利矣。彼所得者金銀而已，我所得于千百種之貨物，……以無用之金銀，易有用之貨物，不啻出貨傭彼而爲我服役也，此又一利也」，所以他指責那些主張「閉關絕市」、「重申海禁」的人是何其不仁。

要使財富、貨物流通，要能在通商中相「仁」，最重要的莫過於機器化，這是譚氏在看到歐美的強盛後，產生對機器生產的贊美和信心，認為機器對於社會是與造物者同功。有了機器生產，便可以節省人力，「日愈益省，貨愈益饒」，民也就可以「愈益富」了。而且「所省之人工日工，又將他有所興造，利源必推行日廣，豈有失業坐廢之虞」。

他認為如果因「機器興，物產饒」而使物價貴，那也是好的，因「小民窮歲月之力，拮据辛勞，以成一物，豈不欲多得值哉？」而且物價貴更可顯示此物之可貴，在人民生活水準因機器興而提高時，貴也就不算得什麼了。機器也可促使新產品不斷產生，「變去舊法，別創新物」，如此人民創造力可大為發揮。

機器不但使民富裕，而且可以節省時間，使人「延年永命」，輪船鐵路，「一日可兼十數日之程，則一年可辦十數年之事，加以電線郵政機器製造，工作之簡易，文字之便捷，合而計之，一世所成就，可抵數十世，一生之歲月，恍閱數十年。志氣發舒，才智奮起，境象寬衍，和樂充暢，謂之延年永命，豈為誣乎？」

譚嗣同更相信，可以憑藉機器生產的力量，造成與之相適應的社會風尚和其他條件，他說機器興，則「人巧奮，地利盡」，人人可以「各遂其生，各均其利」，人人各均其利，也就可以「尚奢」了，而整個社會在機器的推動下，便能達到理想的物質文明的境地：「夫治平至於人人皆可奢，則人之性盡，物物皆可貴，則物之性亦盡」。

在「為公」、「均富」的經濟形態上，積極從事物質建設，以達到盡人之性與盡物之性的文明，這是譚氏的經濟理想。

三、譚嗣同與晚清思想的趨勢

梁啓超在《清代學術概論》一書裏，開宗明義首論「時代思潮」的意義，他說凡文化發展之國，其國民於一時期中，因環境之變遷，與夫心理之感召，不期而思想之進路，同趨於一方向，於是相與呼應洶湧，如潮然，而有思潮之時代必文化昂進之時代。本此，關於思想史的專題研究或個別人物思想的述評，都應歸趨到與當時思想趨勢的結合，才能顯出研究對象的時代意義。就個別人物思想的述評而言，這樣的研究態度並不排斥每一單獨人物在自我領域裏的創造性，只是也將注意力放在他與歷史處境的關聯上，他所承受的思想遺產，當代人物的刺激都相互作用著，同時他所關心的對象乃是整個時代環境，也只有在這關聯中，才能觀察出個別人物的歷史地位。

1 道器論的演變

在時勢的高度壓力下，「經世致用」成爲晚清的學術風尚，從龔自珍、魏源、曾國藩、馮桂芬、郭嵩燾、薛福成以至更晚的黃遵憲、梁啓超、康有爲、嚴復等著名學者的爲學與行事中均可看出經世的學風，他們以傳統的經典義理爲本，配合個人對時勢的認知，發爲救國議論，充滿了經世之熱忱與致用之目的，晚清思想的趨向自然以此爲主導，從洋務論到變法論，我們都可以很清楚的看出這種進展軌跡。

變法論尤其是晚清思想的主要內容，它表示了晚清知識分子在講求救國之道上，超脫了洋務論的狹隘內容，而提出更進一步的觀念與策略，關於這個思潮的一些主要現象，王爾敏在《晚清政治思想史論》一書裏有詳細的分析，而譚嗣同的思想內容也都很恰當地契合於這些現象中，譬如：「西學源於中國說」、「托古改制說」、「春秋公羊三世說」，及達爾文「適者生存」學說的影響。這些現象完全超脫了洋務論的論說範圍，然而，從洋務論過渡到變法論的理論基礎卻是來自道器論的演變，同時，也只有從「道器論」演變的過程裏，才能了解譚嗣同思想的歷史地位，及其演變結果所具的歷史意義。

十九世紀中葉以後，道與器有了另外新的意義，在面對強勁的西方文化時，通常把道視爲固有之道，器則意指西方的器物，在洋務論初期（一八七〇年左右），新的意義的道與器仍然是被嚴格二分的，自強措施的首創者曾國藩，其經世致用的思想完全奠基在禮教的基礎上，他堅守傳統的禮教（或名教），以爲那個「道」是維持社會秩序，綿延傳統的不變法則，因此他的洋務論只著重國防上的「製器、學技以及操兵」，恭親王奕訢、馮桂芬也都有同樣的看法，王韜在同治初年也將道與器嚴格二分：「形而上者中國也，以道勝，形而下者西人也，以器勝。如徒頌美西人，而貶己所守，未窺爲治之本原者也」（《弢園尺牘》卷四），《弢園文錄外編》中的〈原道〉、〈原學〉、〈變法〉、〈洋務〉、〈變法自強〉諸篇也都據此立論。我們知道直到光緒十一年（一八八五年），譚嗣同也仍然持著「立天下不變之道」的同樣看法。

中法戰爭以後，道器觀有了顯著的改變，雖然還保持著「中國所守者形上之道，西人所專者形下之器」，但認識上已有所不同，最先提出新觀點的是湯震，在光緒十六年（一八九〇年）出版的《危言》一書裏，他說「中國自以爲道，而漸失其所謂器，西人畢力於器，而有時暗合於道」，器隱含有道，如此又將西人之器附會到中國古典上：「大抵西人政教，大半本之周官，西人藝術大半本之諸子」（《危言》卷一〈中學〉），道器已可相通，也漸漸肯定西方政教的價值，同時期陳虬在《救時要議》序裏亦言：「儒術所不能治者，復需取諸子近法」，由於器之所指不僅僅是器制，政教已在考慮之內，至此，變法論成立。

從變法論的道器觀中，很明顯的可以看出他們似是而非的議論，他們仍然堅守著中國固有的道，但他們認爲器中有道，所以在求器之時，同時也就是在求取失去的不變之道，然而他們所謂的不變事實上是變的，那只不過是他們爲了把改革措施加以合理化，而採取的一種思辯過程。湯震如此，隨後的鄭觀應、陳熾也如此。

鄭觀應言「虛中有實，實者道也，實中有虛，虛者器也，合之則本末兼賅，分之乃放卷無具」（《盛世危言》卷一〈道器〉），在這種認識下，道器是相通的。陳熾的《庸書》也認爲器是「道之粗跡，先王遺意之所存」，經秦政酷烈而流失，而現在「天將以器還中國，而以道行泰西」，這種情勢，雖聖人復生，也不能拂人情，違天意，所以「知彼物之本屬乎我，則無庸顯立異同，知西法之本出乎中，則無俟概行拒絕」（《庸書》內篇卷上〈自強〉），他又認爲「泰西之所長者政，中國之所長者教」（《庸書》外篇卷下〈審機〉），在這個地方，顯然已意指政為器，教為道，政離道而入器之範疇，西學的重點被安置在西政上，這是變法論第一階段的成就。

中日戰爭後，道器論又有更進一步的發展，譚嗣同的「道器合一」觀是清末道器論演變的最高頂點，他的「道器合一」論有兩種意思，第一，是器決定道，「器存而道不亡」，「器既變，道安得獨不變」，就文化的演進形態而言，就是由制度的建立，來確定文化的內涵，制度改變，則文化的內涵及發展方向必定隨之改變；第二，道非聖人所獨有，尤非中國所私有，也就是說，西洋文化亦有「道」，世界各國的文化原是平等而可互補互取的，在這個基礎上，他批評「西學源出中國說」為粗淺之論，承認西方文化的創造性：「說者謂周衰，疇人子弟相率而西，故西人得竊中國之緒而精之，反以淩駕中國之上，此猶粗淺之論，未達夫性善之旨，與聖人之道之所以大也。同生於覆載之中，性無不同，即性無不善。彼即無中國之聖人，固不乏才士也。積千百年才士之思與力，其創制顯庸，卒能及夫中國之聖人，非性善而能然歟？」這是他突出於同時代人之處。而這種「道器合一」的觀點也成為當時維新派人士的共同信念。

譚嗣同的「道器合一」論最具意義的是：打破道的絕對權威性，道也是可變的，因為道不能脫離器而單獨存在，而器又必需因時制宜，隨機應變。如此，又延伸出文化具有生命性的看法，文化的歷程乃是邁向理想境界的一種永恒運動過程，不斷變遷、統合、不斷發展、成長，講求的是協調、和諧、合作、相互適應、交互運動的運作程序，以成就一個較完美的社會整體。

道器論是在傳統的範疇中，對文化形態的一種考察方式，由道器二分到道器相通代表著進步，但他們對道器相通見解，卻是似是而非的理論，禁不起時代的考驗，譚嗣同的「道器合一」論是道器論的最高成就，但也隨著戊戌變法的失敗而解消，從此又開始另一階段，另一形式的文化觀及文化論題。

與道器論有密切關聯，同時也是在這個基礎上才產生的另一種彌漫於晚清思想界的現象是世界主義（Universalism）的信念，從道器相通到道器合一，由於相信文化是可以交流的，世界主義的態度自然形成，其表示出來的現象就是對「公理」的秉持與「大同」的希望。

公理是指放諸四海而皆準的原則，表示世界文化進展的共同規律，如陳繼儼云：「夫理者天下之公理也，法者天下之公法也，無中西也，無新舊也。行之於彼則爲西法，施之自我則爲中法矣，得之今日則爲新法，徵之古昔，則爲舊法矣」（〈論中國拘迂之士不足以言守舊〉），梁啓超也認爲「政無所謂中西」，唐才常亦言「道一而已矣」，「民宅于器曰公器，器舟于法曰公法，法權于心曰公心，心萬于理曰公理」（《湘學新報》），康有爲創作《人類公理》一書，譚嗣同則「摩頂放踵，抱持公理平等諸說，長號索偶，百計以求伸」。公理的秉持表現在政治上就是當時維新派人士對萬國公法的普遍信賴。

大同思想更是世界主義態度的最顯著表現，道器論者都多少帶有這種思想，他們相信世界的演進到最後將從不同進而至於相同，那是一個烏托邦式的無所不包容的世界。王韜言：

東方有聖人焉，此心同此理同也；西方有聖人焉，此心同此理同也，蓋人心之所向即天理之所示，必有人焉，融合貫通而使之同，故泰西諸國今日所挾以凌侮我中國者，皆後世聖人有作，所取以混同萬國之法物也，此其理中庸之聖人早已燭照而券操之，其言曰：天下車同軌，書同文，行同倫，而即繼之曰：天之所覆，地之所載，日月所照，霜露所墮，舟車所至，人力所通，凡有血氣者，莫不尊親，此之謂大同。（《弢園文錄外編》卷一〈原道〉）

康有爲的大同理想更不待言，梁啓超繼加闡揚，譚嗣同本人在《仁學》中所顯示的政治思想，也是以大同境界爲最後結論，他們的立論事實上是在宏揚傳統儒家學説中的大同主義，配合上道器論的演進，儒家大同思想乃得盛行於晚清。

對於這種世界主義的態度，蕭公權以同情的了解給予評價，他認爲：「不管這些世界主義者有什麼可能的動機或基本哲學，他們的努力在中國近代思想史中，是有重大的意義是無庸置疑的，他們意識到或不自覺的進行思想綜合的工作。在當時的環境條件下，他們對西方文化的知識與了解必定只是皮毛、片面性的，所以他們的努力也就不免淺薄而又不能令人信服。但是，比起單純的傳統主義者或全盤西化論者，他們在社會思想史的地位上，仍應得到較佳的讚譽。」①

然而，就如同我們説過的，道器論本身就是一種沒有堅實基礎的理論，由此而產生的世界主義態度，在面對帝國主義者的侵略時，自然顯得軟弱無力，從譚嗣同的政治思想中，我們就可很清楚發覺他的無力感，既悲憤列強的瓜分豆剖，又抱持世界主義的信念，稱其爲

「仁義之師」，兩者實不相調和。

晚清的世界主義思想，一直要到 孫中山先生提出民族主義是世界主義的先決條件的原則時，才得到穩固的理論根基。

2 晚清的調和思想

晚清戊戌變法前後的主要思想趨勢，一言以蔽之曰：調和思想，也就是西方學者所稱的合成思想（Syncretism），在時勢的衝激下，知識分子採取中西融合的態度，以挽救文化危機，尋找出路，於文化層面上就是調和折衷派，是一種固本與開通交互混合運作的文化觀，此在道器論的演進上已蘊其先機；於思想層面上，則摭取西方思想，加以綜合，成爲一種「不中不西，即中即西」（梁啓超語）的學說。調和思想在本質上是一種折衷主義（Eclecticism）的方法論，也是由晚清經世思想發展出來的實用態度，調和思想的學說間並不具備系統的關聯，只是自由選擇他們所視爲真理的部分，加以混合排列。

文化上的調和折衷派理論，以張之洞的《勸學篇》最有系統，最具代表性，影響也最大，此後的思想史即不斷有新形式的折衷論出現，以張之洞爲首的晚清調和主張，有其一定的價值，是當時知識分子在當時的歷史條件下，以理性的態度所思考的文化路線，但張之洞以後，並沒有突破這種思想格局，不斷有不同形式的折衷論出現，而愈折衷就愈不是中國的東西了，其弊在於承清季遺緒，不明白文化的複雜性與生命性，是機械的、僵死的文化觀點，在這種觀點的籠罩下，人們的視線自然祇能局限於空洞的文字之中，而看不到實際問題的解決之道，不能探求中西文化的內在根源與本質，又復妄想將中西文化作任意的加減；復次，調和派對於解決中西文化衝突的態度是從情感上的和解觀出發的，主觀地、片面地主張將西方文化的某些部分和中國文化中的某些部分加在一起，湊成一個「中西合璧的新文化」，然而這種文化實質上是一種洋土混合的、雜亂的文化（Spurious culture）。而到現在，中國歷史還一直陷在混亂的文化觀中，也一直在爲尋求一有系統的文化整合體而努力。

晚清思想層面上的調和態度，也同樣是當時思想界的主流，改革派知識分子對西方的學術思想採取開放的態度，但這些新知遭遇到他們根深蒂固的傳統思想時，調和性質的思想自然產生，譚嗣同的《仁學》，便徹頭徹尾是調和思想的產物，康有爲、嚴復二大家也同樣有此現象。

康有爲早年浸濡於儒家思想之中，也鑽研佛學，他自以爲不僅是一個要去「平天下」的儒家聖賢，而且又從佛學中得到普救眾生的啓示，等到他涉獵到西書時，他又將大批的各種西方成分如兩性平等、君主立憲、議會制度等觀念加入他兼容並蓄的思想體系裏，於是儒家、佛家，以及西方思想等各自殊異的概念都被他納入同一系統之內，創立了新的綜合理論體系，那就是他湊合形成的「大同之道」。嚴復是當時了解西方思想最深者，也以爲中西理論相通，〈天演論序〉云：「近二百年歐洲學術之盛，遠邁古初，其所得以爲名理公例者，在在見極，不可復搖，顧吾古人之所得，往往先之，此非傅會揚己之言」，然而，他將牛頓的運動定律，斯賓塞爾的天演論比之於《易經》，卻是十足的「傅會揚己」。其評點《老子》一書，則更是十足的調和思想，釋「天地不仁，以萬物爲芻狗」爲「天演開宗語」，釋「天下有道，卻走馬以糞，天下無道，戎馬生於郊」爲「純是民主主義，讀法儒孟德斯鳩《法意》一書，有以徵吾言之不妄也」，又言：「老謂之道，周易謂之太極，佛謂之自在，西哲謂之第一因，佛又謂之不二法門，萬化所由起訖，而學問之歸墟也」，他更想從《老子》中找到類似民主、科學的東西。

譚嗣同的調和思想，在其《仁學》界說中即明確指出，於佛書、西書、中國典籍相互融合，章太炎在自編年譜中即評之曰：「余怪其雜糅，不甚許也」，其調和雜糅之處在《仁學》書中隨處可見，卷首即以孔、墨、佛、耶諸家的概念來解釋「以太」，以「不生不滅」附合於諸家學說：

> 由是張橫渠有「太和」之說，王船山有「一聖人死，其氣分為眾賢人」說；其在耶，則曰「靈魂」、曰「永生」；在佛則曰「輪迴」，曰「死此生彼」。或疑孔子教無此，繫易固曰：「原始反終，故知死生之說，精氣為物，游魂為變，是故知鬼神之情狀」，何為不言乎！

釋「新」：

> 孔曰「改過」，佛曰「懺悔」，耶曰「認罪」，新之謂也。孔曰「不已」，佛曰「精進」，耶曰「上帝國近爾矣」，新而又新之謂也。則新也者，夫亦羣教之公理也。

這種相異概念的附合是《仁學》的重要成分。

晚清調和思想是在一定的歷史條件下的產物，有其產生的特殊歷史背景，梁啓超在這方面有很深的感觸，他說他們是處在「學問飢餓」的時代，當時所謂「新學家」者，欲求知識於域外，只能靠製造局翻譯的幾本科學書，以此爲枕中鴻秘，而在譯出西書中，又確無他種學問可見，與其同時的康有爲、譚嗣同輩即生育於此種「學問飢荒」之環境中，冥思枯索，但追求知識的慾望又甚爲強烈，這就是他們的處境，「固有之舊思想，既深根固蒂，而外來之新思想，又來源淺觳，汲而易竭，其支絀滅裂，固宜然矣」(《清代學術概論》)，復次，他又分析晚清思想運動最大不幸者，在於此運動之原動力及其中堅，都是不通西洋語言文字之人，他們不能告訴人外國學問是什麼，應該怎麼學法，只會日日大聲疾呼，說「中國東西是不夠的，外國人許多好處是要學的」，這些話雖然像是囫圇，在當時卻發生很大的效力(梁啓超《五十年中國進化概論》)，其結果則爲：

> 坐此能力所限，而稗販、破碎、籠統、膚淺、錯誤諸弊，皆不能免，故運動垂二十年，卒不能得一健實之基礎。(《清代學術概論》)

譚嗣同輩由於時代環境的限制，因爲產生缺乏知識論基礎的調和思想，這是我們能夠了解的，在這種了解下，我們不願大放厥辭對這種思想施加評判，然而這種調和思想的思考態度和思想方式，卻爲中國現代思想界帶來若干影響，其最顯著者有二。其一，是形式主義，就是不分辨其概念所指涉的意義和特定範疇，而將相異的概念作任意的附合，一如晚清思想家所爲者。一個文化或一套學說體系就是一個整體，產生在這個整體之上的概念自有其特定的含義，若不深究其本質與內涵，而任意排比，不但是不了解那個文化或學說，同時也是誤解了原來的文化與學說，而兩者的溝通融合也就不可能了。梁啓超對當時「好依傍」與「名實混淆」的形式主義思想方法，有嚴厲的批判，他認爲牽合附會，最易導國民以不正確之觀念，傳播既廣，則能使多數人之眼光之思想見局，見縛於所比附之文句，而不復求其真義之所存。同時以古附會又能增故見自滿之習，而障其擇善服從之明。他說：「吾雅不願采擷隔牆桃李之繁葩，綴結於吾家杉松之老幹，而沾沾自鳴得意；吾誠愛桃李也，惟當思所以移植之，而何必使與杉松淆其名實者」。是故「此病根不拔，則思想終無獨立自由之望」（《清代學術概論》）。

其二爲泛科學主義的萌芽，所謂泛科學主義是指，承認宇宙各種現象，尤其是人文現象都可經由科學而得以了解的一種信仰，本質上也是附合的思想形態。在西方勢力的震撼下，晚清知識分子最先接觸到的西書是有關科學技藝方面的譯本，一些改革分子又復在有限的條件下熱心追求有關科學的常識，於是近代西方的科學成就，在中國思想上產生了「教條式的衝擊」（Doctrinal Impact）②，這些傳統文人所表現的對科學的熱忱是驚人的，幾乎在他們的著作中，都能發現科學知識帶給他們的影響，在他們的追求下，他們發覺西方的富強實賴科學有以致之，康有爲就表現了這種態度，以爲政事之大備，文物之大盛是與算學之大明同時存在的，譚嗣同也把學習格致算學當作自強的起步，追求真理的起點，又復在科學成果的激盪下，對科學的能力、人類的遠景作了無限的幻想，在這種情形下，泛科學主義態度應運而生。

早年的康有爲能經由科學儀器帶來形而上的徹悟與衝激，他看到數學推理之精確邏輯產生了不變的法則，於是他也想依據人性的與社會的真相，推衍出支配人類道德及制度的不變法則，此即《實理公法》一書的主旨。當時的知識分子也經常以物理現象來解釋人羣活動的現象，如「熱力速而漲者，其民必智，其國必新，熱力大而神者，其民必仁，其國必羣」（唐才常《覺顛冥齋內言》）。

譚嗣同的「以太」觀，貫穿宇宙、自然以及人文、社會，是十足的泛科學主義態度。大抵當時常用的字眼有腦氣筋、壓力、電力、熱力等，都是以物理現象來解釋人文活動，章太炎即指出這種病象：「時新學初興，爲政論者輒以算術物理與政事並爲一談。余每立異，謂技與政非一術，卓如（梁啓超）輩本未涉此，而好援其術語以附政論，余以爲科舉新樣耳」（《太炎先生自訂年譜》）。好引用術語，如此又是形式主義的態度。

科學主義並不能給科學本身帶來進步，同樣，晚清傳統文人的泛科學主義態度也阻礙了科學在中國的生根工作。

3　由傳統到反傳統

近人賀昌羣在《魏晉清談思想初論》裏，對中國歷代文化的變革與新生有一段鞭辟入裏的見解：

一時代文化思想之盛衰，隱隱乎如百川匯海，時或波濤澎湃，時或淵綜停注，皆有其不得不然之勢，所謂「承百代之流，而合乎當今之變」者也。文教政事之措施，譬猶行舟於此「百代之流」，操縱指使，繫乎一心。陸機有言：夏人尚忠，忠之弊也，朴，救朴莫若敬，殷人革而修焉；敬之弊也，鬼，救鬼莫若文，周人矯而變焉；文之弊也，薄，救薄則又反之於忠。則三代相循，如水濟火，是知文化思想之盛衰，蓋有隨時救弊之義焉。

也就是中國傳統文化的嬗變是由內部自發的，前代後代之間，自破舊弊，由中國民族自身創建新制度，但仍與過去保持聯貫的關係，這種變革觀念也同樣爲清末改革派知識分子所持有，其時凡論改革，言必曰：「子曰：殷因於夏禮，所損益可知也，周因於殷禮，所損益可知也，其或繼周者，雖百世可知也」，「因」相當於「認同」（Identify），他們承認變革之必要，一套新的建制，新的價值觀念是使中國在列強壓迫下生存下去的必要條件，但仍然保持對過去的認同，而不採取全面否定的態度，這種情形正是王爾敏所認爲的：「就晚清這七十年間來說，傳統思想及儒家提供了近代化的基本動力，供給知識分子以接受西方化的勇氣與理論基礎，當時學者根據儒家固有觀念而承認開新的必要。而灌輸國人以近代觀念，並提出儒學以迎合西方知識，以創立他們的近代化理論」（《晚清政治思想史論》，頁三二），然而，爲何對傳統的肯定與再生期望，到了民初即變爲全面的反傳統思想，尤其是五四運動在思想層面上所代表的意義，毫無疑問的就是全面的反傳統運動，「因」的觀念一變爲「反」的態度，所謂「……不得不反對孔教、貞節、舊倫理、舊政治，……不得不反對舊藝術、舊宗教，……不得不反對國粹和舊文學」（陳獨秀語），這種反傳統思想不是立即形成的，必有其淵源可尋，往前追溯，晚清的思想狀態和對傳統的認同性質就是我們要考察的對象，而對譚嗣同、康有爲、嚴復等人思想的觀察，更能幫助我們了解其轉變的原因。

在我們的考察中，可以提出三個解釋，(1)文化的大解體，(2)傳統權威的喪失，(3)對傳統思想的認同缺乏堅實的知識論基礎。

近代中國的處境已非春秋戰國時，雖然分崩離析但還是自足的處在中國文化的框架中的局面，制度禮俗、倫理秩序、道德規範、價值觀念在西力的入侵下，完全呈現脫節現象，這是一個文化大解體的局面。在採取西方文化與保護傳統文化間，知識分子陷入雙重的困境中，而現實政治的挫敗很容易削弱維護與認同的力量，很不幸，晚清的改革措施都遭遇重重阻礙，同時，具有強大破壞力的西方勢力，湧到東方時，絕大部分的力量都被中國所消納，中國成爲東方矛盾的焦點，種種改革措施不是因自身的阻力而失敗，就是不堪外力一擊而被摧毀，如此，民族自信心逐漸消失，傳統的權威性也逐漸消失。

就傳統角色的退卻而言，道器論的演變過程就是最好的說明，原來器僅指器物而言，到後來，中國古典的二大支柱：政與教，其中之一的政已脫離道而入器的範疇，保教成爲認同於傳統的最後對象，也是維護傳統的最後據點。

在存我圖強的要求下，富強成爲當時知識分子追求的最高目標，又復有「道器合一」的理論基礎，於是欲達富強，其方法就必須採自西方，何啓、胡禮垣即以爲學習西方富強之政是最重要的，嚴復有一段話更激烈的表現了這種富強要求，他以爲凡是能夠使中國療貧起弱的，便是應該師法的：

繼自今，凡可以瘉愚者，將竭力盡氣，皸手繭足以求之，惟求之，為得不暇問其中若西也，不必計其新若故也，有一道於此，致吾於愚矣，且由愚而得貧弱，雖出於父子之親，君師之嚴，猶將棄之，等而下焉者無論已。有一道於此，足以瘉愚矣，且由是而療貧起弱焉，無出於夷狄禽獸，猶將師之，等而上焉者無論已。（《嚴幾道詩文鈔》卷四，頁二一，〈與外交報主人論教育書〉）

雖其「神州之陸沉誠可哀，而四萬萬之淪胥甚可痛」的情感可知，但如此激烈的主張和要求，適足以削弱傳統的權威性。雖然嚴復的思想中也具有調和的色彩，如前節所論，但在比附之中所顯示的對傳統思想的尊重，其力量卻遠不及對富強的渴望，當國勢愈遭頓挫，改革運動受到阻礙，傳統的角色也就慢慢的退隱了。同樣，晚清一些思想家的世界主義信念，是想以固有的道爲本，吸收含有道的西方之器，以創建具有普遍性的文化體，但事實卻遠非他們在理論中所預設的那樣，結果所要衛護的道就慢慢瓦解了。

晚清調和思想的負面意義就是削弱傳統思想的權威性，以譚嗣同爲例，史華哲教授（Schwartz B.I.）即持這種看法，他說：「譚嗣同自認是屬於儒家，但他把儒家的仁視爲一種形上的絕對體，並任意地比附於佛教的終極實體，就其負面意義而言，此種轉向於中國思想中的『非正統』傳統，即代表著對既定的政治、社會秩序中儒家的絕對化的一種嚴重激變」③。晚清知識分子衛護著道，認同於傳統，卻適得其反地喪失了傳統的權威性。

再以譚嗣同爲例，由於他的思想在我們看來夾雜著傳統與反傳統兩部分，所以在討論由傳統到反傳統時，他是一個很具代表性的例子。在我們的認識裏以爲譚嗣同思想中的傳統與反傳統是矛盾的，但在他個人自足的理論體系裏兩者是統合的，並不衝突；譚嗣同的思想，本質上是認同於傳統，任何改革思想都與先秦儒家，尤其是孔子學說保持聯貫的關係，對於當時孔教的衰頹，他期望於一個中國的馬丁路德的領導而復興，我們知道馬丁路德宗教改革的意義在於，他並不是採取反傳統的態度，而是站在傳統的基礎上提出新的解釋，性質上改變了，但對過去的認同依然持續，譚嗣同理想中的改革形態正是如此，所以他在指出「故耶教之亡，教皇亡之也；其復之也，路德之力也」後，也希望中國有馬丁路德式的改革：「孔教之亡，君主及言君統之僞學亡之也；復之者尚無其人也，吾甚祝孔教之有路德也」。

譚嗣同的反傳統部分，除政治體制的改革外，攻擊最厲害的是三綱五倫，而在《仁學》的理論體系中，這些倫理觀念是被安置在「禮」的範疇：

> 分別親疏，則有禮之名，自禮明親疏，而親疏於是乎大亂，心所不樂而強之，身所不便而縛之，縛則升降拜跪之文繁，強則至誠惻怛之意汩，親者反緣此而疏，疏者亦可冒出而親。日糜其有用之精力，有限之光陰，以從事無謂之虛禮，即彼自命為守禮，亦豈不知其無謂，特以習俗所尚，聊偽以將之云耳。故曰：「禮者，忠信之薄，而亂之首也」。

另一方面，《仁學》理論體系的中心目標是建立「仁」的一元論（由「以太」演繹而來），所謂「天地間亦仁而已矣」，「仁」是一個絕對體，統攝著禮、智、勇、信、義等次級要素，其所代表的意義是平等與無所不通，在這種觀念下，「禮」等於是壓制、自私與不仁，相對的便是「仁」的德性，意味著平等、博大與包容萬物的愛。同一時候的康有爲也有同樣的觀點，只不過他將「禮」易爲「義」，在將「仁」與「義」兩種德性拿來作一對比時，康有爲也把許多存在於當時中國社會裏的罪惡歸之於後者：

> 中國之俗，尊君卑臣，重男輕女，崇良抑賤，所謂義也。……習俗既定以為義理，至於今日臣下跪服畏威而不敢言，婦人卑抑不學而無所識。（《康子內外篇．人我篇》）

限定在譚嗣同「仁」與「禮」的關係上，譚嗣同所希望的是用「仁」這個形上的絕對體來含概「禮」，並消除「禮」的不合理性：「夫禮，依仁而著，仁則自然有禮，不特別標識而刻繩之……禮與倫常皆原於仁」，仁的一元論是譚嗣同認同於儒家的基礎，也是他衛護孔教，使孔教復興的根據。

但譚嗣同如何對這從孔子學說中演繹出來的「仁」，予以新的解釋，從西方的科學常識、佛家的形而上學到中國的儒家觀念，他均兼採之，拼湊而成，彼此比附，結果，理論並不堅實，當我們說他的理論缺乏知識論的基礎時，並不是不了解他所身處的知識環境，而是在指明，由於沒有穩固的理論根基，他的「仁」的一元論自必無力應付時代的考驗，不能解消「禮」的不合理性，他所想使之再生的孔教也瓦解了。

在文化大解體的時代環境中，由於客觀環境的限制，當時知識分子雖做種種維護傳統的努力，但從傳統權威的喪失到理論的不堅實，均在使得所認同的傳統趨於崩潰。結果一變而爲民初的反傳統思潮，譚嗣同的反傳統思想也就充分被繼承了，且更加發揚，譚嗣同想以「仁」來解消「禮」，由於理論上的失敗，他所攻擊的「禮」成爲「五四」反傳統思想的主要內容，譚嗣同在《仁學》中贊揚流血革命，這種激進精神也被「五四」的知識分子所繼承，其餘如婦女解放、男女平等、婚姻自主、性開放、文字改革等觀點，也都是「五四」前後反傳統分子所主張的。

就譚嗣同的思想而言，《仁學》一書是他的思想精華，吸取中國傳統學術思想（尤以王船山之學爲最），西方學說及佛學，融合爲一，這樣的思想面貌，有他的獨創性和特別的意義，也具有晚清思想趨勢的共通性質，熊十力評爲：「規模甚大，志願極宏，而知見不免失於浮雜」（《讀經示要》卷二），然而《仁學》一書不失爲是當時比較有系統性的理論體系，代表了傳統知識分子在西方文明的衝激下，爲維護傳統儒家的最後努力，而不幸由於當時知識環境的限制，他的理論失敗了，他所期望的中國馬丁路德沒有出現，所欲維護的傳統土崩瓦解，而他反傳統的部分卻被後代人充分繼承，造成民初的全面反傳統思想，中國的文化命運從此陷入更深更廣的苦難中。

① Hisao Kung-chuan（蕭公權）："In and Out of Utopia: K'ang Yu-wei's Social Thought, Path Finding in Two Worlds".《崇基學報》，七卷一期，頁三，一九六七年十一月。

② Kwok D.W.Y.（郭穎頤）：*Scienticism Chinese Thought, 1900–1955*, p.3. New Haven and London: Yale University Press, 1965.

③ Schwartz B.I.: *In Search of Wealth and Power: Yen Fu and the West*, p.210, Cambridge, Mass., Harvard University Press, 1964.

參考書目

《譚瀏陽全集》　譚嗣同，臺北，文海出版社影印本，民國五十一年十一月，一版。
《譚嗣同書簡》　歐陽予倩編，上海文化供應社，民國三十七年，一版。
《譚嗣同全集》　譚嗣同，臺北，華世出版社，民國六十六年十月，臺一版。
《戊戌變法文獻彙編》　楊家駱編，臺北，鼎文書局，民國六十二年九月，一版，五冊。
《戊戌變法史研究》　黃彰健，臺北，中央研究院歷史語言研究所專刊之五十四，民國五十九年，六月，一版。
《清代學術概論》　梁啓超，臺北，商務印書館《人人文庫》本，民國五十六年八月，臺二版。
《中國近三百年學術史》　梁啓超，臺北，中華書局，民國四十五年二月，臺一版。
《中國近三百年學術史》　錢穆，臺北，商務印書館，民國四十六年，一版。
《中國政治思想史》　蕭公權，臺北，中華大典編印會，民國五十七年十月，五版，六冊。
《晚清政治思想史論》　王爾敏，著者自版，民國五十八年九月，一版。
《近代中國思想史》　郭湛波，香港，龍門書店，一九七三年元月，再版。
《一百三十年來中國思想史綱》　胡秋原，臺北，學術出版社，民國六十二年十二月，一版。

《清末政治思想研究》 小野川秀美，日本京都，京都大學東洋史研究會，昭和三十五年三月，一版。

吳敬恆

呂芳上 著

目次

一、生長在急劇變動的時代……279
二、從維新到革命……283
三、無政府主義的革命家……290
四、科學主義的提倡者……298
五、人生觀論戰的押陣大將……310
六、國語統一運動的推行家……320
七、忘政治而不離於政治……326
八、結論……338
參考書目……341

吳敬恆

吳敬恆是近代的大思想家，他生活平淡樸實，但思想高超。在政治上，他之於中華民國，居於師保地位。對於民國政治雖似不即不離，但定疑難、解紛爭，談微言中，影響卻極爲重大。在哲學文化上，他具有特出的見解，據於科學，發於科學又歸之於科學，雖非科學家，卻是科學主義的熱心倡導人。一個孕育成長在科舉舊社會中人，當他接觸西方思潮與科技文明後，一躍而爲無政府主義與科學的狂熱者，他所見所悟，所感所發，正是一個從傳統走向現代的中國社會，一批新知識分子的典型代表。

一、生長在急劇變動的時代

吳稚暉原名朓，幼名紀靈，亦稱寄舲，稚暉是其字，後又改名敬恆，別字朏盦，旅居海外時署名訒菴，對日抗戰時化名翰青，晚年自號朏盦老人。筆名燃、夷、燃料。家系出於吳泰伯後，世居江蘇省南部陽湖縣雪堰橋（江蘇武進縣），西元一八六五年三月二十五日（清同治四年二月二十八日）生，民國四十二年（西元一九五三年）十月三十日逝世於臺北，年八十九歲。

吳稚暉出生於曾祖玉裕公，祖治永公，父有成公以來四世單傳之家，又是母吳太夫人的第一胎，因此降生後就受家人的寶愛。六歲時，母親吳太夫人不幸病逝，吳稚暉就走無錫，靠著外祖母鄒太夫人撫養長大，從這時起到老而鄉音不改，自稱是武進人，又是無錫人。一八七一年七歲，開始啓蒙就學讀方塊字，九歲師事鄒錫安、陶志伊；十四歲師龔春帆讀書。到了十七歲起試作八股文，十八歲開始設館教讀，這時期他生活清苦，以束脩的收入約略可以維持生活，他自述說「長貧賤，擁破書，作村學究」，就是這時期生活的寫照。在課餘，他常到無錫崇安寺「春源社」品茗，和裘可標、孫揆均、陳育等人，談論八股文，交換新知識，共同集會論道、寫篆字，研究《皇清經解》，學桐城派的古文筆法寫寫文章，還頗能安於舊學。

一八八七年，吳稚暉二十三歲，考入了陽湖縣縣學，稍後，仍回無錫擔任楊家的教席，第二年奉外祖母命和袁蘊生結婚。再一年，二十五歲投考江陰南菁書院，以正取第一名錄取，進入書院讀書，這時候，他因爲慕南朝詩人謝玄暉，於是取字爲「稚暉」。入學後，和鈕永建（惕生）同學，互得切磋之益，後來便成志同道合的革命同志。當他入南菁書院的第一天，看見了書院山長定海黃以周牆上所掛「實事求是，莫作調人」八個字，印象極爲深刻，自認爲這八字箴詞影響一生立身行事。一八九一年，二十七歲，吳稚暉參加鄉試，獲中舉人，可惜有養育之恩的外祖母已逝世在先，不及親見，不無遺憾。從一八九二年起，他仍一直走著中國傳統讀書人的路子，希望從科舉中獲取功名，三次赴京參加會試而卻不幸三困場屋，終使他放棄傳統的老路子。一八九二年，他第一次入京會試，不中，仍回南菁書院肄業。但卻引發了一次意外的風潮。因爲江陰知縣乘輿過孔廟未下轎，吳稚暉便和同學鈕永建、田自芸、康浩鎮、王英冕等，以「非聖無法」，攔輿質詢，並投擲石塊，知縣怒拘田自芸等入縣署，吳稚暉便率同學擁往交涉，結果知縣承認拘捕舉人不當，以輿轎配樂隊送回，但書院山長黃以周卻不滿學生所爲，吳稚暉只得罷學離開了南菁書院。次年，吳轉入了蘇州紫陽書院繼續學業，一八九四年，入京再參加會試仍然不取。在此之前，吳稚暉雖處於中國遭逢劇烈變動的時代，但顯然的，他的思想行爲，仍一無脫出傳統書生軌道的跡象。

一八九四年以前的中國，正值清末國勢衰頹，外力入侵加劇之時。而同一時期，在國際局勢的變化上，最顯著的是西方工業革命的蓬勃發展，科學帶來無數的新發明新貢獻，從工業革命所引發政治、經濟、社會、思想的轉變，同時也帶動了整個國際局勢的變化，新航路的發現，殖民地的爭奪，各國大革命的爆發等，正直接間接的襲擊東西半球各個角落。久處於閉關自守的中國，到了十九世紀中葉，門戶也被撞開了。一八三九—四二年鴉片戰爭的失敗，終使清廷的腐敗無能盡暴於內外。再過八年，洪秀全以拜上帝會的太平軍起事於廣西，進行急銳，不多時即定都南京，得地很廣；同時一八六〇年更有英法聯軍之役，清廷在內外交逼下，簽訂了天津、北京條約，而中國遂以不平等條約的束縛，入於被列強劫持掠奪的命運。吳稚暉生於民前四十六年，時值洪楊之役後四年，英法聯軍迫使清廷訂城下之盟才七年，上距鴉片戰爭，也僅二十數年。一八九四年三十歲以前的吳稚暉，或因宥於見聞，在思想舉止上確仍不脫傳統「陋儒」的範疇，但稍後，國內外局勢的急速演變的刺激，加上識見的增長，很明顯的使他一步一步的由保守、維新走向了革命。

二、從維新到革命

從一八九四年到一九〇三年，也就是從吳稚暉三十歲到三十九歲的十年間，是列強壓迫日亟，國內政局益趨動盪不安的十年，也是吳稚暉從保守、維新走向激烈革命的十年，這十年間的變化，他自己曾明白的說過：

在甲午以前，一懵不知革命為何物，但慕咬文嚼字的陋儒。經甲午慘敗，始覺中國不能不學西方工藝，學了西方工藝，才能造大炮機關鎗，抵抗敵人，所謂「興學之不容緩」，乃開始冒充為維新派小卒，以後受了許多刺激，才一步步的「浪漫」起來，直到癸卯正月，在上海張園演說，演高興了，才開始稱說革命。

一八九四年中日戰爭的失敗，確曾引起了一部分士大夫階級的警覺，開始有了維新變法的運動，一八九五年吳稚暉第三度入京會試，仍然不取，從此他便放棄了功名之途。不過，此行他在京城看見並親自參與了康有爲公車上書，請變國是的盛事，開始知道知識分子除了咬文嚼字外，還有其他救國之道。第二年，康有爲、梁啓超立學會、出報紙，大唱維新，吳對康有爲的自大態度，雖覺不倫，但在思想上，卻又難免受他影響。一八九八年吳與好友廉南湖

（泉）在北京南海會館見了康有爲一面，談話相當投機，吳還因此自許爲維新派的一分子。同一年，康梁戊戌變法失敗，吳也按捺不住，他在這一年入京攔都御史瞿鴻機的轎子，上書請革新政治，自然也不曾有何結果。不過，當時吳稚暉的思想還不很新，以一事爲例：當時吳在北洋大學堂教漢文，某次出作文題爲「率土王臣論」，學生譏評他的思想陳舊落伍；吳則在卷後一一批駁，大意不外「烈女不事二夫，忠臣不事二君」之類的道理，卷子經學堂總辦王苑生過目後，王也不以吳爲然，這事使得吳只好託詞辭職他去。一八九八年吳轉任上海南洋公學學長，教書近三年，認識了蔡（元培）孑民。這一時期中國國內又經過了拳匪之亂、八國聯軍、東南自主等鉅變。一九〇一年一月，張元濟（菊生）接辦南洋公學，吳稚暉因主張師生共同治校問題，與張齟齬，吳請給旅費出洋，他因此有第一次赴日之行。

一九〇一年三月，吳稚暉攜眷由上海乘輪赴東京，抵日後，即與鈕永建同住一處。稍後吳即入東京高等師範學校就讀，這是他初步接受西方知識的開始。這時　國父正往來於歐美、日本，奔走革命。在東京時，程家檉、吳祿貞與鈕永建嘗往訪這位革命領袖，鈕永建也約吳同訪，但吳則仍自命爲維新派，還不能接受革命思想，終亦不曾與　國父見面。是年冬，因得陸爾奎（煒士）的介紹，吳即與鈕永建回國，同赴廣東籌辦大學堂。在廣東二人同被呼爲「洋先生」，吳稚暉在這裏了解了官場一些腐敗的情形，認識了胡漢民（展堂），但兩人的言談都還不及「革命」一詞。第二年廣東大學堂招考事宜完畢後，吳又帶領了廣東籍的學生胡漢民等二十六名少年赴日留學。

中國學生之赴日留學，始於一八九六年，這是因爲甲午戰敗的慘痛教訓，使中國朝野一致體認講求變法圖強，方能挽救中國的危亡，也一致以爲必須由倡辦教育培養人才入手，但國內新式學堂有限，緩不濟急，派遣留學生便成爲最好的辦法。一八九六年清廷官方有十三名留日學生，一八九八年清廷除總署續派外，更鼓勵縉紳子弟自費留學，八國聯軍後，遊學日本風氣更盛，據統計一九〇一年留日學生有二六六人，第二年有七二七人，一九〇五、一九〇六年間，達到八千至一萬五千人以上。留學生多，分子複雜，紛紛組織團體，出版刊物，自然增加了談論國是的機會。二十世紀初年，中國知識分子對國事的參與，表現最熱烈的有兩個地方，一是日本東京，一是上海。東京因留學生的集結，自然增長勢力；上海處於中西交會所在，又有租界便利急進分子的活動，自然也成爲論政的中心，吳稚暉這一時期在這兩個地方都有滯留，也都有表現。

一九〇二年，吳稚暉在日本時，留學生爲了謀求政治改革，已有「勵志會」之設，發行《譯書彙編》，介紹新知。張繼、王寵惠還辦《國民報》鼓吹革命，廣東留學生組織「廣東獨立協會」，曾得　國父的贊助。這時留學生大體還沒有革命不革命之分，吳稚暉在這一環境下，受留學生活動的刺激與西方新知識的啓發，對中國政治的態度，不能說沒有受影響。一九〇二年二度抵日後，三十八歲的吳稚暉仍然進入東京高師進修。六月間，爲了咨送學生入成城學校事，與清廷駐日公使蔡鈞發生衝突，相持一週，連日大鬧使館。最後蔡鈞惱羞成怒，招日警，以「妨害治安」的罪名，驅逐吳出境。七月一日，日警聽從蔡氏請求，拘捕吳，並即遣返上海。吳被捕後，認爲係奇恥大辱，因此預懷絕命書，在赴神戶途中，乘隙投入水中自殺，幸爲日警救起，時蔡元培正遊日本，聞訊特趕往護送回上海，吳稚暉的這次遭遇與舉止，雖稱不上激進，但與革命相去已不算太遠了。

一九〇二年吳稚暉返回上海後，秋冬間即與蔡元培、章炳麟、葉翰、蔣智由、黃宗仰等在滬組織「中國教育會」，以蔡元培爲會長。名義上在改編教科書，實際上則是一個革命集團。十一月間，上海南洋公學發生學生集體退學風潮，中國教育會立即決定籌款設校收容，並即成立了「愛國學社」的組織，蔡元培擔任總理，吳稚暉擔任國文教員。就在這一年，吳與李石曾（煜瀛）在上海初次晤面。冬間，陳範（夢坡）主持的上海《蘇報》，增闢了「學界風潮」一欄，隨後即成了愛國學社教員著文論政的場所。《蘇報》的言論由保守轉向激烈，偶也登載了吳稚暉的文章，吳的態度也與過去大不相同。

一九〇三年一月，吳稚暉又與蔡元培、陳範、黃宗仰等發起「張園演說會」，每週定時集會議論時政，這時吳也就公然登上張家花園安塏第的演說臺，先從鼓吹罷學談起，進一步也就昌言革命，於是張園演說革命，《蘇報》揭載革命言論，吳稚暉因此一步跨入了革命的陣營。三月間東京留學生有拒俄風潮，組織「拒俄義勇隊」，旋改爲「學生軍」，後演爲「軍國民教育會」，具有革命排滿的性質，四月間，吳稚暉在上海召集旅滬各省紳士集會公議對俄態度，與留學生作桴鼓之應。五月，中國教育會和愛國學社因爲經費問題，會、社內部意見不一，蔡元培走青島，吳稚暉也不願再過問社務。六月底七月初，「蘇報案」發①，章炳麟、鄒容被捕入獄，吳則被列名而未遭逮捕，章炳麟因此誤以吳告密，由於誤會加深，使日後數年，由於私交的破裂，演爲文字的攻訐，幾乎影響了革命陣營的團結，不能不說是一件憾事。一九〇三年夏，吳因《蘇報》案出亡英倫，稍後乃有機會與　國父晤面，確定了往後從

吳稚暉先生與　國父合影（1909年在倫敦）

事革命工作的歷程；也因此方有機會直接接觸西歐的文明，孕育了一種嶄新的思想和理念。由一個陋儒到激烈的革命黨，從忠君保皇維新到倡導無政府主義，辛亥前旅居英、法的七、八年，對他思想的轉變，又是一個關鍵性的時期。

吳稚暉之認識　國父是經過一段曲折的故事的，在吳自述的文章上說，戊戌前，他已聽說　國父的大名，但意中國父應是屬於紅眉綠眼的厲害「公道大王」，惠州起義後，雖不當是綠林豪傑，但以　國父爲洪秀全第二。當時的吳已由溫和的維新派變爲劇烈的維新黨，但還忘不了要扶持光緒皇帝，自然也就不會主動的去認識革命黨；一九〇二年在東京，原也有機會與　國父晤面，但還百般的不情願，但當他聽到鈕

永建形容　國父的樣子，於是「孫文的資格，便不知不覺在我心上，躍到了洪秀全之上」。兩人正式的晤面，還得直待到一九〇五年春，時吳稚暉旅居英倫，已正式自命爲革命黨了，年紀較吳還小一歲的　國父剛由美轉英，進行旅歐留學生的革命宣傳及組黨活動，兩人因此正式開始訂交。由於吳稚暉之見慕　國父是經過一段理智的過程，是而吳對　國父也有了特別深刻的認識②，此後吳稚暉雖然在思想的倡導上，與革命黨稍有層次緩急之分，但在革命的行動上，則絕對一致。同一年冬天，吳便在曹亞伯的介紹下，正式加入了同盟會，從此，他便是一位名實相符的革命黨員。同一年春天，吳在英倫與張靜江（人傑）初次晤面，建立了日後在法國合作的基礎。一九〇六年冬，吳稚暉應約赴巴黎，正式與李石曾、張靜江組織「世界社」，發刊《新世紀》。這是三人合作鼓吹革命的開始，也是三人對二十世紀的中國政治發生影響的開始。

① 「蘇報案」是一九〇三年六月間，因《蘇報》連續刊載章炳麟文章，辱及清帝，又刊載介紹鄒容《革命軍》昌言革命之文，爲清廷嫉視而起的。兩江總督魏光燾命候補道俞明震查辦此案，旋上海租界捕房亦以清廷控訴，而解散《蘇報》，拘捕章炳麟，鄒容自首，吳稚暉則雖被列名而未遭逮捕，章炳麟因此誤以吳密告所致，遂嫉恨吳。一九〇七年章在日本《革命評論》上發表〈鄒容傳〉，對吳頗有微詞，吳遂在巴黎《新世紀》雜誌上公開答覆，引起了文字之爭。民國二十五年，中國教育會會員之一的蔣竹莊（維喬）寫了一篇〈中國教育會之回憶〉，提交《東方雜誌》發表，對吳頗不諒解，吳隨即撰成〈回憶蔣竹莊先生之回憶〉詳述「蘇報案」經過。民國三十三年三月，吳稚暉又在《中央日報》發表〈蘇報案之前後〉，對早期革命史實及該案經過，交待頗詳。

②　吳稚暉在〈總理行誼〉一文中，稱　國父「品格自然偉大；度量自然寬宏；精神自然專一；研究自然淵博」，這幾句話，至今仍被視爲國人對　國父生平最妥切的評語。文見羅家倫主編：《吳稚暉先生全集》卷七，頁三七一——三八〇（五十八年三月二十五日臺北出版）。

三、無政府主義的革命家

吳稚暉於二十五歲入南菁書院，二十七歲中舉人，對於傳統中國經史詞章一類的學問，基礎豐厚，也充分理解中國歷史文化的精華。三十七歲到日本，算是初次接受了歐風美雨的洗禮，從三十九歲亡命英國後，直接受到了西洋文明的衝擊。一住十數年，讀洋書、辦雜誌，往來於巴黎、倫敦，親自感受了歐洲現代文明的發展，深切體認了自己國家的落後，於是大徹大悟中國現狀的急待改造。至於如何改造呢？他雖一時沒有設計出一套具體完整的計畫，但他吸取了當時所謂歐西文明的新思潮——無政府主義（Anarchism）；把握了歐洲文明的精髓——科學；決定了對中國舊社會改革的辦法——革命。據此而來的具體步驟是：出版《新世紀》週刊，企求摧毀阻礙中國進步的各項因素，並進而提倡科學工藝；加入革命同盟會，實際參加革命陣營，使革命的宗旨有一定的歸趨，革命的行動有一定的結果。

一九〇五年前後，吳稚暉、李石曾、張靜江三人，不期而然的聚集在英法，往返益密，復因結交了英法的知識分子，增加了許多新知識。一九〇六年冬，吳稚暉到達巴黎，三人便在巴黎，共同磋商之後，發起了「世界社」，籌刊《新世紀》雜誌，謀求發揚公理，鼓次革命，同時並組設中華印字局，以便刊行書報。一九〇七年六月二十二日，《新世紀》週刊第一號便在法國巴黎侶濮街四號出版，他們採用「新世紀七年」的紀年辦法，復以陽曆紀月日，明白表示不承認滿清的態度。這一週刊前後共出版一二一號，至一九一〇年五月二十一日停刊①。這一實際是由張靜江出資，由吳稚暉主編的刊物，以吳稚暉、李石曾、褚民誼爲主要撰稿人，他們思想銳進，言論解放，隱然以中國無政府主義的宣講師自任。尤其吳稚暉以燃、燃料、夷、真、敬恒、留歐學界一分子、中國之一人、憑良心者、無政府黨一人等筆名，撰述文章最多，言論也最見激烈。世界社還發行《世界畫報》，另印《近世界六十名人》畫傳，並出版革命叢書，如《革命》、《告少年》、《秩序》、《世界七個無政府主義者》、《無政府共產主義》等，目的均在宣傳無政府主義。一九〇七年十月清廷外務部，曾准兩江總督電，以《新世紀》煽惑人心，請予禁止，經外務部電令駐法公使劉武訓查禁，只以此事，亦見《新世紀》的影響力。

十九、二十世紀之交，中國新知識分子開始和西方思潮發生廣泛的接觸，國內知識分子對西方知識的獲得，很多是日本間接而來的，但二十世紀初葉，已有少數的知識分子，身蒞歐美，親自接觸了西方的文明。就中感受最多，體驗最深，對中國社會文化產生深切反省的，吳稚暉是具有代表性的一人。吳稚暉在一九〇三年到達英國，正值歐美社會達爾文主義盛行之際，科學、進化論等學說，必然對他有相當的影響。在同一時期，又正當是西方無政府主義流行之際，李石曾抵法之年（一九〇二年），正是克魯泡特金（Peter Kropotkin, 1842–1921）《互助論》（*Mutual Aid*）出版之年，不到一年，吳稚暉也到達歐洲，兩人改革國是的企求加上與英法知識分子的交往，在《新世紀》發刊的時代，他們都變成了無政府主義的宣傳員，無政府主義也成爲《新世紀》週刊最主要的思想特色。本來二十世紀初葉，中國知識分子對無政府主義的介紹，以日本東京及法國巴黎爲要站。在日本的劉師培（光漢）、何震夫婦，乃至於張繼，都曾間接吸收日本學者的譯述，發刊《天義報》，倡導無政府主義。在巴黎則以吳稚暉、李石曾等的「世界社」爲大本營，直接吸取歐洲無政府主義學者思想的精華，發表於《新世紀》，宣導於海外中國知識分子。依據資料顯示，當時歐洲無政府主義學者中，以浦魯東（Picrre–Joseph Proudhon, 1809–1865）、巴枯寧（Michail Bakunin, 1814–1876）與克魯泡特金等人的學說，影響中國在巴黎的無政府主義者最大，這些人的學說著作在《新世紀》週刊中，都有相當篇幅的介紹。

在《新世紀》週刊發行前後，歐洲領導無政府主義的代表性刊物是 *Les Temps Nouveaux*（一八九五—一九一四），《新世紀》週刊之取名正源之於此，亦足見其所受的影響。依照《新世紀》的發刊旨趣，該報是一種「皆憑公理與良心發揮，冀爲一種刻刻進化，日日更新之革命報」，並主張「純以世界爲主義」。依照該刊的文字看來，這一派學者的具體主張，至少包括：反對強權，反對帝國主義，介紹萬國革命風潮；主張社會革命與政治革命，故當然排滿，也因此主張擴充武備，用以誅除人道之敵；反對社會上一切腐敗、自私、不平等的制度或現狀，主張建立一個基於真理、公正和新道德——自由、人道、普遍及純正的新社會，爲此他們提倡大同主義，發揮互助、崇尚人道、博愛與自由平等；他們提倡科學真理，提倡男女平等，改革家庭制度，同時反對宗教迷信。五四時期的許多主張，實際在巴黎「新世紀」時代，早已有所發揮了。

吳稚暉先生主編的巴黎《新世紀》週刊

吳稚暉之成爲無政府主義者，當然始於一九〇三年赴歐之後，他之成爲真正的革命黨員；自然也在他一九〇五年見過　國父之後，此後他一生就自命爲無政府主義者，同時又是革命黨員。綜觀他的一生，他對無政府主義及歐洲文明的精髓——科學的提倡，以兩個時期最見精彩，一是留歐的「新世紀」時代（一九〇七——一九一〇年）；一是在國內民國初年的新文化運動時代（約民國六年至十三年），這兩個時期，他的思想上的表現，可說是一脈相承，多彩多姿的，分析這兩階段他言論的內容，也大體可以看出他的思想輪廓來。

如前所述，吳稚暉是《新世紀》週刊的主編，文字多，意見也最激烈。同時這一時期也是他闡述無政府主義的文字獨多的時代。歐洲無政府主義的思想，最早可以遠溯到西元前三、四世紀時代的Zeno of Citium（西元前三四二——二七〇），十五世紀後，漸有發展，工業革命法國大革命後，更採取了天賦人權，重農學派，古典經濟學派及社會主義學者的思想，演爲一時流行的思潮。中國在巴黎的無政府主義者的思想，包括吳稚暉在內，受到巴枯寧與克魯泡特金的影響最爲顯著，從吳稚暉在這一時期的淺近論述中，也約略可以看出來。

依照吳稚暉的說法，無政府三個字是世界上最吉祥的名詞，他說俗語所謂「無皇帝好過日子」，正是確確鑿鑿的無政府別名。不過，他的理念中正如一般無政府主義的學者一樣，存著「進化」的觀念，無皇帝並不是清靜無爲返於原人時代，相反的是進化過程中的一個較爲美好的階段，爲此，他給無政府下了一個明確的定義說：

> 無政府若有道德，而無法律，惟各盡所能，而不可謂之義務；惟各取所需，而不可謂

之權利，人人自範于真理公道，而無治人與被治者，此之謂無政府。

依他的看法，無政府主義是一種由種族革命而祖國主義，再進一步的進化過程中較爲完善的社會主義。「新世紀」——就其名詞的指稱而言，可以說就是無政府主義者的烏托邦。這一理想「新世紀」境界的大旨是：

曰眾生一切平等，自由而不放任，無法律以束縛紲制之，而所行所為，皆不悖乎至理。為善純乎自然，而非出於強迫也。唯然，故無所謂武備，更無所謂政府，無所謂種界，更無所謂國家。其卒也，並無所謂人我界。含哺而嘻，鼓腹而遊。無爭無尤，無怨無競。怡怡然四海皆春，熙熙然大同境象也。

在《新世紀》雜誌〈談無政府之閒天〉一文中，吳稚暉更具體的描繪出怡然熙然的新世界來。爲了達到這一理想的大同世界，他認爲應該採取兩種實行方法，一是靠書報演說以化民心，亦即採取「教育」的方式，無政府主義者視教育爲進化的主要手段，因此自始即十分看重教育的功用；一是採強硬的手段，以誅除人道之賊，明確的說也就是「革命」，無政府主義者視革命爲教育的輔助手段，在很多場合，教育與革命是相通的。

吳稚暉指出無政府主義的理想社會當然不是一蹴可幾的，因此進步、進化，或推動一個較不善、不幸樂的社會走向至善或幸樂的社會，便是人人責無旁貸的事，爲此，阻礙進化的因素，便必需予以排除。屬於強權的政治組織，當然被視爲不必要的罪惡，於是反對帝國主義，排滿革命，自然就成爲必要的一步。鑒於中國政治的腐敗，吳稚暉指出：「中國人在今日之世界，已辜負人類進化之天職……欲急起直追，能左右於優等之民族，同趨於公善，非破壞一切之障礙，則以毀滅皇統爲根本之圖，尤以毀滅滿州皇統爲根本之根本。」是故，排滿革命便不是種族上的問題，「乃革命條件上之事類也」。在吳心目中，排滿即「排王」，實即爲無政府主義排除強權的一環，因此，他又非君、反對立憲派，斥責保皇黨不留餘地。就排滿革命而言，無政府主義者與革命黨的初衷本非一致，但革命的對象卻是相同。《民報》昌言排滿是基於種族主義、民族主義，但吳稚暉等無政府主義者卻以爲：談種族革命不如言社會主義的政治革命，如果滿人自動放棄皇朝統治而行政治革命，就不必有政治革命，但如不能，則「滿人執強權」、「滿人爲帝王」，「排滿者排強權耳，排帝王耳，即排盜賊者也」，「則政治革命亦即《民報》之種族革命，是二而一者也。」這是就革命現狀而言，兩派可以合作的契機，同時也是吳稚暉所謂〈無政府主義可以堅決革命黨之責任心〉一文的意義所在。

不過，無政府主義者對政治所懷抱的看法，與革命黨（同盟會）是有距離的②。但吳稚暉、李石曾、張靜江等無政府主義者，卻先後都成爲革命同盟會的黨員，除了個人與 國父的交誼外，又應如何解釋呢？依照《新世紀》週刊第一號所揭示〈新世紀之革命〉一文，不難見其原因。該文指出，革命思想的進化可以分三期：第一期舊世紀的革命，是易朝改姓，以暴易暴，大封功臣，維新三傑，名利雙收，升官發財的革命，這是無政府主義者與革命黨共同鄙棄的革命；第二期是過渡時代的革命，傾覆舊政府，建立新政府，政治上勝過舊革命。設黨魁，有院紳，是甘言運動，犧牲利祿，飢渴名譽，銅像峨峨的時代，清末的革命運動約略屬之；第三期標爲新世紀的革命，這個階段要掃除一切政府，人民純正自由，廢官止祿，無有私利，是一棄名絕譽，專尚公理的大同社會。照吳稚暉的看法，第二期推翻皇朝，建立共和政治，是政治進化必然的過渡，如果革命者「能懸無政府爲己所必赴之鵠，而讓不得已者以平民政治爲一時之作用，庶幾乎乃不背革命爲促進人類進化之大義矣。」何況，無政府主義者的至善大同境界又與 國父三民主義的大同世界相當。在吳稚暉看來，要達到無政府的至善大同世界還要三千年或二萬年，是則革命黨過渡的共和政治，雖屬無政府主義者，也有參與的必要。更明確的說，吳稚暉固然服膺無政府主義，但就進化的現狀而言，三民主義實爲實現無政府大同世界理想的階梯。也就是說無政府主義是他政治理想的最後目標，而三民主義才是他努力以赴奉行實踐的政治信仰。這也正可以說明爲什麼吳稚暉在民國以後，一再說「把我吳稚暉燒成了灰，也是一個國民黨員，我同時又是一個相信無政府主義者。」的原因所在。

① 《新世紀》法文原名，第一號標爲 *La Tempoj Novaj*，第二號改爲 *La Novaj Tempoj*，第八十一號復改爲 *Le Siecle Nouveau*，出版地點爲4, rue Broca, Paris，筆者所見該刊係民國三十六年，上海世界社影印本。

② 無政府主義者對同盟會所主張的排滿主義、種族主義、民主觀念都表示過不同的意見，具體的說同盟會依軍政府宣言，排滿成功後，國家主權獨立，政治民主，有議會之設，而《新世紀》週刊中載「議院爲何如之一物？」「此之謂共和政府」等文，均持反對態度，因他們主張的是無政治、無政府的理想。

四、科學主義的提倡者

十八、九世紀西方科學發展的迅速，與同一時期中國科技發展的遲滯，是中西文化接觸後，一個極爲明顯的對比。無疑的，科學是近代西方文明的特徵之一，西力東漸後，西方物質文明的魔力，尤其給中國知識分子帶來了無比的衝擊，一個最顯著的事實是科學主義（Scientism）成了近代中國思想的重要思潮，吳稚暉則更是篤信科學萬能的典型代表。

據吳稚暉的自述，二十五歲進入江陰南菁書院所見「實事求是，莫作調人」八字的震撼，影響了他的一生。這八個字所代表一種徹底、認真、不肯騎牆中立的精神，應該是他接受近代科學思想的有利背景。他之接觸近代科學思潮，當然始於東渡日本和旅遊英國以後，尤其一九〇三年到達倫敦，直接受到西洋文明的薰陶，開始大力鼓吹科學終其一生。他之全力接受科學的洗禮，一方面固然是有感於中西文明的強烈對照，一方面又與他所篤信的無政府主義息息相關。西歐無政府主義學者如巴枯寧、克魯泡特金等都崇尚科學，或本身即爲自然科學家，對吳稚暉崇尚科學的態度，自相攸關。無政府主義的《新世紀》雜誌主張個人主義，也揭櫫功利主義，認革命的目的在增進人生的幸福與樂利，於是能用於生產以增幸福樂利的科學，自然也被重視。依照吳稚暉的看法，無政府的新社會，由新道德促其實現，並由科學的教育完成之，因比從一九〇七年起的《新世紀》週刊，吳即鼓吹科學不遺餘力，之後一九一一年發表了〈上下古今談〉，用通俗字句介紹科學新知識，民國十三年主編《民國日報》副刊〈科學週報〉時，更多所發揮。

根據吳稚暉體察西方二、三百年來文明的發展，指出科學世界與古來數千年非科學的世界，截然不同，他認爲科學是導向人類至於公善的手段，是人類進化的「公粹」。他從人類進化史推演出世界的進步，是隨「品物」而進步，科學便是「備物」最有力的方法。科學是什麼呢？當然是指西方牛頓以後的科技文明的發展，《新世紀》週刊在第四號中，曾解釋科學的意義：

> 所貴乎科學者，闡明奇奧精確之理，以顯妙能敏捷之用，以之研究，則增人知識，發達思想；以之實行，則省時省力，奏奇妙功。故科學未發明以前，世界所經營皆愚笨簡單，科學既發明之後，萬象更新，十九世紀與本世紀，實科學發展之時代也。

西方科學的發展，吳稚暉以爲「是人類積時代爲開明，適至此時人類心思與材力，適足取科學而發明之，於是世界有科學起點在西與在東，不過發腳之先後。」故中國採科學，即是善用人類之「公粹」，自不能視爲「西化」了。西方文明如理化機工等的科學實業，也就成爲無政府主義者所主張的教育的主要內容。科學昌明既已成爲十九、二十世紀文明的特徵，吳稚暉以一非純科學家而倡導科學萬能，他自己曾解釋所以崇拜科學的原因：

我們崇拜科學：一是因為道理上要講，常識是模糊影響的，科學是精細確當的。二是因為我們不肯四腳戴毛的，要用「人工」以抗「天行」，科學是人工的根本法。三要完成一切理想的道德，止有科學萬能；若「靠天吃飯」，「任天而行」，「與天為遊」，說得好像是天的孝子。其實都是依賴窮天爺爺的不肖子。拆穿了說，叫做懶得做「人」。人者能以人工補天行，使精神一切理想的道德，無不可由之而達到，又達到者也。

同時科學昌明之後，如水銀瀉地無孔不入，它的力量不只改變人類生存的環境，同時改變人的宇宙觀、人生觀，吳稚暉正深切的體會了這一事實，指出：

科學在世界文明各國皆有萌芽。文藝復興以後，它的火焰在歐土忽熾。近百年來，更是火星迸裂，光明四射，一切學術十九都受它的洗禮。即如奧遠的哲學，言感情的美學，甚至瞬息萬變的心理，瑣碎糾紛的社會，都一一立在科學的舞臺上，手攜手的向前走著。人們的思想，終容易疏忽，容易籠統。受著科學的訓練，對於環境的一切，都有秩序的去觀察整理；對於宇宙，也更有明確的了解，因此就能建設出適當的人生觀來。

這是吳稚暉科學萬能論的大旨，也不啻爲近代中國科學主義的一篇宣言書。提倡科學，當然宇宙間最真實的，只有落在一切受物理法則支配的物質上，這就正如郭穎頤教授所指的，成就了吳稚暉的物質的科學主義（Materialistic Scientism），在吳的觀念中，乾燥無味的物質才是這世界唯一的真實，但是物質與精神是不能二分的，早在《新世紀》週刊裏，他就指出科學這一名詞，「不專屬於物質，但其表則名數質力，其裏則道德仁義，凡懸想者爲哲理，而證實者乃科學」，他又以爲道德仁義不合乎名數質力者是爲懸想，當然也就不落實際了。因此自科學興起後，以聲光化電之質力，遂至名數益新，而心理計學之類成爲專科者，其中深微的道理，都可以用尺表度類，「豈如古世希臘諸賢，及我春秋戰國老孔莊墨之代，以及禪學之經典，僅有無理說之懸想所可同日語乎？」推研了物質文明至極，就會見到物理世界的極則，亦即「止有物質，並無物質以外之精神，精神不過從物質湊合而生」，甚至連「我」都可以用清水加膠質、蛋白質、纖維質、油質湊合而成了。

因爲看重物質，吳稚暉也因此注意製物的機器的製造，尤其用雙手製造機械，又以機器幫助雙手製造物品，因而他所謂的物質文明：「人爲品而已，人爲品爲何？手製品而已，手之爲工具，能產生他工具」，也就是「用雙手去做工，用腦力去幫助兩隻手製造機械，發明科學，製造文明，增進道德。」爲什麼物質文明能增進道德呢？他在〈機器促進大同說〉一文中指出：

> 機器是替代人類勞動，機器到力量充分，可代人工之時，乃為全般人類製造溫厚、鮮潔、軒敞、飛速等享用的東西，綽綽有餘，斷沒有人類尚須用著手足勞動，博些草具，苟延性命也。

同時他在〈青年與工具〉一文中也指出：

吾決非崇拜物質文明之一人，惟認物質文明，為精神文明所由寄之而發揮，則堅信無疑。幸福者，果何物乎？幕吾以天，席吾以地，纏藤葉於吾身，坐山石之上，歌聲出金石，固何歉乎？精神完固之我，而不認為有一種高尚之幸福。但此種幸福，皆在物質備具，充養吾之精神，已使演進而有餘。而後偶任吾個體之返本自適，遂有若天地甚寬，其樂反未央耳。

在他看法，物質具備，才能使個人返本自適，得邀遊自在的機會，欣賞大自然的美好，享受精神上無限的快樂，這才是廣義的道德——所謂的精神文明，他之所以主張發展物質文明，其用意即在於此。

當然，提倡科學或物質文明的同時，也會對舊習俗制度，採取了褒貶的態度，所以吳稚暉對宗教、傳統文化也有不同的看法。「科學者，進化之利器，迷信者，思想之桎梏」，無政府主義者希望加速人類的進化，大力提倡科學，反對迷信，這就涉及宗教問題。吳稚暉先後曾有幾篇討論宗教問題的文字。由於他的基本哲學是「物理世界爲一純粹的進化公理」之故，他以爲宗教乃是前科學時期的產物，就無政府主義而言，是絕對與宗教不相調和的。他說「社會主義與宗教相提並論，社會主義亦可云非宗教主義，宗教主義亦可云非社會主義，二者可謂絕對的不同物也。」依他的看法，宗教是反科學的，是利用道德，強固了人的迷信，是阻礙社會進步的因素，而社會主義（即無政府主義）是依據道德破人之迷信。質而言之，宗教主義是人與鬼物相互的主義，而社會主義是人與人相互的主義，人與人間既以良道德相維繫，良道德是進化的公理，是隨萬物之有生而自賦的，吳稚暉進一步明白的指出，這一人與人之間相互的主義，「簡言之，猶云人道云耳」，故無政府主義者也倡人道主義，「科學之理愈富，言天（神）之說亦逾遁。」人世只談人與人關係，不提造物者，亦即由物理科學世界談物質與精神，如果談迷信宗教，自有背於科學精神了。民國十二年，科學與玄學論戰時，吳稚暉更明白的指斥宗教，以爲亞剌伯與印度民族最講宗教，結果人民懶惰躐蹋變成了通性，專說玄妙空話，故其總和是道德最劣；以爲中國上古原也沒什麼大空想，沒有宗教，晉唐以前，不過是一個鄉老（老莊）、局董（周公孔子）配合成的社會，後來印度宗教侵入之後，配合了局董的教條，便造成了威權，造成了個乾枯的社會，因此吳稚暉的反宗教，自然引入了反理學的一條路，而他反理學的結果，又直接引上了科學的路子，反而不自覺的把科學取代了宗教的地位了。

吳稚暉既以「宗教迷信阻塞思想之自由，其發揮良德者少；以科學真理發明道德爲進化，真符合良德者多」，科學在某些人看法是高級的知識（如孔德Comte），而知識即道德，因此吳稚暉也以爲「知識以外實無道德，知識既高，道德自不得不高」，亦即精神隨物質同時並進。倡導物質文明的吳，以科學爲萬能，自然對傳統文化也有所評估了。吳稚暉原是中國舊文化中打過滾出來的人，經過了多次思想變遷的過程，也飽嘗了相當的閱歷，才深切覺悟中國社會思想有徹底改造的必要。在歐洲他拿定了科學的物質文明，高唱科學工藝教育，以改造中國，很自然的，他對「國故」採取批評的態度。因此從他在巴黎主編《新世紀》週刊開始，就曾撰文批評孔、老，到了民國十二年人生觀論戰時，更有把線裝書拋入茅厠的主張，雖則晚年曾歸於平正。①一九〇七年《新世紀》週刊第一號，吳稚暉撰〈此之謂中國聖人〉一文中，曾對孔老夫子「裝面孔，湊架子」有所不滿，對孔氏之書也不以爲然，這種基於科學進化的觀點所發的議論，與早年「忠君愛國」、「非聖無法」的言論相較，實有天壤之別。爲了提倡科學，自然也得對一般人所醉心的「精神文明」作批判，故而他反對宋明以來空談心性的理學，因此他被胡適推崇爲近代反理學的四大思想家之一。

清末一般知識分子，對西洋文化的衝擊，產生了「中體西用」的適應論，所謂中學爲體，西學爲用，是吳稚暉最反對的說法，就是一般人所謂「從古所有」的舊觀念，也是他絕對棄絕的。由於他依物理世界進化原理，深信古人斷不及今人，因此他對妨礙科學，阻礙文明進步的「國故」一無好感，他把「國故」當作「古董」，以爲古董就應束諸高閣，否則他警告說，國故同小老婆、吸鴉片相依爲命；小老婆、吸鴉片又同新官僚、發財相依爲命，國學大盛，政治便要受危害，因此主張把孔孟、老墨之學屏棄，而極力鼓吹一個「乾燥無味的物質文明」。這當然是吳稚暉補偏救弊矯枉過正的偏激之論。不過他的初衷在希望落後的中國即速發展科學，趕上時代，「科學發達了，手執毒氣飛彈，口說平等、博愛，才可進入世界大同」，就這一用心而言，他一時偏激之論，似又有其一定的時代意義了。

吳稚暉對國故不感興趣，對「洋八股」也深惡痛絕，他在民國十三年時，曾指出：

> 中國數千年偏重了文學哲理，自無可諱言。最近數百年又被聖功王道的八股思想統一了一陣，至今餘毒未清。因此改了洋文學，談起洋哲理，插進洋聖功王道的法政學，加入

洋經世文編的商科理財，結以洋、周、秦諸子的各種洋九流三教（什麼主義，什麼主義），遂弼成了洋八股的偉觀。所以若再聽憑他百千大學，開設了使他休明出來。結果是：有飯吃，便把官僚、政客、土豪、游民，做他們的尾閭去排泄罷了。那種博學鴻詞科式的太戈爾，也必定盛極一時，過他們高尚亡國奴的生活，因此欲枉而過其正，非鼓吹一個乾燥無味的物質文明出來，不足以淡此瘴氣（謂洋八股）。

因爲他反對洋八股，所以他對太戈爾的東方文明論大加排斥，對於胡適以科學方法整理國故的做法，也不表贊同。至於一個乾燥無味的物質文明，該如何鼓吹得出呢？當然是提倡科學工藝了，他認爲科學工藝的提倡有二：一是用雙手造機器；一是留學教育。

吳稚暉長期旅居歐洲，對西歐科學的發展，體會自然最爲深刻。他認爲科學的主要基礎是動力和機器，而這二者是一體的兩面。自始人類生活環境的改良，就是靠動力，古老社會的動力只靠筋力（人力獸力）爲主，間有風力水力，但運用不廣。歐美近百年來的神速變化是靠另一方式產生動力，即蒸氣機、發電機和摩托。他預測將來的主要動力來源是太陽。動力機器是機器，而動力機器帶動的也是機器，因此製造機器，是科學發展的基礎。人造的機器，在吳稚暉看來有兩種，一是發動機，一是造物機，發動機可省人的筋力，造物機可省人的心力與工夫，而機器的基本原料是鐵，所以他進一步指出：中國不及外國，是不及在打鐵鬼身上，外國的打鐵鬼裏，著實有些有學問的，中國的聰明人卻一個都不屑打鐵，「噫！快快防人家拿鐵來打你罷！快快自己做打鐵鬼罷！」物質文明是人爲品，人爲品就是手製品，因比雙手勤造機器，自然可以造出有用的機器來，故他注意雙手使用工具，他在〈青年與工具〉一文中，大聲疾呼：吾人「絕非崇拜物質文明者也，如稍有一毫不能打破備物以爲幸福之理論，請吾青年視其手，又視文明之工具，決非工科青年，方當注意於工具者也。」所以他主張在家裏「與其掛字畫，掛對子，不如掛鋸子，掛斧頭」，其用意亦即在此。

機器發明之後，當然也有社會問題發生，例如機器發明後初期，可能富人占據機器，勞役工人，因此而有多數人對少數人的正當革命，不過他承認占據機器的富人，固是勞動人的魔鬼的同時，也表示「若機器自身，畢竟仍是我們人類減少勞動的天使」，他樂觀的指出：我們人類有發明機器的能力，自然有那一日，我們不用勞動，但請機器勞動的時候。那時候就是機器完全替代人類勞動，爲全般人類製造溫厚、鮮潔、軒敞、飛速等享用的東西，人類不需再動手足勞動的大同世界了。

民國十二、三年，吳稚暉熱心倡導工藝科學的同時，也注意到了科學與國防的重要關係。本來自始他即以爲科學是世界的「公粹」，中國貧弱所以遭來外侮，主要是沒即速學取西歐的特長，也就是說「不進化民族惹起物質文明進步人之野心」所致，他很了解處於列強競爭、適者生存下的現實國際情勢下的弱國是十分危險的，因此他一再的強調人家用機關槍打來，除非你用機關槍對打，否則一個平等大同的世界，無由獲得。所以他說「公道是要從拿著機關槍人口裏說出，才是真的，對機關槍跪著說，終是廢話！」。基於同一理由，他認爲中國人不如西洋人，就因缺少機器，他在民國十二年即喊出了「摩托救國論」的主張，到了民國二十年九一八事變爆發，日本帝國主義者挾機器之力入侵，他更堅信摩托救國的必要，「我們現在缺乏的就是機器，所以不能同別人抵抗」。他所謂的「摩托」，具體的說即是天上的飛機，地上的鐵甲車，海底的潛水艇；放大來說就是物質建設與國防工業，「逃不出總理建國方略的實業計劃」，他很希望中國人都把摩托當做鴉片第二，「要是中國人個個都有摩托癖，一定可以救中國了」。他的摩托救國論，當時很受輿論的重視，民國二十二年的《新中華》雜誌即一再讚揚吳稚暉的主張，以爲日本敢於對中國發動侵略，更證明吳稚暉科學機械救國的重要。

根據吳稚暉的盤算，這個世界還得經過若干若干次的大小戰爭，才能達到世界大同，爲了免除被列強瓜分的危險，提倡科學教育，是必要的途徑，他說：到了二千年或三萬年後，世界人人都有進大學的義務，亦即實施大學強迫制教育時，「街上的洋車夫，灶下的老媽子，都有了今日所謂專家學者的知識，然後大家再沒有興趣從事戰爭，也不再當飛機汽車算得物質文明，這樣物質文明進步到不可思議，設備強迫全世界的大學，輕而易舉，世界才能至於無戰爭」，因此處於無戰爭之前的中國，迎頭趕上西方的科學教育，乃成爲十分必要的事。

科學工藝教育「迎頭趕上」的另一捷徑，照吳稚暉的看法，便是「移家留學」。民國元年，他發動了勤工儉學的主張，民國四年與李石曾、張靜江創立「留法勤工儉學會」於巴黎，民國六年在上海《中華新報》闢「朏盦客座談話」專欄，高唱全家留學。民國七年又有留英儉學會的發起，民國九年籌建中法大學於北京，吳稚暉擔任董事，並且赴法視察里昂中法大學校舍。民國十一年即率學生百餘人赴法進入里昂中法大學，自任校長，這些都是他以工藝教育培養手腦並用人才理想的實行。吳稚暉這些海外中國大學的理想，可說導源於清末巴黎世界社及《新世紀報》，爲了提倡科學，灌輸世界知識而起的。照他的意見，西洋工藝社會，整個環境是力役教育的環境，中國人如留學「能留得碩士、博士歸，自然甚好」，否則「回國後，能改良茅厠，不亂拉屎尿，起帶頭作用，亦大好事」，因此他要男女公子在英國習電機化學，對蔡元培遣子赴比入習工業，也表示相當的讚賞。儘管吳稚暉、李石曾、張靜江等人辦理勤工儉學的成效，後人評論各不一致，但倡導科學工藝教育的苦心，則是極爲明顯的。

近代科學文明，大致是從十五世紀歐洲的文藝復興開始，從理論的發展到技術的運用，科學大盛，成了近代文明的基礎。十八九世紀歐洲科學的發展，實已成爲代表全能力量的象徵。中國知識分子自從十九世紀末葉，感覺到強大科學力量的衝擊後，「賽先生」（Science）與相輔而來的「德」先生（Democracy），便成爲近代中國知識分子的兩翼，它們取代了傳統的信念，改變了傳統的價值觀，震撼了傳統的文化，幾乎摧毀了傳統的社會。清末民初，「科學萬能」的科學主義觀，更成爲知識分子普遍的意識。胡適在民國十二年說：三十年來，科學在中國已具有「無上尊嚴的地位」，「無論懂與不懂的人，無論守舊和維新的人，都不敢公然對他表示輕視或戲侮的態度」。吳稚暉可說是從傳統走向現代的知識分子，是從線裝書中翻滾出來，又極力倡導科學的典型代表。他從民前留歐的「新世紀」時代開始到民國以後，都以大力來鼓吹科學萬能。因爲倡導物質文明，連帶的造成物質世界觀，從器物層深入文化層，而及於「宇宙一切皆可以科學解說」的科學主義觀，他因此被學者稱爲是哲學的物質主義者（The Philosophical materialist）②。因爲他徹底接受科學的洗禮，自然對中國傳統的舊文明，帶著不能並存的激烈見解，抨擊傳統，反對宗教，且不幸的幾乎陷入了迷信科學的程度。從科學本身原理與方法的限度而言，以科學描繪人類的一切，自然不無過當，但是處於十九、二十世紀的中國，在中西文明強烈對照的背景下，吳稚暉以一個愛國憂時的知識分子倡導科學萬能，卻不失爲補偏救弊的積極主張。民國以後，中國科學界之有點滴的成就，吳稚暉之竭力提倡科學的苦心，功不可沒。吳稚暉過世時，中國科學界譽他爲「中國科學運動的巨人」，應非過甚之詞。

①吳稚暉到了晚年說他所反對的只是些小節，他說「我雖隨同打過孔家店，現在正正經經研究大道理，還是請這位老黃忠（孔子）出來。我們打孔家店，也止是最微末的小節，就是與上大夫言，何以一副面孔，忽然與下大夫言，又換一副面孔，表情太分明。又既然飯蔬飲水，曲肱而枕，樂已在其中，何以又食不厭精，膾不厭細，狐貉之厚以居？……諸如此類的小節，都被小孩子戲弄過大聖人。然而止是如日月之食，無損於其明。」見〈答畢修勺書論德先生、賽先生及進化之理〉（三十四年十二月），《吳稚暉先生全集》卷一，頁二二六。

②參見郭穎頤教授：《科學主義在中國，一九〇〇—一九五〇》，頁三三—五八。（D.W.Y. Kwok, *Scientism in Chinese Thought, 1900–1950*, Yale U.P, 1965, pp. 33–58.）

五、人生觀論戰的押陣大將

吳稚暉學術思想的演進，依照吳傳作者張文伯的說法，初由於傳統的束縛，始於無不可信，亦即革命以前，舊學涵泳的時期；繼受革命潮流及西學的激盪，一變而幾至無不可疑，即巴黎「新世紀」時期，新知煥發的階段；民國十二三年〈一個新信仰的宇宙觀及人生觀〉發表，而系統初定，其後更由大疑建大信而底於大成。大體上說，吳稚暉從旅歐參與革命開始，即以科學、進化爲思想的基礎，從物質文明的提倡而及於科學人生觀的提出，新文化運動時期，參與了「科學與玄學人生觀」的論戰，提出了一篇七萬字的長文，因此被胡適推崇爲反理學大家、人生觀論戰的押陣大將，並即倒轉爲以科學爲基礎之「新玄學」的先鋒。

民國十二年，中國思想界突起一場激烈的科、玄學論戰，國內許多學者都捲入這一場筆戰。這一論戰在本質上是中國知識分子對西方科學文明衝擊的反響，也是中國知識分子擁護理學與反對理學的論爭。先是張君勱一篇側重中國精神文明與內心生活，而指斥歐洲物質文明的「人生觀」演說，引出了丁文江以自然科學家的姿態，爲科學辯護的文字。雙方因此引發了一場大論爭，就在激烈進行的當兒，吳稚暉適時發表了一篇全國傳誦的力作〈一個新信仰的宇宙觀及人生觀〉，以建立在一位「柴積上日黃中的老頭兒」也懂得的科學常識爲基礎的宇宙觀和人生觀，贏得了押陣大將的美譽。這篇文字，不只代表了吳稚暉在接受科學洗禮後的人生態度，同時也代表了科學主義對近代中國知識分子的衝擊力、震撼力和影響力。

先從吳稚暉的宇宙觀說起，他的宇宙觀是基於科學進化原理來的，他解釋他的宇宙觀說：

> 在無始之始，有一個混沌得著實可笑，不能拿言語來形容的怪物，住在無何有之鄉，自己對自己說道，悶死我也！這樣的聽不到、看不見、聞不出、摸不著，長日如此，成年如此，永遠如此，豈不悶人嗎？……說時遲，那時快，自己不知不覺便破裂了。這個破裂也可叫做適如其意志，所謂求仁而得仁。頃刻變起了大千宇宙，換言之，便是說我兆兆兆兆的我。他那變的方法，也很簡單。無非拿具有質力的若干「不可思議」量，合成某某子。合若干某某子，成為電子，合若干電子，成為原子。合若干原子，成為星辰日月，山川草木，鳥獸昆蟲魚鼈。你喜歡叫他是緜延創化也好，你滑稽些稱他是心境所幻也得，終之他是至今沒有變好，並且似乎還沒有一樣東西，值他愜意，留了永久不變，這是我的宇宙觀。

他又曾用「活的一個」來指說宇宙，宇宙萬有，無所不包，所以統名之曰「一個」：

> 舉現象世界，精神世界，萬有世界（有），沒有世界（無），適用時間空間的，不適用時間空間的，順理成章的，往來矛盾的，能直覺的，不能直覺的、合成一個東西，強加

> 名言，或名曰本體，又曰一切根源。照我合成的成分而說，既應統括萬有及沒有，……則又有所謂「一個」，……放之則彌六合，變為萬有，是這一個；卷之則退藏於密，變為沒有，也是這一個。陳老古董所謂萬物有生，原質是風水地火，或金木水火土，是這一個，新西洋景所謂綿延創化，是片斷而非整個，只有真時，並無空間，也是這一個。……我不管什麼叫做無極太極道妙真如，……我止曉得逼住了我，最後定說到「一個」。

他又說：「我所謂一個，是一個活物，從他『一個』變成觀象世界，精神世界，萬有世界，沒有世界，能直說的，不能直覺的，恒河沙數的形形色色，有有無無，自然也通是活物」，但這樣的「一個」，又怎樣能是活的呢？他解釋說，凡是活物方能產生活物。換句話說，活物產自活物，他用一塊石頭爲喻；石頭看似死物、其實在化學試驗中，茅厠中的石頭，一樣可以活起來。石頭似乎是沒有感覺，不過，吳稚暉指出，所謂感覺，有種種不同的狀況，石頭至少有寂然不動的感覺，這就是所謂無私心而合天理，所以貞固永壽。何況一塊石頭一旦爲化學家檢入玻璃瓶，用火酒的食料供給著，他就排斥一部分故體，一部分去尋著新的她，發起大大的愛情。其衝動的愛情，又何嘗少異於才子佳人？並且其衝動，還能受理性的節制，意志的堅強甚至於超過人呢。是而，他說，茅厠中的石頭，是沒有感覺的東西嗎？當然不是，因爲它有質地，有感覺的，「非活物而何？」茅厠中的石頭都是活的，那別的東西就更不用說了，所以他說「萬有皆活，有質有力，並『無』亦活，有質有力。」這就是他的萬有生生論了。由一物而推及於宇宙，宇宙便是一個大生命，它的「質」同時含有「力」，由此而有「權力」、「意志」，意在「永遠的流動」，永遠流動的大生命，又爲的什麼呢？吳稚暉解釋說：

> 自從我們不安本分，不甘願做那聽不到、看不見、聞不出、摸不著的一個悶死怪物，變了這大千宇宙，我們的目的何在呢？我是不敢替我們吹一句牛皮的，卻逼住我不得不說，他是要向——真善美！但是儘管你一樣一樣認著「真」，要做到好看叫做「美」，做到不錯叫做「善」，畢竟叫做終不合意。所以秒秒分分時時刻刻，把舊的變去了，從新換著新的。正如下棋一般，下成了，又投子在盒中，揩著棋盤又下。……

吳稚暉就用科學的觀念，這樣著「開除了上帝的名額，放逐了精神元素的靈魂」，剩下了一個純粹自然的演變，所謂「真、善、美」，亦正是他依著進化觀念而來的「至善」境界罷了。

從宇宙觀又引生出他的新人生觀，照吳稚暉的看法，所謂「活的一個」，推原其始只是「黑漆一團」罷了。人類其實也就是「黑漆一團」的子孫，但既然稱爲「人」，自然也得表現特殊些，因此他首先解釋「人」是什麼？

> 人便是外面止賸兩隻腳，卻得到了兩隻手，內面有三斤二兩腦髓，五千零四十八根腦筋，比較占有多額神經系質的動物。

接著他解釋「生」：

生者演之謂也，如是云爾。生的時節，就是鑼鼓登場，清歌妙舞，使槍弄棒的時節。未出娘胎，是在後臺。已進棺木，是回老家。當著他或她，或是未生，或是已經失了生，就叫做擇吉開場，暫時停演。

因此，所謂「人生」，就是用手用腦的一種動物，輪到「宇宙大劇場」的第億垓八京六兆五萬七千幕，正在那裏出臺演唱，請作如是觀，便叫做「人生觀」。這一大劇場是人類自己建築的，這一齣兩手動物的文明新劇，是人類自己編演的，如果不賣力，隨便敷衍，踉踉蹌蹌鬧笑話，叫人搜你腳根，給人「叫倒好」，不只是丟人，並且也反對自己的初願。因此人生一場戲，演得好不好，還得端看自己。

既然如此，人生這場戲該怎樣的搬演呢？吳稚暉提出了三句話來解說，這三句話，說得文雅些，便是「有清風明月的嗜好，有神工鬼斧的創作，有覆天載地的仁愛」，說得粗俗些，就是「喫飯、生孩子、招呼朋友」。

先就清風明月的喫飯人生觀來說，實際上就是生活問題，每個人要解決自己的生活問題，是有一定的標準的，那就是：

(1)是喫飯要用自己的勞力換得才是。（到了大同世界，「各取所需」，也要將「各盡所能」做交換。不過人人道德高尚，去了算帳式的交換形迹而已。）

(2)是我的喫飯，若把阻礙別人的喫飯得來，就不對了。

(3)是化了勞力喫不到飯，還是不願意奪別人的飯來喫，也便算做難能可貴。

(4)是能夠想出許多飯來給人喫，自然最好。但反過來，奪了許多人的飯，給我親愛的去不勞而喫，那就更不對了。

故而喫飯是一個通俗的說法，明白的點出，就是如何解決人的生活問題，喫飯問題的真解決，應歸結到上述四個原則，能想出許多飯來喫，才能使人的生活充裕、富厚、快樂，這就非仰仗吳稚暉自己所一向提倡的物質文明的科學不可了。

再說神工鬼斧生小孩的人生觀，吳稚暉以爲生孩子只是宇宙變動的綿延，狹言之，又是宇宙萬有各個自己的綿延。宇宙各有各的綿延，並不用絕對相同的一種方式，所謂陰性陽性，不過像是照相顯影藥水，臨時配合，功用以顯，而轉瞬亦遂變性，以至於無用，生小孩也同一道理，並無奇妙可言。但大家都「以生小孩爲神秘，搖身一變爲愛情，搖身再變爲美學兩性化，搖身再變爲神工鬼斧之創作」，其實，他以爲「創造宇宙的原始，亦不過拿神工鬼斧，做一過程，意志生情感，情感起理智，理智定意志，循環爲聯合，不曾有什麼中心」，因此他看重男女的大慾，並不重視夫婦的名義及結婚的形式，同時以爲科學的發達，大同世界若而實現，「廢婚姻，男女雜交，乃是人類必有之一境」，但這必然在子女公共養育，私產廢止後的大同世界才有可能實現，同時爲了使人類更趨於優秀，那就又不能不歸結到「非科學更向上不能解決」了。

至於第三齣戲，覆天載地的招呼朋友的人生觀又是什麼呢？他所謂的朋友，是指我以外的一切人，乃至於一切生物，亦即「非我」。生小孩，喫飯的人生觀，都是對付自己的，招呼朋友是對付「非我」的，把自己招呼到了，而對朋友漠不關心。甚至採取對立的立場便是大錯，天地萬有，天理流行，對「非我」的朋友，自然不當漠視。這自然也是從理智與科學的觀察中得來的念頭。

基於此，吳稚暉正式揭櫫了他對人生的新信條：

(1)我是堅信精神離不了物質。

(2)我是堅信宇宙都是暫局，然兆兆兆兆境，沒有一境，不該隨境努力。兆兆兆兆時，沒有一時，不該隨時改進。

(3)本此原則，批評書契後千年中的人類，數千年的短時間，本似一個旦暮。所以若說也有少數古人，勝過今人，我可以相對承認，……至於一般普通人，可堅決的，斷定古人不及今人，今人不及後人。

(4)我所謂古人不及今人，今人不及後人，不是單就善的一方面說，是說善也古人不及今人。今人不及後人。惡也古人不及今人，今人不及後人。知識之能力，可使善亦進惡亦進。俗所謂道高一尺，魔高一丈，……人每忽於此理，所以生出許多厭倦，弄成許多倒走。

(5)我信物質文明愈進步，品物愈備，人類的合一，愈有傾向；複雜之疑難，亦愈易解決。

(6)我信道德乃文化的結晶，未有文化高而道德反低下者。

(7)我信「宇宙一切」皆可以科學解說，但欲解說一切之「可」，永遠不「能」。

這是吳稚暉人生觀的新信條，更明白說就是吳稚暉科學的人生觀的新信條。根據這些信條，吳稚暉對人生觀更提出了四層意義：⑴人生觀不是人死觀；⑵人生觀不止我生觀；⑶人生觀共同他生觀；⑷人生觀才有宇宙觀。

由第一義知道，人生乃是前進的一幕，我生就是人生幕裏的一角。在宇宙大劇場中，萬萬不能缺一我，因此一當善其相當形體之我，二當善其相當時間之我，以便使我能演唱更精彩的戲。由第二義知道，人生觀這一名詞是加於全體生存的人，而不是只加於我一個的生人，所以應當盡量改進天然，使人生更多采多姿，即招呼兆兆人生，至於覆天載地。設而人生不但不能覆天載地，更且招呼不了，那麼就應捐吾一生，始得光大全人生，拯救全人生者，甚至於儘可以殺身，因爲這樣做才能當於宇宙前進之理。「招呼朋友而至於捐我生者，又所以重人生觀也。」從第三層意義知道，人生之一劇，將是以他生爲燈彩與佈景，這樣演出才會更見精彩，如果對於痛苦相同的朋友，尚不設法招呼，「將使別疏遠而宰殺終古，則更疏遠的茫然之天，及塊然之地，更何暇問其覆載」，「以親疏爲不得已時之方便，已覺抱歉；況自居萬物之靈，竟以親疏爲終古天賦之權，其荒唐爲何如？」四時之序，功成者退，萬物過庶，可以節育，區區人的衣食問題，都當暫時取於暫認爲無用之物，而以科學方法化腐朽爲神奇，「所以招呼朋友，決不可遺他生物者，仍所以重人生觀也」。至於第四層，吳稚暉解釋說：

> 蓋言生而至於有人，宇宙之戲幕，自更精彩。至此而挾極度之創造衝動，及最高之克

己義務，始可自責曰，人者庶幾為萬物之靈。凡覆天載地之大責任，為宇宙萬有之朋友所不能招呼者，壹由吾人招呼之。如此，豈是「就生活而生活」，「順天理」而待盡，可以勝彼艱鉅？是故人也者，吹個大法螺，即成表漆黑一團，而使處辦宇宙，又以處辦得極精彩的宇宙之一段，雙手交出，更以處辦宇宙之責任，付諸超人者也。招呼朋友，實際亦知未能及於宇宙之些須；恃有「科學萬能」在，區區覆天載地，正可當仁不讓。責難旁人如此，真所以重人生觀也。

因此他特別提醒說：

悠悠宇宙，將無窮極，願吾朋友，勿草草人生！

總之，吳稚暉這一基於「科學」、「進化」的人生觀，目的在善盡人類的職責，造福民生爲本務，體天地之大德，而協贊其進化，因此他既稱頌　國父「人生以服務爲目的」的說法，也讚佩總統　蔣公「生活的目的在增進人類全體之生活；生命的意義在創造宇宙繼起之生命」的名聯。

吳稚暉墨蹟——篆字

六、國語統一運動的推行家

語文是人類表達思想，溝通感情的工具，亦即吳稚暉所說「供人與人相互者也」。統一國音，推展國語運動是吳稚暉畢生致力的基本工作。

本來吳稚暉對語音文字的研究，早在清末即已開始，一八九五年他在江陰南菁書院時，已手創了一套「豆芽字母」，用以拼音念字，還教他的家人用來拼方言，作爲通信的工具。他一九〇三年留學英國後，身受西歐文明的刺激，吸取了西洋文化的長處，奠定了一生以大同主義爲終極的理想，同時高舉科學化的大旗。他在法國巴黎主編《新世紀》週刊時，基於無政府主義者長遠的理想，也以改革文字作爲開通常識的要著，爲了謀國人迅速吸收歐美文明，提高一般人的知識水準，《新世紀》週刊曾先後揭載了〈萬國新語〉、〈記萬國新語會〉、〈新語問題之雜答〉等多篇專文，主張利導世界語，「以求世界和平之先導也，亦即大同主義實行之張本也」。吳稚暉在這一時期，也深切體會我國漢字的缺點，並謀所以補救的方法，苦心構思了一套完整的設計。他在《新世紀》雜誌先後發表過〈書駁中國用萬國新語說後〉、〈書神州日報東學西漸篇後〉等文，專門討論中國漢字問題。從一開始，他就承認漢字有它基本的缺點，即「漢字不惟無音，而且不便於排印」，依他的研究，完美的文字，應該是「一見其別即顯，始可載玄深之理，一見其意可誦」，然後便於學習。他認爲識字容易十分重要，從識字才能懂得造機器，造洋貨，造大炮，機關槍的法子，才能對付入侵的外力。他這一觀點，基本上不能離開他倡導中國科學化的目標。

當然相信無政府主義的吳稚暉，在根本上他並不否認將來世界大同，勢必要全世界犧牲它的國語，共同使用世界公共之語言，居時「漢語將無須取必於久傳」，甚至於是「早晚必行廢斥之一物」，但那是遙遠的理想，因此在過渡時期，他承認漢字仍然是大多數人宣達意念的符號，既必須「苟且承用」，則一如不適用的廢屋，在短期內，不能不賴以蔽風雨。在這種情形下，「惟有用最廉價之便法，稍事修繕，使風雨不侵而後止」。他想出的辦法，就是附加讀音，以「漢字大書，讀音旁注」，漢語姑寄於漢字，加以注音，便用於一時。於是這一國語注音運動的推行，便成了他一生努力的工作。

中國地廣人多，歷數千年而能維持統一的局面，至少有一部分原因是「書同文」的關係。但我國各地方言多而繁雜，對民族的團結，及現代民主政治的倡導，科學化工作的推行，仍然不無妨礙。國語運動實際上就是「語同音」的運動，它甚至可以關係國家民族的盛衰。吳稚暉以這一自認爲是最好的過渡辦法，做爲推行社會教育的基本工作，他的用意也不外在企求由「語同音」的努力中，同時帶動全面知識水準的提高，最後能躋於世界文明之流。爲了使一般老百姓知識總和不落人後，他想出的具體辦法是以平民千字課爲教本，並使注音字母與漢字合作。所謂注音字母，吳稚暉指出，它像孫悟空，有變不完的相，任意把它分多少類都可以，統一國語的注音字母，它的功用就像是「平民留聲機的注音字母」。他指出：借反切或字母，來作留聲機器，從古以來就有人試驗。注音字母的目的，一是將它來注音，一是借它做著留聲機器。留聲機器之於聲音，應是無所不能拼切的，而他生平最反對以拼音代漢字，自然也無意以注音字母或符號來代替漢字。吳稚暉曾深切研究中國漢字的造形聲韻，他平實的指出：中國漢字，比之其他各國文字，有其極美處，但它的短處正是無音可讀，因此他說：現在若能替它娶一注音的老婆，配合起來，漢文或者也可算天下之至美。如能更進一步，把所注國音予於統一推廣，那就可變成一般平民救苦救難的「注音菩薩」了，這就是他所謂「二百兆平民大問題最輕便的解決法」，亦即他以推行注音符號爲「穿草鞋」運動比喻的由來。

民國元年，吳稚暉從歐洲返國，在南京臨時大總統府，擔任 國父的重要幕僚， 國父當時認爲統一語言爲集中國民意志的要圖，因知悉吳稚暉對此素有研究，就把統一國語的工作全盤交給他籌畫進行，那時的教育總長蔡元培也十分贊成他的工作，於是又在教育部設置「讀音統一會籌備處」，聘請吳稚暉主持，作爲開國時期教育上的一件重要工作。民國二年的讀音統一會議，便是在吳稚暉策畫下召開的，吳稚暉更親自擔任議長，王照擔任副議長。這次會議參加的文字語言學者專家四十多人，「論音則南北相爭，古今異議；定符號則千奇百怪，人人欲爲蒼頡，家家思作沮誦。意氣之爭，拘虛之見，讀其紀錄，猶爲驚詫」。吳稚暉多方因應，舌戰羣儒，結果是異己者信其平實，同調者敬其周密，因此產生了平情可行的決議，通過了一套平實可行的注音字母，審定常用的讀音，奠定了國語統一的基礎。會後手訂《讀音統一會進行程序》單册，其內容與他早期的主張幾相一致。

後來袁世凱變更國體，吳稚暉也就離開教育部。這中間幾年，國語運動既乏人主持，當然也就沒什麼成績可言。但吳稚暉本人並不放棄這一工作，民國六年七月，他編訂了一部

《國音字典》，收一萬三千餘字，民國九年十二月教育部據以頒行全國，這部字典一直延用到民國二十一年，才爲他所參與修訂的「國音常用字彙」所取代。民國八年，教育部國語統一籌備會成立，集合文字語言學者，研究注音與字彙，吳稚暉擔任副會長，領導主持一切。民國十三年，爲了訓練人才推行國語，他在上海創設了「國語師範學校」，自任校長，並講授「國語概論」，各省青年人學者不少，就是在日本占領下的臺灣同胞如李萬居、陳祺昇、蔡公鐸等也都前來就讀。同一年，吳稚暉發表〈二百兆平民大問題最輕便的解決法〉長文，呼籲以國語與注音字母爲解決中國一切問題的根本，很引起重視。民國十五年九月，他又出任以研究國語學術，調查方言，力謀國語教育進行爲宗旨的「全國國語教育促進會」副會長，該會分會遍及各地，會員達到一千二百人，對推行國語運動，不無貢獻。從民國十四年到十五年，吳稚暉參與修訂標準音，完成了民國二十一年頒布的「國音常用字彙」。

民國十七年國民政府奠都南京之後，國語統一籌備委員會由吳稚暉擔任主席，手訂各種國語法令，先後由政府頒布實行，如「各省市推行注音符號辦法」，如「促進注音國字推行辦法」，如「姓名譯音辦法」，都經先後正式公布。如《國語常用字彙》，如《中華新韻》，都已經頒爲官書。尤其具有意義的是民國十九年四月，吳稚暉向中國國民黨中央常會提出「改定注音字母名稱，改稱注音符號」案，議決通過。掃除了易生疑誤的因素，同時由政府頒令推行，大大有助於國語統一運動的推廣。五月教育部通令遵循，並即組設「注音符號推行委員會」，以吳稚暉等十一人爲委員，同時開辦注音符號傳習所，七月教育部復頒定注音符號推行辦法二十五條，國語統一運動成了教育當局的重要工作，其影響可想而知。民國二十四年，教育部令改國語統一籌備委員會爲「國語推行委員會」，吳稚暉仍然留任主任委員。抗戰軍興，此工作一度停止，民國二十九年六月再度恢復，國語運動再趨蓬勃。民國三十年吳稚暉在中國國民黨五屆八中全會中，提議「大量印發注音漢字通俗書報刊物」、「積極推行注音符號運動」案，均獲通過。民國三十三年三月，在戰火炮聲隆隆中，吳稚暉親自創作了一首分四闋六十六字的〈注音符號歌〉，便於記憶，大有功於注音符號的推廣。民國三十四年立法院正式通過教育部國語推行委員會的組織，並由教育部聘請吳稚暉擔任主任委員，該會於民國三十七年在臺北設立了辦事處，在臺灣推行國語。民國三十八年以後，吳稚暉仍時時關懷國語運動的推行，臺灣光復後，國語運動所以能收速效，他手訂的政策，領導的正確，都是最重要的因素。

綜觀近半世紀以來的國語運動史，真是與吳稚暉不能分離，他是這一運動的工作者、提倡者和領導者，儘管他有著一口濃重的無錫鄉音。注音符號的推行，在語文教育上所起的作用，是人所共知的。他主持國語運動機構，編訂國語字典，審定書籍，訓練國語人才，倡導語文科學的研究，注意平民教育的教材，使中文漢語的運用現代化，初步開啓了大同世界「語同音」的大業。他在語文科學的專門研究上，雖然不名一家，但他是一個開風氣的人。他領導了學術的方向，指示了前進的途徑，研究學理，講求實用，既博大又精深，既專門又通俗，在一定的意義上說，這是他領導中國走向科學化、現代化的重大貢獻。

除了國語運動外，吳稚暉在語文上的另一特色是文字運用的生動活潑。他早在巴黎《新世紀》週刊就寫過極爲通俗的白話文，但不能忘記：他的篆字書法早就是一代名家。他生動好懂，冷嘲熱罵，雅俗共賞的文體，人人叫絕，但卻人所不能。他曾用小說體裁寫過介紹科學常識的《上下古今談》，他的《朏盦客座談話》、《茶客日記》都有小品文風味，他的科學、玄學、國語運動的文章都含有文學興味，他的政論文字有「言人人所欲言，言天下所不敢言」的內容，特殊的修辭，衝破舊文體的牢籠，他的文章，無疑的，在近代文學史上固有其一定的地位，雖然他「不願做什麼烏煙瘴氣的文學家」。

吳稚暉文章特殊風格的來源，他自己說是受了張南莊的《何典》一書的影響，他能從桐城派的古文圈，和深邃的學術修養中脫出，走入了學術平民化的路子，也就自然造成了一個新鮮的局面。他早在巴黎「新世紀」時代，就不避俗字俗語，根本用白話行文，甚至於用到了鄙俗不堪入耳的話。① 不過，他作文有一定的苦心，談笑風生，無論是莊是諧，時時都出於機鋒；處處都含妙諦，梁容若教授說他的文章，跟傳統冷嘲幽默的文章不一樣的是：以熱罵代替諷刺，用善意代替惡意，以積極的建議代替消極的指摘。又說他的文章都是以生命寫的，而且常常拼著生命發表，他創立了一種潑辣痛快，明朗負責的作風，他的每一篇文章，都發揮了時代的作用，偉大的影響。無疑的，吳稚暉這一光怪陸離，情趣橫溢，一無拘束的文字，確確實實的影響了中國政治、哲學、文化、社會，半個世紀以上。

① 《新世紀》週刊的通俗文字，曾惹起部分知識分子的批評，爲此，擔任主編的吳稚暉，曾特別聲明說「本報同人因文筆稺弱，莊言之易涉迂晦，不如譎言之稍醒眉目，故欲拉拉雜雜自成一種白話，馬遷有言，文不雅馴，搢紳先生難言之，本報同人極惡舊世界，所謂搢紳先生，故矯枉不免過正。」

七、忘政治而不離於政治

吳稚暉是清末民初奮力謀救中國危亡之知識分子的典型代表。一股挽救中國危局的熱誠，加上一股全力吸收西方文化的意願，使他成了文化上的絕對革命主義者，因此他早期的言論，常超出了傳統的看法說法。他的目的卻只有一個——要求中國急速的現代化。在吳稚暉的一生，獨特的思想和與常人不同的政治態度，是他最特出的風格。他生活在現實中，卻不滯於現實；忘政治，卻又不離於政治。他不居官，不求名，但對民國政治的影響，卻又只有極少數人可相比擬。

吳稚暉對於政治的態度，依他自己的說法，是有一定的原則，即：國事和做官分開。他要積極參與國是，但卻絕對鄙棄官場。辛亥前他在東京鬧過清使館，在上海張園昌言革命，在巴黎辦《新世紀》，鼓動革命風潮，其赴義之勇，持論之嚴，氣勢之盛，均不待言。民國以後，北伐清黨，斥汪精怪（衛），羞鼠蚊蟻（褚民誼），諷評之尖刻，言論之激烈，態度之認真，又是人所共知。為了管國事不做官的這一立場，他在民國十四年曾致函李石曾表明緣由，他說：

官是一定不必做的，國事是一定不可不問的。不問國事，那是吾民之大劣點，一問國事，便同做官連起來，又是吾民的大謬點。必要倡出一種做官是萬不得已，祇去喫苦的風氣出來才好，還用先生向來的薄官主義，勸醒一個是一個。因為儘有許多人不做官，要做官的終嫌太多。……那種以官為生的口頭好人，無非就是政客。政客的禍人家國，實比丘八還要厲害。

因此，民國十六年他辭國民革命軍總政治部主任而不就，民國十七年被推爲監察院長而不就；民國三十二年林森主席逝世，中央擬推爲國民政府主席，亦避之惟恐不及。一生中所保留的頭銜只有黨內的中央監察委員、評議委員，民意的國民大會代表，學術的中央研究院院士，政府的建設委員，國防最高會議委員，總統府資政。這些職銜，對他而言，都是無所增益的。當然他的這一「薄官主義」，與他相信無政府主義，鄙薄權力及平民化的作風，當是有連帶關係的。民國元年，他與蔡元培等人發起「進德會」，相約不賭、不狎、不仕，也正是出於同一想法的做法。

如前所述，吳稚暉是一個相信無政府主義者，但從他民國前後的言論與行動觀察，他最多只是一個無政府主義的理想家而已。因爲他不止一次的提到：無政府主義的實行，還有待於三千年或兩萬年以後。是故，一九〇五年他在倫敦見過　國父後，便毫無條件的投身於革命陣營中，他佩服　國父的崇高與自然的偉大，稱讚　國父是「公私分得清，責任拿得專，仇恨忘得快」的偉人，公誼私交，促成了革命事業的合作基礎。同時吳稚暉以爲　國父的三民主義是切合中國乃至於世界的主張，因此在國民革命運動的過程中，他對　國父及總統蔣公的領導地位，始終擁護，精誠無間，尤其每值危疑震撼之際，吳稚暉更是仗義執言，充分表現扶顛持危的精神。

一九〇九年，正當革命事業蓬勃發展之時，革命陣營中，卻意外的發生了章炳麟、陶成章攻訐誣衊革命領導人的事，這時吳稚暉遠居巴黎，了解了事情真相後，遂出而主持公道，連續撰文反駁，他的這一措施，使得　國父在海外革命活動中，可能遭受的誤會，得以及時澄清，對革命領導重心的鞏固，極有影響①。辛亥革命後，吳稚暉回國，不居任何名位參預國事，卻仍以言論報國。民國二年討袁軍興，吳稚暉在上海，與黨內軍政同志雖有所聯繫，但也無能爲力。兵力懸殊，人心迷惘均是原因，這一時期吳稚暉的日記中提到：「年來袁黨之勢日甚，守舊之焰大張，因之民間一切污俗，亦積漸復盛。」又另紙上記：「近日余與孑民、石曾、精衛等聚談，皆確能深信，惟一救國方法，止當致意於青年有志力者，從事於高深之學問，歷二、三十年沉浸於一學專門名家之學者，出其一言一動，足以起社會之尊信，而後學風始以丕變。」這是稍後吳稚暉從事教育文化事業的起點。袁世凱帝制崩潰後，吳出而主持上海《中華新報》言論，志切報國，倡導西方科學文明甚力。民國十一年，陳炯明背叛國父，分裂了革命陣營，抵銷了革命力量，　國父深爲痛恨，黨人也深以爲痛惜。爲了謀求革命力量的統一團結，國民黨人深盼陳炯明能及時悔過，吳稚暉因此出面調停。民國十二、三年，吳奔走雙方，企求挽回局面，但終不得要領而罷。民國十四年，　國父逝世北京，吳稚暉當時任北京政治會議委員，是　國父遺囑的證明人之一。其後，吳即在北京創辦海外補習學校，以便利有志留學的青年，國民黨重要幹部的子弟多人在此就讀。 國父逝世後，吳稚暉根據體察，就相當清楚的認識了共產黨的本質，同時更認清力足以肩反對共黨勢力的，只有 蔣先生中正一人。因此民國十六年以後的清黨反共，抗日剿匪等大業，吳稚暉的政治地位一如保傅，而 蔣先生也視之如師，他這一無形而無法形容的地位，正是他與民國政治的特殊一面。

在吳稚暉的整個政治事功中，最顯著的一頁，即堅決的反共態度。從吳稚暉的思想本質上觀察，他的無政府主義思想，在積極的政治意義上雖無可解釋（因為他只是一個理論家），但在消極方面，卻表現了相當大的力量，這從他大力反對馬列共黨的言論與行動上，可以看出。本來由國際社會主義運動史的發展上可以明白的看出，十九世紀中葉以後，西歐無政府主義者巴枯寧與克魯泡特金等已和馬克斯派有過相當激烈的鬥爭，這一反馬克斯主義的思想，中國無政府主義者也大都承受下來，並在中國實行②，吳稚暉就是其中的一人。因而吳以相信無政府主義者，採取三民主義的主張，反對共產主義，就其整個思想的發展上看，毋寧是件十分自然的事。

吳稚暉的反共態度，表現在思想上，對馬克斯共產主義，曾有相當的批評，較溫和的，例如他說：

我 總理秉先民之遺則，服膺大同主義，生平常以天下為公之橫額贈人，於無政府主義之蒲魯東，辨明其為真共產，而於集產主義之馬克斯亦相推重，惟惜其止為病理學家，而非生理學家。縱階級鬥爭之狹隘行為，而造成一時之突變，卻不合進化之正常。進化之正常，則既入社會民主時代，當以三民主義為今後人類社會自治若干世紀之一階段。由三民主義說入真共產，以至於大同，人類實受漸變之福，不受突變之殃——不必受之殃。

他所謂的突變之殃，當然是指共產黨的階級鬥爭論，及其隨之而來的殘殺人民的浩劫行爲。他對共產主義較激烈的批評則如：「共產主義成什麼主義，搶產主義，強盜主義而已。所謂唯物史觀，唯物辯證法等等，無非爲其階級鬥爭加些油水，還成什麼學說！」民國十四年，在聯俄容共政策的時期，他甚至於還指著俄國顧問鮑羅廷（Borodin）的鼻子罵道：「你們共產主義算得什麼！還不配做我們無政府主義的灰孫子呢！」他反共的主張，表現在行動上則有因看清了共黨的陰謀技倆，蘇俄想利用中共控制中國的把戲，而提出了扭轉大局的「清黨」對策，阻遏了赤禍的漫延。

民國十三年冬，國父北上，次年在北京，爲便於處理黨務，曾派吳稚暉、于右任等五人組織政治委員會，決定一切要案。每天在北京六國飯店開會商討，時吳稚暉在行動上，已表現其反共的態度，于右任說：「稚老與鮑（羅廷）初交手，即一字不讓」。民國十五年七月，蔣總司令北伐誓師典禮，吳稚暉代表中央授旗，十五年九月吳稚暉與鈕永建擔任江蘇特務委員會委員，策畫上海響應北伐事宜，已洞悉共黨篡竊陰謀。十六年初，北伐軍進展迅速，迫近滬寧，這時共黨陰謀亦日益明顯。一、二月間，吳稚暉先後接獲了漢口、湖北共黨陰謀叛亂證據。三月六日，吳在上海與陳獨秀晤談，吳稚暉對陳言二十年後，中國實行共產主義一語，十分駭異。三月二十二日，上海克復，共黨即謀建立「市民政府」，二十六日蔣總司令自九江趕到上海，共黨更蓄意進行反對　蔣總司令的計謀。這時武漢方面，也因鮑羅廷的操縱下，決定召開中央全會，密謀根本推翻中央的領導機構。吳稚暉在上海進一步的了解共黨的種種行動。時中央政治會議爲了避免上海被破壞，決定在上海設立臨時政治委會，以吳稚暉、鈕永建等十三人爲委員，而以吳爲代理主席。這時吳已決定開始部署清黨的工作，因此一面和西山會議的反共派如鄒魯等接洽，一面即於二十八日約集留滬的中央監察委員蔡元培、李石曾、張靜江、古應芬等集會。會中吳稚暉報告了共黨陰謀，並提議對滲入國民黨內的共產分子「應行糾察」，蔡元培附議，並主張「取消共產黨人在國民黨黨籍」，與會委員一致同意，並議定由吳擬具檢舉共產分子草案，以便提出公決，吳更提議以這一糾察國民黨內共產分子叛黨行爲的運動爲「護黨救國運動」。

民國十六年四月二日，中央監察委員全體會議正式在上海召開，到會委員八人，吳稚暉首先報告和汪兆銘的商談經過，接著提出了懲辦共產分子的呈文，吳詳細說明共黨企圖叛黨禍國的陰謀和行動，要求監察委會咨請中央執行委員會，採取非常處置，吳的呈文結尾說：

> 於此而得兩結論，乃本委員所不能不舉發，而本會所不能不過問者。一、共產黨決定剷除國民黨之步驟，有以黨團監督政治等之言，則明明為已受容納於國民黨之共產黨皆同預逆謀，此本黨不願亡黨在內部即應當制止者也。二、現在中國國民政府，已為俄煽動員鮑羅廷個人支配而有餘，則將來中國果為共產黨所盜竊，豈能逃蘇俄直接之支配，乃在變

相帝國主義下，為變相之屬國。按之 總理遺囑聯合世界上以平等待我之民族，大相剌謬。此又應當防止不平等，而早揭破一切賣黨之陰謀者也。……因此，本委員認為事情非常重大。現在漢口中央執行委員會，為共產黨及附合共產黨之各員，奉蘇俄共產黨煽動員鮑羅廷所盤據。最近諸多怪謬之改變，乘北伐軍攻堅肉搏之時，而肆其咎兵抑將之議，無非有意擾亂後方。蓋中國共產黨首領陳獨秀，本有反對北伐之舉，俄國共產黨鮑羅廷在廣州，亦建緩取江浙之議，即因他們老實不客氣，勢力未充，不欲國民黨羽毛豐滿，使共產黨難下摧毀之手段。似此逆謀昭著，舉凡中央執行委員會謀叛有據之共產委員及附逆員，應予查辦。未便尚聽其行使職權，恣為顛倒。應再召集中央執行委員會全體會議，或產生全國代表大會處分。但變故非常，一時不及等待，故本委員會不能不集會摘發。用是本委員特將亡黨賣國之逆謀，十萬急迫，提呈本會，伏祈迅予公決！俾咨交中央執行委員會非共產黨委員及未附逆委員臨時討論，可否出以非常之處置，護救非常之巨禍，則國民幸甚！中國幸甚！

會中，蔡元培復提出共黨陰謀文證後，監委全體決議「照吳委員所擬辦法，備文咨送中央執行委員會」。四月五日，汪兆銘既不知醒悟，與陳獨秀之聯合宣言見報後，吳稚暉立即撰〈國共兩黨關係之說明〉一文，闡明國民黨聯俄容共的真相。四月九日吳又與中央監委通電列舉武漢聯席會議之種種怪謬措施，開護黨救國之先聲。四月十二日中央正式在上海、南京實行清黨。這時的吳稚暉是反共態度最爲積極，擁護 蔣總司令清黨最爲認真的一人。四月十六日汪兆銘發表「銑電」後，武漢共黨及汪兆銘背叛已成事實，中央監委秘書處遂將吳稚暉請查辦共產分子的呈文，咨請中央執行委員會辦理，中央遂即通緝共黨首要及附共分子，並成立清黨委員會進行清黨，共黨陰謀因之不能得逞。七月十四日武漢政權汪兆銘，也因識破共黨毒計，開始分共，共黨在中國的整個陰謀，因之破滅。唯汪兆銘「聯共」噩夢的醒悟，距吳稚暉呈文反共的措施，實已晚了將近三個月了。

共產黨一向以陰謀滲透的方法，在世界各地煽動革命，奪取政權。匈牙利、土耳其的史實，彰彰在目。在中國，從數十年後所見到的資料，明白的顯示民國十五、六年共產國際陰謀指使中共奪取政權，乃是既定的政策。因此民國十六年吳稚暉這一護黨救國運動的號召，影響中國，甚至影響了亞洲的命運。總統　蔣公在《蘇俄在中國》一書中指出：清黨之後，使「社會秩序得予保存，而東南各省才算沒有替俄國布爾雪維克做試驗場，又沒有為莫斯科俄黨內爭做犧牲品」。自認爲無黨無派之自由主義者的胡適，在民國四十二年一篇紀念吳稚暉的文章中，也平實的說：二十六年前若沒有清黨、反共的舉動，中國大陸早已赤化二十多年了。也許整個亞洲也早已赤化多年了，所以我們從歷史上回看二十六年前，才可更深刻的了解，當時　蔣中正先生清黨反共重大意義；才可以更深刻的了解吳稚暉先生舉發共產黨叛國陰謀的呈文的重大意義。

從民國十七年到抗戰爆發，國民政府建都南京的十年，在國家建設上可說是「黃金的十年」，但同時也是內憂外患相逼而來的十年。在這一時期，如何鞏固政府領導中心，如何充分運用時間建設國家，正是訓政時期中國國民黨人全力以赴的目標。吳稚暉在這一時期，雖不居官，但卻是一位始終居於政治「風雲邊緣上的風雲人物」（張文伯語）。每逢革命事業遭逢重大障礙時，無不以如椽之筆，對阻礙勢力大加撻伐，他的影響力是不能等閒視之的。民國十八年一月，吳稚暉在國軍編遣會議中，反覆開導馮玉祥，期其遵從中央決策，但不得結果。民國十九年閻錫山、馮玉祥、汪兆銘異動，謀組擴大會議，其前吳曾力事調停，不果，其後吳爲維護國家綱紀，口誅筆伐，不遺餘力。是年十二月，中國國民黨三居四中全會，吳稚暉在會中力主遵照 國父遺囑召集國民會議，制定約法。二十年，此案通過，廣東異動，吳稚暉即與蔡元培、張靜江、李石曾、張繼等聯名，致電廣東監委古應芬、鄧澤如等，盼爲國家前途，共同努力。五月國民會議在南京召開，吳稚暉獲選入主席團，會議通過了中華民國訓政時期約法。月底，廣東事變發生，汪兆銘、陳濟棠等在粵組府。五月二十九日吳稚暉發表文章，斥汪之非。二十一年一月日本侵略上海，吳稚暉隨國民政府西遷洛陽，表示抗戰決心。二十二年福建事變，吳稚暉特電胡漢民，請加聲討。二十五年西安事變，吳在南京參加中央臨時會議，參與決策。時汪兆銘在德，忽成希特勒貴賓，吳以爲希特勒此舉，顯然對中國政局有所圖謀，應予注意。

民國二十六年七月盧溝橋事變爆發，中央隨即組設國防最高會議，以爲應付時局之最高決策機構，吳稚暉被推爲常務委員。十一月國民政府遷都重慶，吳也遷居培都。二十七年三月在漢口參加中國國民黨臨時全國代表大會，會後吳又膺選爲國防最高委員會常務委員。二十七年十二月，日相近衛提出東亞新秩序，發出調整國交聲明。中央指出這是敵寇吞滅中國，獨霸東亞，征服世界陰謀的揭露，但汪兆銘者流卻適時離渝出走，主張中止抗戰。時吳

吳稚暉先生與　蔣委員長中正合影（民國24年在廬山）

稚暉在重慶義憤塡膺，再度攘臂而起。汪在河內滯留時，吳尚希望汪回頭是岸，因此致書陳璧君，勸其速回。等到汪發表艷電，更進一步引據中央會議內容，題其文爲〈舉一個例〉爲自己的出走辯護後，吳稚暉立即發表〈對汪兆銘「舉一個例」的進一解〉文，嚴加駁斥。中央監察委員並立即召開會議，永遠開除汪兆銘等黨籍，此一懲處汪的決議文，即出於吳手擬的。二十九年三月汪僞政權成立，更與日寇締訂所謂的同盟協定，以遂行其叛國的漢奸行爲，吳稚暉回顧汪的生平，深表痛惜，因此連續發表了幾篇文章揭露汪生平只顧個人權利慾望，而不顧及國家安危的史實，並認定汪是一個不祥之人，預料汪逆在日本軍閥的作弄下，會落到要求一個鄭孝胥而不可得。吳稚暉這些立意莊嚴，諷刺入骨，凌厲無前的文字，對大後方失敗主義的掃清，及抗戰意志的恢復，具有重大的作用。戰火未熄，勝利在望之前，吳稚暉因感於中國國民黨責任的重大，主張「在戰爭未能結束之前，召集第六次全代會，至遲在戰爭結束後半年中決定召集，以便在實施憲政以前，本黨應有重大之決議」，其深謀遠慮，關心國家大計，充分顯現。

抗戰勝利後，吳稚暉以八二高齡，親見勝利景象，親與還都大典，歡樂之情，自然是無待言宣。民國三十五年十一月，制憲國民大會開幕，吳被推爲主席，憲法制定完成通過後，吳稚暉又代表大會將憲法授與　蔣主席。三十七年　蔣中正先生膺選爲中華民國行憲後第一任總統，吳又代表監誓，欣然看見國家步入了正軌。但是這時，不幸共黨已全面叛亂，吳稚暉痛心建國大業不能順利完成，更堅定其反共的意志，他對共黨利用抗日時機坐大，在史實及理論上，均予強烈的抨擊。民國三十四年底，美國特使馬歇爾使華，開始了國共談判，吳稚暉引以爲憂，認共黨勢必因之坐大，因此力謀挽救危局。民國三十八年當中共迫近江淮，時吳仍力斥和議，並且親自焚毀了部分藏稿，準備以身殉國。大陸撤守後，吳稚暉遷居臺北，仍然力贊中國國民黨中央實行改造，並擔任中央評議委員，對國事多所獻替。民國四十一年後，體力日漸衰竭，次年十月三十日卒告不治，逝世後海葬臺灣海峽。一生近九十高齡，所行所爲，可謂盡瘁黨國，死而後已。

① 一九一〇年七月二十日， 國父致函吳稚暉謂：「弟自抵美西及檀香山二地，大蒙華僑歡迎，此皆多『新世紀』先生辯護之力也。」見中央黨史會編訂：《國父全集》第三冊，頁一二二。（六十二年六月臺北出版）

② 民國九、十年間，中國的無政府主義者也曾和馬克斯派的學者有過激烈的爭論，參見鄭學稼：《中共興亡史》下冊，第二十五章（民國五十九年一月出版），又見Robert A. Scalapion and George T. Yu, *The Chinese Anarchist Movement*, pp.55–61.（U. of California, 1961）

八、結論

吳稚暉是一個生長在中國新舊社會過渡階段的知識分子，他具有傳統知識分子的美德，也具有西方知識分子的熱誠，因此他愛國憂時，他勇於接受新知。他是前清舉人，具有深厚的國學基礎，但思想上卻絕對不爲傳統思想所囿，故他能馳騖於西方科學文明的領域中。他又是一位受西方文化薰陶很深的人，他敏銳的觀察力使他隨即把握了西歐文明的精髓——科學與進化。因此他成爲中國近代德賽運動的前驅。但是他的生活極爲平凡，慾望十分淡薄，是一個非常的常人，也是一位不平凡的凡人。

在思想上，吳稚暉是近代中國思想界的開路先鋒。早年他從保守、維新走到革命，留歐後思想大變，走出了傳統，一生便以倡導科學爲職志，「科學」也成爲他思想的精髓，他的無政府主義思想也和科學主義脈絡相通。他崇拜科學，思想也就不能不走上遠離傳統常軌的路子。他一生服膺「實事求是，莫作調人」的信條，做人做事不模稜兩可，也不面面俱到，他的行止如此，言論亦復如此，因此被常人斥爲荒誕不經，被讀書人看成離經叛道。其實他也自知某些立論是矯枉過正，但他的目的正是想在矯枉過正中「收平衡之效」，希望對暮氣沉沉、思想澀滯的中國社會，下一猛劑以起沉疴，他的苦心孤詣是可以了解的，他的做法是有一定的時代意義的。

民國十三年在科學玄學論戰的時候，吳稚暉發表了〈一個新信仰的宇宙觀和人生觀〉，提出漆黑一團進化無窮的宇宙觀，這是他根據科學知識得來的結論。從這一宇宙觀產生了他以宇宙爲舞臺，好好演出義務戲的人生觀，從吃飯、生小孩到招呼朋友，他歸結說：悠悠宇宙將無窮止，願吾朋友勿草草此生。他這一宇宙人生觀，對中外文化思想並不作一面倒。他把科學和哲學統一起來，根據科學建立了他的人生哲學，求一個長遠的至善至美的境界。他的這一思想，見之於行動上的是一生致力於提倡勤工儉學及國語統一運動。他倡導留學，注意平民教育，目的在求得國民知識的總和能不低於外國，中國科學文明能不落人後；他提倡注音符號，推行國語統一運動，他的意思是一國的文化寄存於少數人仍無裨益，一定要全體老百姓都能受文化教育，然後社會才有進步，國家才能發展。

在政治上，他以大同主義的無政府主義者投身於革命陣營，遂即成爲一位忠貞的革命黨員。從他加入同盟會以後，他即成爲國民黨的主要幹部，　國父待之爲友，　國父逝世後，他擁護　蔣中正先生，宣稱服從　蔣先生的領導，而　蔣先生卻事之如師。就吳而言，他雖服膺無政府主義，但以三民主義爲實現無政府主義的階梯，故無政府主義實際上是他政治理想上的最後目標，而三民主義才是他努力奉行實現的政治信仰。他在國民革命過程中的表現是積極的：推翻滿清，維護領導重心，清黨反共，抗日剿匪均具事功，因此就其政治活動看，實在正如他自己所說的：化骨揚灰都是國民黨員。

綜觀吳稚暉的一生，他是一位智慧高超的哲人，他既是大同世界無政府主義的宣講人，也是三民主義的實行家；他是科學主義的倡導者，也是平民主義的實踐家；他是國語統一運動的熱心奠基人，也是中國現代化運動的先驅者，是一位「開國元良，多士師表，淹中西之學，究天人之理，秉浩然之氣，爲振奇之人。」

參考書目

(一)原著及文集

《二百兆平民大問題》　吳稚暉，上海，商務印書館，民國十三年，初版。
《吳稚暉學術論著》　梁冰弦編，上海，出版合作社，民國十四年，初版。
《吳稚暉近著》　李曉峯編，上海，北新書局，民國十五年。
《吳稚暉近著續集》　李仲丹編，上海，北新書局，民國十五年三月。
《吳稚暉先生全集》　上海，羣眾圖書公司，民國十六年，初版。
《吳稚暉學術論著續編》　梁冰弦編，上海，出版合作社，民國十六年。
《吳稚暉學術論著第三編》　梁冰弦編，上海，出版三合社，民國十六年。
《吳稚暉尺牘》　上海，三民公司，民國十六年六月，再版。
《吳稚暉先生文粹》　陶樂勤編，上海，全民書局，初版。
《吳稚暉言行錄》　時希聖編，上海，廣益書局，民國十八年八月，初版。
《朏盦客座談話》　吳稚暉，上海，泰東書局，民國十八年。

《上下古今談》　吳稚暉，上海，文明書局。

《吳稚暉文集》　少侯編，上海仿古書店，民國二十五年出版。

《吳稚暉先生最近言論集》　掃蕩報社編，重慶，青年書店，民國二十六年十二月，初版。

《注音符號之辨正》　吳稚暉，重慶，教育部國語推行委員會，民國三十三年。

《稚暉先生一篇重要回憶》　吳則中輯，臺北，世界書局，民國五十三年三月初版。

《蔣總統年表》　吳稚暉，臺北，中央黨史會，線裝影印本，民國五十三年三月出版。

《吳稚暉先生選集》　中央黨史會，臺北，民國五十三年三月二十五日。

《吳稚暉先生墨蹟》　中央黨史會編，線裝，民國五十三年三月出版。

《吳敬恆選集》　臺北，文星書店編印，民國五十六年出版。

《吳稚暉先生全集》　羅家倫、黃季陸主編，十八卷，臺北，中央黨史會，五十八年三月二十五日初版。

《吳稚暉先生法書集》　臺北，民國六十年六月初版，線裝。

(二)傳記及後人著述

(1)專書：

《吳稚暉先生的生平》　臺灣省國語推行委員會，臺北，民國四十年四月出版。

《稚老閒話》　張文伯，臺北，中央文物供應社，民國四十一年二月。

《吳稚暉先生年譜初稿節錄》　楊愷齡，臺北，民國四十二年十一月。

《吳稚暉先生紀念集》 臺北，民國四十三年二月出版。
《吳稚暉先生紀念集續集》（逝世十週年紀念特輯） 臺北，民國五十二年十月。
《吳稚暉先生百年誕辰紀念專集》 臺北，民國五十三年四月出版。
《吳稚暉先生傳記》 張文伯，臺北，中央黨史會，民國五十三年三月出版。
《吳稚暉先生年譜》 陳凌海編，陳洪校訂，臺北，民國六十年四月初版。
《永遠與自然同在》 金門文獻會編，金門，民國五十九年三月出版。
《吳稚暉先生紀念集》（吳稚暉一百一十歲誕辰紀念特輯） 臺北，民國六十三年三月出版。
《吳稚暉先生紀念集》 楊愷齡編，臺北，文海出版社，民國六十四年三月影印。
《國語運動史綱》 黎錦熙，上海，商務印書館，民國二十四年一月，再版。
《國民政府推行注音符號述略》 黎錦熙，北平，教育部國語統一籌備會，民國二十年八月出版。
《五十年來中國國語運動史》 方師鐸，臺北，國語日報社，民國五十四年三月。
《國語與國文》 梁容若，臺北，國語日報社，民國五十年四月出版。

(2)專文：

張文伯 〈吳敬恆〉，載《中國文化綜合研究》，頁二一—二〇，民國六十年十月十日，臺北，中國文化學院出版。
郭湛波 〈吳敬恆〉，載《近五十年中國思想史》，頁一六三—一七四，民國五十四年二月，香港，龍門書局影印。

吳相湘　〈吳稚暉促進國家統一〉，載《民國百人傳》，第一册，頁四〇三—四二二，民國六十年一月，臺北傳記文學出版社。
李書華　〈吳稚暉先生從維新派成爲革命黨的經過〉，《傳記文學》四卷三、四期，臺北，五十三年三—四月。
李書華　〈吳稚暉先生與廉南湖〉，《傳記文學》五卷三期，臺北，五十三年九月，頁一二—一三。
沈覲鼎　〈我所知道的稚老故事〉，《中國一周》二三七期，頁一三—一四，臺北。
徐復觀　〈紀念吳稚暉先生的真實意義〉，《民主評論》十五卷八期，香港，五十三年四月。
楊愷齡　〈國父與吳稚暉先生〉，《三民主義半月刊》第一至第四期，四十二年五、六月。
楊愷齡　〈吳稚暉先生言行錄〉，《三民主義半月刊》第十四至十七期，四十二年十一—十二月。
梁容若　〈吳稚暉先生與文學〉，《新時代》創刊號，頁四七—四九，臺北，民國五十年一月。
丁慰慈　〈吳稚暉先生的思想〉，《三民主義半月刊》三十五期，頁七—一四，四十三年十月。
張文伯　〈吳稚暉先生的思想〉，《大學生活》第二十四期，頁三七—四三，香港，四十六年四月。
〈吳稚暉傳〉　載中央黨史會編印《革命人物誌》，第二册。
〈吳稚暉先生百年冥誕紀念專號〉　《中國語文》十四卷五期，民國五十三年五月出版。

(三)期刊

《蘇報》 上海，一九〇〇年一月二十四日至一九〇三年七月七日。中央黨史會影印，自一九〇三年五月六日至七月七日止。

《中華新報》 上海，民國六年二月至十二月。五十九年十月中央黨史會影印

《新世紀週刊》 巴黎，一九〇七年六月二十二日至一九一〇年五月二十一日，民國三十六年上海世界社影印。

(四)西文著作

Boormen, Howard C. and Richard C. Howard（ed）, *Biographical Dictionary of Republican China,* N. Y. 1967.

Chow Tse-tsung, "The Anti-Confucian Movement in Early Republican China," *The Confucian Persuasion.* ed. A. F. Wright, Stanford U. Press, 1960. pp. 288-312.

Chow Tse-tsung, *The May Fourth Movement: Intellectual Revolution in China, 1915-1924.* Cambridge, Mass., Harvard U. Press, 1960.

Gasster, Michael, *Chinese Intellectuals and the Revolution of 1911: The Birth of Modern Chinese Radicalism,* Taipei, 1973（reprint）.

Kwok, D. Wynn-ye, "Wu Chih-hui and Scientism" *Tsing Hua Journal of Chinese Stu-*

dies, New Series Ⅲ, No.1. May, 1962, pp. 160–186.

Kwok, D. W. Y., *Scientism in Chinese Thought, 1900–1950*, New Haven, Yale University Press, 1965.

Scalapino, Robert A. and George T. Yu, *The Chinese Anarchist Movement*, Berkeley, U. of California, 1961.

Scalapino, Rebert A. and Hearld Z. Schiffrin, "Early Chinese Currents Thought in the Chinese Revolutionary Movement." *Journal of Asian Studies*, XVIII, 1959. pp.321–342.

Tan, Chester C., *Chinese Political Thought in the Twentieth Century*, Doubleday Company, Inc., N. Y. 1971.

Wang. Y. C., *Chinese Intellectuals and the West, 1872–1949*. U. of North Carolina Press, 1966.

嚴復・康有爲・譚嗣同・吳敬恆 / 郭正昭等著.
--更新版. --臺北市：臺灣商務, 1999[民88]
面； 公分.--(中國歷代思想家：19)
含參考書目
ISBN 957-05-1601-1(平裝)

1.哲學-中國-傳記

120.99 88009045

中國歷代思想家(十九)

嚴復 康有爲 譚嗣同 吳敬恆

定價新臺幣三二〇元

主編者 中華文化復興運動總會 王壽南
著作者 郭正昭 王樹槐 林載爵 呂芳上
責任編輯 雷成敏
封面設計 張士勇
內頁繪圖 黃碧珍
校對者 陳惠安 陳寶鳳 羅名珍
出版者 印刷所 臺灣商務印書館股份有限公司
臺北市重慶南路一段三十七號
電話：(〇二)二三一一六一一八
傳真：(〇二)二三七一〇二七四
郵政劃撥：〇〇〇〇一六五—一號
出版事業登記證：局版北市業字第九九三號
・一九七八年六月初版第一次印刷
・一九九九年八月更新版第一次印刷

ISBN 957-05-1601-1(平裝) 62043000

讀者回函卡

感謝您對本館的支持，為加強對您的服務，請填妥此卡，免付郵資寄回，可隨時收到本館最新出版訊息，及享受各種優惠。

姓名：________________ 性別：□男 □女

出生日期：____年____月____日

職業：□學生 □公務（含軍警） □家管 □服務 □金融 □製造

□資訊 □大眾傳播 □自由業 □農漁牧 □退休 □其他

學歷：□高中以下（含高中） □大專 □研究所（含以上）

地址：□□□ ________________

____

電話：（H）________________（O）________________

購買書名：________________

您從何處得知本書？

□書店 □報紙廣告 □報紙專欄 □雜誌廣告 □DM廣告

□傳單 □親友介紹 □電視廣播 □其他

您對本書的意見？（A/滿意 B/尚可 C/需改進）

內容______ 編輯______ 校對______ 翻譯______

封面設計______ 價格______ 其他______

您的建議：________________

____

____

臺灣商務印書館

台北市重慶南路一段三十七號 電話：（02）23116118・23115538

讀者服務專線：080056196 傳真：（02）23710274

郵撥：0000165-1號 E-mail：cptw@ms12.hinet.net